管理体系数字化转型实践

敖 景 / 著

企业管理出版社
ENTERPRISE MANAGEMENT PUBLISHING HOUSE

图书在版编目（CIP）数据

管理体系数字化转型实践 / 敖景著．-- 北京：企业管理出版社，2022.9
ISBN 978-7-5164-2630-2

Ⅰ．①管…　Ⅱ．①敖…　Ⅲ．①数字技术 – 应用 – 企业管理 – 研究
Ⅳ．① F272.7

中国版本图书馆 CIP 数据核字（2022）第 088671 号

书　　名：管理体系数字化转型实践
书　　号：ISBN 978-7-5164-2630-2
作　　者：敖　景
责任编辑：尤　颖　　田　天
出版发行：企业管理出版社
经　　销：新华书店
地　　址：北京市海淀区紫竹院南路 17 号　　**邮　　编**：100048
网　　址：http://www.emph.cn　　**电子信箱**：emph001@163.com
电　　话：编辑部（010）68701638　　发行部（010）68701816
印　　刷：河北宝昌佳彩印刷有限公司
版　　次：2022 年 9 月第 1 版
印　　次：2022 年 9 月第 1 次印刷
开　　本：710mm × 1000mm　1/16
印　　张：20.5 印张
字　　数：335 千字
定　　价：78.00 元

Foreword | 序 一

数字化热潮席卷全球。为迎合这一大趋势，不少组织正筹划转型。可是，我们留意到，许多组织并不清楚“为何转”“转什么”“怎样转”。企业去参加一些行业会议、第三方发布会或者交流会，接触到各种数字化转型的概念或方案。做大数据的企业跟你讲，要建数据库，要做数据治理；软件提供商会说，要上信息系统，比如 MES（生产制造执行系统）、PLM（产品生命周期管理系统）等；专门搭建中台的公司认为，需要学阿里巴巴、腾讯或者华为等先进的企业去建设中台系统；做云计算的企业提出，要把整个组织云台化，引入 PaaS（平台即服务）。当然还有许多数字化转型的其他领域，如做数字营销的、做智能制造的、做自动化设备的……很多组织面对众多选择一下子就很迷茫了。再深入了解已经进行了数字化转型的企业案例，发现每家的做法差别很大，到底哪一种才真正适合自己的企业呢？就更困惑了！其实，所有这些方案都离不开一个基础性的转型——管理体系的数字化转型。

我之所以为《管理体系数字化转型实践》一书作序，是因为在众多组织面临数字化转型时，本书提供的实践和方法值得参考。特别强调其中三点。

第一点，管理体系（制度）的数字化转型是组织所有数字化转型的根本。一个国家、一个组织都是以体系为基础的，体系也被视为生产力发展的保障。因此，只有从体系上进行数字化转型才能确保各种业务数字化转型的彻底性。体系是以复杂性为特征的，而数字化则是解决复杂性最好的途径。我相信，当体系与智能手机和平台一体化后，任何复杂操作都变得简单。此外，一切体系变革都围绕效率两字，现在看来没有比数字化更好的变革手段了，我们从二维码操作中就已经深刻感受到了数字化震撼的效率威力。

第二点，体系碎片化、单元化，这提供了体系变革的新思路。过去组织都习惯性地将体系编辑成厚厚的文件本，使体系落地困难。有了数字化手段后，就能用数字描述体系和流程的面相或作业场景，改变了传统文件的表达方法——一种可拆分和可还原的数字方式，并且可以将体系碎片通过平台精准地分配到每一个人的作业端上。这正迎合了互联网时代碎片化作业的特点，是保证体系落地的新思维。

第三点，将数字体系与智能制造体系融合在一起。智能制造本身就是最具代表性的数字化体系，很多组织将智能制造看成数字化转型的重点。数字体系的目标是管理智能化，而智能制造的目标是制造智能化，两者都是以数字技术为基础的，并且成熟度可以互补，相互协同推进、迭代升级。

数字化转型是国际大趋势，是我国的战略举措，国家和地方政府出台各种鼓励政策，目的是提升国家整体的技术能力、制造能力和管理能力，一句话概括，即提升综合国力。可以说，数字化就是新型生产力。

李平

中国社会科学院数量经济与技术经济研究所原所长、研究员

中国技术经济学会理事长

中国数量经济学会原会长

2021 年 11 月 18 日

Foreword | 序　二

当前，数字经济在全球迅猛发展，已上升为国家战略，成为拉动经济增长和产业升级的重要引擎，并因此掀起了一轮数字化转型热潮。《中华人民共和国国民经济和社会发展第十四个五年规划和二〇三五年远景目标纲要》（以下简称“十四五规划”）明确提出：打造数字经济新优势，加快推动数字产业化和推进产业数字化转型，促进数字技术和实体经济深度融合，以数字化转型整体驱动生产方式、生活方式和治理方式变革。显然，数字化转型已然是全社会的共识。

数字经济的发展最终要落实到各个经济实体（企业）上，企业也成为转型的主体。人工智能、云计算、大数据、机器学习、物联网、智能制造等数字技术不断发展演进，改变了生产力的态势，使经济环境发生了根本的变化，也让各个行业的格局面临重塑，企业已经不能置身事外。

显然，在没有经验借鉴和理论指引的情况下的转型，基本是靠企业自己摸着石头过河，是否取得成功没有人敢说胸有成竹，也没人握有必胜的法宝。不过，数字化企业指数级发展的事实给了众多企业可预见的期待，尤其是那些想改变困境的企业。受此鼓舞，企业不缺转型的决心，而是缺少转型的方法，这是一个现实问题！数字化提供了探索新发展模式的路径，是互联网下数字化的制度革命，这方面的转型升级是其他方面转型的基础，是企业获得经济效益的基本保证。《管理体系数字化转型实践》一书在这方面有了一些实践探索，值得参考。

本书将数字化转型的体系称为“数字体系”，以区别于传统的管理体系，它是信息场景系统与智能制造的信息物理系统的结合体，以显示其时代性。本书阐述了新颖的数字转型、数字治理的技术，有些方法具有普遍的适用性，如新型价值链、三元素结构、过程数字化、柔性体系方法等。还有一些观点也颇有建设性，如数字体系既是技术体系，又是一门现代化的管理技术；它不仅属于管理范畴，也属于生产力范畴；在数字化时代，管理扁平化的本质是信息扁平化等。本书给人的一个突出印象是“放弃”传统体系，用数字重构体系、重构流程，用数字方法去寻求管理效率的提升，如作业数字化、无纸化、柔性化、碎片化等。这是一种新型的管理体系建设方式，即用数字去解读管理，用数字改变企业！只有数字才能触及本质，用全新的方式去建立企业的竞争优势，推动变革。数字化之所以能让我们的未来不同于现在，完全是因为它具备引发变迁的能力，使未来超出了人们最大胆的预测。

《管理体系数字化转型实践》一书的出版，对正在探索数字化转型的企业是一个很好的启迪！总之，抓住数字就抓住了未来！

中国社会科学院　娄峰研究员

2021 年 10 月 30 日

Preface | 前 言

数字经济将“数字”带入企业的一切领域，如业务数字化、经营数字化、管理智能化、上软件系统、建数据库、建平台等。作为企业的一员，不论是一线员工还是管理者，都是数字工作者，只要愿意，都可以用数字去改变一切，创造未来。数字化转型涉及方方面面，笔者认为，根本性的转型是管理体系变革，这是新的实践。本书在这方面做了一些探索，取得了一些成果。实践的主要内容如下。

（1）数字体系是管理体系的新提法，是数字经济下的体系概念。在“一切皆可数字化”的原理下产生的普适性的现代体系建设方法和思维方式，是新的过程方法，可突破传统管理体系的天花板。

（2）在体系数字化转型时，企业首先要完成经营路线和新型价值链的设计，这两条体系主动脉是数字体系的顶层结构，也是软件开发和集成的顶层结构，是网络体系的基础。这是打造以价值驱动外向型服务企业的新观点。

（3）在数字化时代，管理扁平化的本质是信息扁平化，核心是下放或开放信息权。笔者认为，过程增值的本质是流动，效率的本质是信息流转的速度，信息输出的速度决定了企业的能力，且要在正确的时间将正确的信息传递给正确的人。

（4）在解决复杂性的问题上，采用了“三元素”原理，将一个复杂的系统分散到n组最简单的三元素结构上，同样一个复杂的程序也可以用n组三元素代替。三元素既是体系的最小结构，又是构成链的最小数量单位，它确保了点对点、端对端的连接，是管理接口和建立网络体系的基础，具有普适性。同时，强调先建链后建网的原则。

（5）过程也是生产力，笔者应用国际公认的“过程方法”（即过程六要素模型）的原理去建立“过程开发模型”，提供了过程设计的范式，强调过程袖珍化。对过程每个要素进行细分类和数字化后就能实现作业数字化。同时，将防错措施设计到过程中去，这是减少过程风险的最佳办法。

（6）基于过程六要素模型去建立“过程分工模型”以解决分工的彻底性问题，并将活动分解到最简单操作的限度为止。活动细分并通过信息系统推送到各个作业端后，就可以利用移动端等设备进行实时管理，就能为体系的优化提供运行大数据。

（7）在体系柔性化方面，提出了管理体系标准单元、过程袖珍化、碎片化、软件碎片化的概念，通过数字化及组合技术产生新的体系柔性化技术——柔性数字化，就能实现体系和过程的快速集成和定制，以适应环境的变化。柔性的实质是系统降维，强化离散型。同时，还提出了“过程项目化”“过程承包制”和“体系私有化”的概念，这是提升管理效率的新尝试。

（8）在制度落地方面进行了数字方法的新尝试。过程数字化后，个人看板上便能显示自己负责的部分，就能轻松实施把控，后台会即时反映每个人的工作业绩和效率，监控与数据同步。数字落地方法完全改变了传统的方式。

（9）数字体系与智能制造互有交集，是信息场景系统与信息物理系统的结合，其成熟度可借鉴智能制造能力成熟度的要求作为体系数字化转型的方向，建立企业具有竞争力的指标系统。

要跟上时代的步伐，组织就应当将改变组织命运的体系数字化转型视为重大优先选项和关键举措，视为企业发展的新起点。数字经济，百年未有之大变局，做一个勇敢的探路者，说不定会有奇迹发生，走前一步即领先一个时代！

本书的编写得到了我的博士导师中国社会科学院娄峰研究员的指导，在此特别感谢！同时，对长期从事管理体系建设、信息化建设和软件研究的专家张雨翔、蔡志坚、贺兰海、敖宇、林培升、李维给予的很多建设性意见表示衷心的感谢！

同时欢迎读者通过微信号 13632215544 或邮箱 aojingrj@126.com 进行交流和指正。

敖景

2021 年 10 月 15 日

Contents | 目 录

第一章 数字化管理体系

数字体系是管理体系的新提法，是数字经济下的体系概念。在『一切皆可数字化』的原理下产生的普适性的现代体系建设方法和思维方式，是新的过程方法，可突破传统体系的天花板。

第一节 数字体系

讲到“数字”，孩童都懂，不过，此处所讲的“数字”不是那些简单的数字，它可以是符号、图、公式、数字模型，可以是数据、信息、文件、货币，也可以是网络、平台、数字基础设施等，是广义化的概念。

《万物皆数》的作者米卡艾尔·洛奈认为一切皆可数。确实，用“数字”去代表一切更为科学，数字是这个世界的共同语言。数字来自现实世界，它被抽象出来后又能将现实世界变为虚拟世界。然而，认识今天的“数字”和“数字世界”并不容易。

一、数字经济

近年来，我国数字经济蓬勃发展，其增速显著高于同期的 GDP 增速，是带动国民经济发展的关键力量。《中国互联网发展报告 2021》指出，2020 年我国数字经济规模达到 39.2 万亿元，占国内生产总值（GDP）比重达 38.6%。显然，数字经济已然是经济主要特征。

数字经济的概念是加拿大商业分析师塔普斯科特 1996 年在其《数字经济：网络智能时代的希望和危险》的专著中首次提出。数字经济的特征也被一一证实。1998 年，美国商务部发布《新兴的数字经济》研究报告，由此数字经济就成为新经济的正式提法。2019 年，国务院发展研究中心创新发展研究部在《数字化转型：发展与政策》一书中对数字经济的定义是：以新一代信息技术为支撑、网络和平台为载体、数据为生产要素、智能化为方向、数字化产业为基础、产业数字化为主体的新兴经济活动。

应该说，这是比较权威的定义。图 1-1 是数字经济定义的图解。

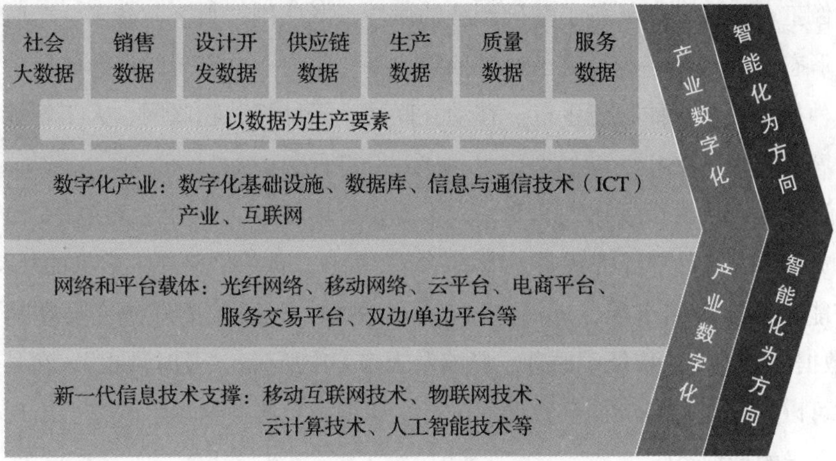

图 1-1　数字经济模型

从上述定义中可归纳出以下 5 个主要的特征。

（1）以新一代信息技术为支撑。

（2）以网络和平台为载体。

（3）以数据为生产要素。

（4）以数字产业化为基础、产业数字化为主体。

（5）以智能化为方向。

所谓的数字经济，简单地讲，就是以数字为主体的一切经济活动，也可以说是信息经济、互联网经济的总称或现代说法。从图 1-1 可以看出，数字经济体现了一个国家的综合实力，尤其是数字化产业的基础实力，今天各产业数字化的迅猛发展的事实就是有力的证明。这说明，数字经济要有相当好的信息技术基础，很多经济发达的国家都具备了这样的条件。例如，中国信息通信研究院发布的《全球数字经济白皮书》显示：2020 年美国数字经济规模是 13.6 万亿美元，蝉联世界第一；我国是 5.4 万亿美元，居第二位；德国、日本和英国规模分别为 2.54 万亿美元、2.48 万亿美元和 1.79 万亿美元，排第三至第五位。

在数字经济领域的数字技术、数字设施等与数字有关的产品被广泛使用并由此改变了经济活动和经济环境，促进了经济指标的增长。其中，有一个主导经济增长的生产要素——数据，它调动了社会更多的资源，导致数字经济占 GDP 的比重逐渐变大，更使数字化产业与其他的产业形成黏性，成为基础性产业，像工业经济那样具备了基础经济的属性。既然用“数字”命名一个时代的经济形态，那么数字本身就已经被抽象出来，变为一个宏观的概念，它的背后是一种技术力量，如智能手机、移动互联网、云计算、物联网、人工智能、大数据等新的数字技术。

过去人们认为市场比人聪明，人不能替市场做主，计划经济应该交由市场去负责，于是从计划经济转向了市场经济。现在，数字经济在大数据的加持下，政府能够精准预测市场，进而主导市场。例如，社科院娄峰研究员在其文章《大数据与经济学：特征、原理、影响及未来》中所说，“及时预报”，在某些方面它可以通过庞大经济社会数据集进行短期精确预测。这预示着将会出现由大数据主导的计划经济。

为打造数字经济新优势，加快推动数字产业化，国家公布了“十四五规划”。该规划勾勒了我国数字经济发展的宏伟蓝图，为数字经济发展指明了方向。在此背景下，多方正进一步加强顶层设计，推出“十四五”数字经济专项规划、新型基础设施建设规划及一系列重磅落地的扶持政策，各地方政府也在积极部署并推进数字化转型的战略目标。《2021 中国经济趋势报告》指出：在各方面共同努力下，数字经济发展战略规划和配套政策生效，数字经济助推了经济发展质量变革、效率变革、动力变革，增强了我国经济创新力和竞争力。

数字经济，又一轮的百年大变局，机遇又来！这就看组织的把握能力了。

二、数字体系的概念

数字化成为新型生产力的今天，数字化转型的实践还在探索中，如数字化营销、数字化财务、数字化运营、数字化人力资源管理，还有数字化管控、数字化执行，甚至是数字化组织、数字化领导力等——这是一场管理的数字革命。不过，任何转型都要回归到“管理体系”的转型上，这方面的转型升级是其他方面转型的基础。被数字改造或转型的管理体系就称为“数字化管理体系”，简称“数字体系”。

开始听到数字体系会感觉很陌生，这里举几个例子。

（1）用一串数字代替文字的电报就叫“数字文本”，数字规则（即密码规则）就是数字体系。

（2）霍利博士将音乐转化为数字格式后发明了数字唱片（CD：声音传真），数字格式可视为一种数字体系。

（3）如果让大众快速将英文翻译成中文，相信都会想到翻译软件，其实，翻译软件就是数字体系；中文输入法也是数字体系。

（4）将图书馆几百万册藏书全部电子化后压缩成一个光盘也算是数字化的一个奇迹，背后是文字符号转化为数字符号的一个数字系统。

（5）一架有几百万个零件的飞机没有一张图纸，计算机上的三维图形就是飞机——一种表达实体的数字形式。

（6）软件语言，如 C/C++ 语言、JAVA 语言、PHP 语言等，实质上就是数字化的管理方式，将管理的思想转化为软件代码，就是一种被开发出来的数字方式。数字方式是所有软件的本质。

可见，数字有奇巧和门道，一定存在一种合适的数字方式可以表达任何事物，或叫“数字化 +”。理解数字体系的关键是：不要将体系看成文件，要看成与数字共生的新形体，是一个信息场景系统（CSS）和新思维模式。这是一个全新的体系概念，是以新的视角去解读经营、管理和实施的效率，可以突破传统体系的天花板。尽管数字原理很普通，但是，应用到管理体系上却是新的实践，没有参考，没有先例。

数字体系是管理体系的新提法，是数字经济下的体系概念。数字体系是指：由数字文本、数字化的管理单元、碎片和网络组成的，在互联网上运行、在现代数字技术加持下产生大数据以实现智能化管理的一个系统。

对数字体系的具体定义解释如下所述。

（1）“数字文本”是指术语、词组、过程要素、作业方法、标准等方面数字化后的文件。数字规则是数字化的核心，它定义了所有数字符号的含义，包括它们组合后所代表的含义。另外，数字文本还包括文件电子化和无纸化。

（2）“数字化”就是将组织的整个管理体系单元化、碎片化后用数字符号、代码、模型进行表述，这意味着体系的重建；“单元化和碎片化”其实就是组织经常讲的“精细化”。当然，数字化是标准化和精细化的高级阶段，只是用了现代的说法而已。

（3）“在互联网上运行”“现代数字技术加持”是指数字体系要与互联网一体化建设，并借助现代信息技术、云计算、智能手机、IaaS（基础设施即服务）、

PaaS（平台即服务）、SaaS（软件即服务）、数据中心等与现代运营手段接轨，从中获取大数据，最后实现智能化管理。数字体系是网络体系、信息体系的综合体。

既然，数字体系的基本原理是单元化和碎片化，那就必然会导致体系颗粒度的细化，这样数字化才能深入各个层级，才能有效识别可数字化的地方。数字化的颗粒度，如图 1-2 所示。

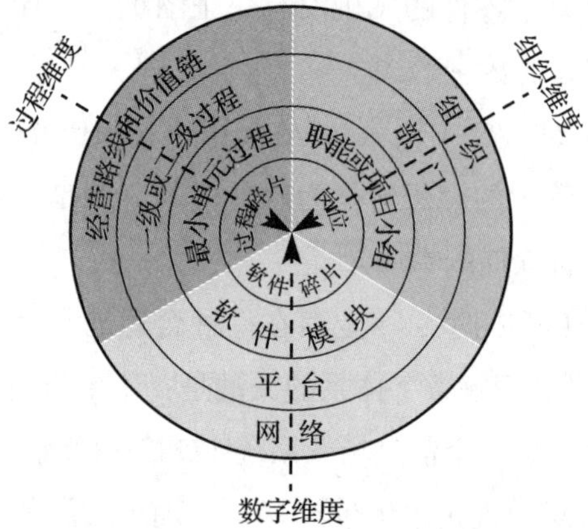

图 1-2　数字化的颗粒度

这预示着传统管理体系的重构。数字体系最后集中体现在以下“四化”的特征上，如图 1-3 所示。

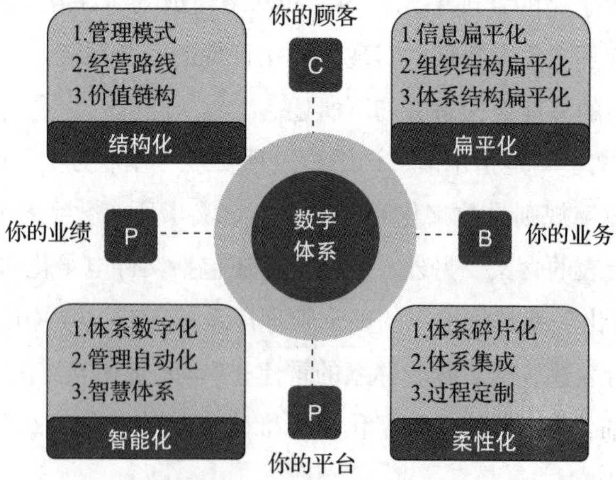

图 1-3　数字体系的“四化”特征

确保组织获得顾客资源、支持员工业务、平台赋能和员工业绩的数字体系称为“CBPP 模式”。

三、数字体系的顶层结构

在数字体系化转型中，先从结构策划开始，结构的先进性决定了体系的先进性。H_2O 是水分子结构，它决定了水的性质；钻石和石墨的主要成分都是碳，是结构决定了两者之间性能上的区别；同样，因结构上的巨大差别，5G 芯片比 4G 芯片先进。

决定组织经营性质的有两大结构是经营路线和价值链，如图 1-4 所示。

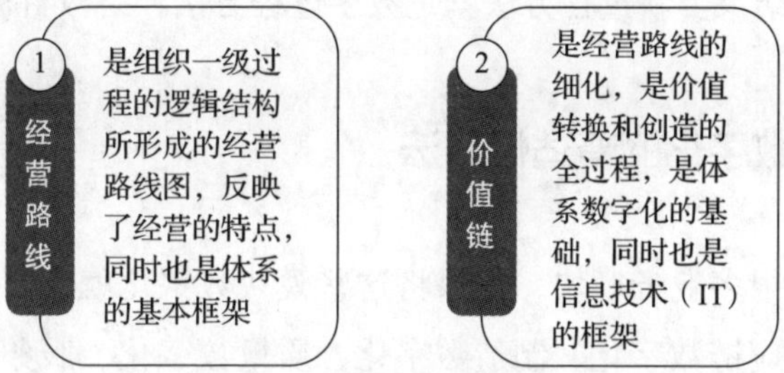

图 1-4　数字体系的两大结构

这两大结构都是以过程为导向的，它们是一个整体，是数字体系建设的上层建筑、顶层结构，是下面各层结构的基础，即根基础。所以，不管组织是什么业态都要从顶层结构的策划开始，这至关重要。正所谓“道者立本，法者适变”。

四、新过程方法

“过程方法”是国际公认的体系建设最有效的方法，国际标准化组织（ISO）对它的表述是：将活动作为相互关联、功能连贯的过程组成的体系来理解和管理时，可更加有效和高效地得到一致的、可预知的结果。数字体系建设的基本原理是过程方法，是以过程为导向的，具体应用见第三章。

过程方法打破了以我为中心的孤岛作业、信息封闭的局面，改变了效率线性提升的传统观念，无疑是作业效率提升的一个里程碑。可是，ISO 提出的过程方法原理距今已 20 多年，今天它要面对的是智能移动端、平台、互联网和大数据的操作，这些都极大地丰富了它的内涵和应用场景，包括要突出过程扁平化、柔性化、网络化和数字化的时代特点，也使得它自己面临着新的挑战。再说，新的过程载体（如智能手机）的功能本身就是运作模式，作业是降维的、省人的，各种载体的连接也构成了过程的一部分，表现为后台复杂，前端简单，是新的效率方式，也就是说，现代的信息技术同时又是过程技术。所谓“新过程方法”其实就是在新环境下过程方法的创新。本书后面各章节都是新过程方法的实践介绍。

新过程方法的表述是：利用现代信息技术将活动作为相互关联、功能连贯的过程、过程链组成的网络体系来理解和管理时，可更加有效和高效地得到一致的、可预知的结果。新过程方法就是数字过程方法，终极目标是过程智能化。

五、管理体系数字化的普适性方法

管理体系有很多业务模块，如果将这些模块数字化就有营销数字化、设计开发数字化、供应链数字化、制造数字化、质量数字化、服务数字化等。由于所有这些模块都反映在作业过程中，都遵循着过程的一般法则，所以模块数字化归根到底是“过程数字化”，必然地，组织的运行模式也从过程驱动型向数字驱动型升级。这是组织要完成的一项工程。

基于过程要素的数字化便是体系数字化的普适性方法。图 1-5 是过程要素数字化的构建。

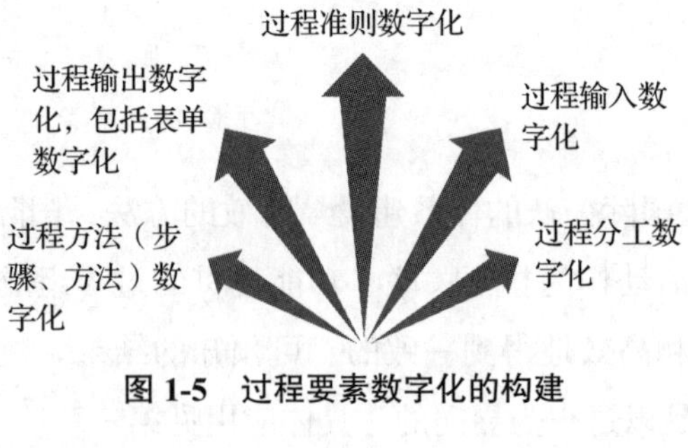

图 1-5　过程要素数字化的构建

也就是说，过程数字化从这 5 个维度去描绘过程的面相，并可深入到每个要素的细分上，目的是提高过程的科学、精准和协同的水平，提高治理和要素配置的效能，具体实践详见第四章——过程数字化。过程数字化就意味着业务数字化、管理手段数字化和操作数字化，这是组织体系数字化转型的主要部分。可以说，完成这些数字化工作后，过程即可称为“数字过程”。这样，过程运行就有了大数据的基础，就可设立过程数据库了。不少专家已经断言，新的数字流程技术将是组织获得持续竞争优势的最主要因素。

第二节 管理体系结构的回顾

传统管理体系大多还处在体系 2.0 时代，很少对体系结构进行专门策划，因此，体系文件层级多、各自为政、没有系统性、篇幅长、缺乏灵活性、内容既重复又相互矛盾。尽管设立了文件控制中心，但没有人能够讲清楚自己到底有多少文件。

一、元素树

管理体系由以下两个方面决定。

（1）组成体系的基本元素。

（2）这些元素的结构，即元素的相互作用。

基本元素是保证组织正常运行的基础性元素，如销售、产品设计、采购、生产、设备管理、人力资源管理、文件管理等，就像人体血液里的基本元素那样。管理的基本元素不是组织自己声称的，而是公认的。衡量一个组织的管理体系是否被认可就看它有多少公认的基本元素。公认的元素所派生的过程就是常规过程，就成为获得相关方信任的基础。那么，如何找到这些元素呢？如果你毫无经验，那就无从下手，可能就要请顾问公司协助。管理体系从 1.0 到现在，人们已经归纳出很多管理的基本元素（见表 1-1），大部分都总结在管理体系方面的国际和国内标准中，如卓越绩效评价准则（GB/T 19580）有 7 个一级元素和 23 个二级元素，质量管理体系（ISO9001）和汽车质量管理体系（IATF16949）就有 7 个一级元素和 28 个二级元素，组织按照这些要素的层级建立的体系分别就叫卓越绩效管理体系、ISO9001 体系和 IATF16949 体系。

表 1-1 管理基本元素

一级元素（模块）	二级元素	序号
4. 组织环境	4.1 理解组织及其背景	1
	4.2 理解相关方的需求和期望	2
	4.3 确定质量管理体系范围	3
	4.4 质量管理体系及其过程	4
5. 领导作用	5.1 领导作用和承诺	5
	5.2 方针	6
	5.3 组织的角色、职责和权限	7
6. 策划	6.1 应对风险和机遇的措施	8
	6.2 质量目标及其实现的策划	9
	6.3 变更的策划	10
7. 支持	7.1 资源	11
	7.2 能力	12
	7.3 意识	13
	7.4 沟通	14
	7.5 形成文件的信息	15
8. 运行	8.1 运行策划和控制	16
	8.2 产品和服务的要求	17
	8.3 产品和服务的设计和开发	18
	8.4 外部提供的过程、产品和服务的控制	19
	8.5 生产和服务提供	20
	8.6 产品和服务的放行	21
	8.7 不合格输出的控制	22
9. 绩效评价	9.1 监视、测量、分析和评价	23
	9.2 内部审核	24
	9.3 管理评审	25
10. 改进	10.1 总则	26
	10.2 不符合和纠正措施	27
	10.3 持续改进	28

别以为这只是一个元素的简单罗列，这是一个结构表，是世界顶尖的管理专家归纳出来的组织管理的一般性规律，并且元素的编码可直接成为数字体系的编码。下面将表 1-1 中的“7.1 资源”和“7.2 能力”这两个元素展开，如表 1-2 所示。

表 1-2　元素树

一级元素	二级元素	三级元素	四级元素	五级元素
7. 支持	7.1　资源	7.1.1　总则		
		7.1.2　人员		
		7.1.3　基础设施	7.1.3.1　工厂、设施及设备策划	
		7.1.4　过程运行环境	7.1.4.1　过程操作的环境—补充	
		7.1.5　监视和测量资源	7.1.5.1　总则	7.1.5.1.1　测量系统分析
			7.1.5.2　测量溯源	7.1.5.2.1　校准 / 验证记录
			7.1.5.3　实验室要求	7.1.5.3.1　内部实验室
				7.1.5.3.2　外部实验室
		7.1.6　组织的知识		
	7.2　能力	7.2.1　能力—补充		
		7.2.2　能力—在职培训		
		7.2.3　内部审核员能力		
		7.2.4　第二方审核员能力		

元素树也称“元素结构表”，表示元素的标准搭配。表 1-2 的元素树共有 5 个层级，体系结构受此影响。元素的层级大致理解如下。

（1）组织的一级元素（模块）决定了组织的性质。

（2）部门的一级元素决定了部门的性质。

（3）部门的二级元素决定了岗位的性质。

（4）岗位的元素决定了作业的性质。

从系统论而言，元素可以无限展开，是由大变小、从少变多的过程，也是将复杂变简单的过程，如同将汽车拆分到螺丝那样，这样就能精准找到控制的方法。

组织普遍认为，针对二级元素建立的文件称为“程序文件”，也就是组织常说的“二层文件”；针对三级元素和四级元素建立的文件就称“作业指导书”或“三层文件”。此时，公认的基本元素及其结构就赋予了组织的先天基因及组织体系的卓越性，可以帮助组织快速成长，所以，组织按元素树去建立体系是最好的捷径。

二、体系树

国际标准企业化是基于标准的元素树而建立的体系树（见表 1-3），这几乎是认证的组织建设管理体系时的一个标准动作，换句话说，体系树是元素树的应用，表 1-3 就是对应表 1-2 得出的。

表 1-3 体系树

元素	程序文件（二层文件）	作业指导书（三层文件）	记录（四层文件）
7.1 资源	基础设施管理程序	设备能力评估标准	设备状况统计分析报告
			设备能力指数（Cmk）报告
		设备点检作业指导书	设备点检记录
			设备安装验收移交单
			设备台账
			设备维修计划
			设备检修记录
	监视和测量设备管理程序	测量系统分析作业指导书	测量系统分析计划
			测量系统分析报告
		实验室管理规定	实验室台账
			试验委托单
			监视测量设备台账
			测量设备周期检定计划
			量检具校准记录
			失准设备检验结果追溯表
			失准仪器报废申请
	知识管理制度	知识库管理规范	可用知识评估记录
			知识分类表
7.2 能力	培训程序	教材管理规定	教材清单
			教材评估报告
			培训需求申请表
			年度培训计划
			培训记录
			培训有效性评估报告
			员工培训档案
	人员晋升管理程序	员工能力评价指引	员工素质矩阵表
			员工能力评价报告
			员工晋升阶梯图

有人称表 1-3 为体系物料组成表（BOM）。以这种方式建立的体系，元素树一定会映射到体系结构的文件层级上，下层文件是上层文件的展开，并通过引用关系将它们连接起来，就形成了一串葡萄——体系结构。加上第一层文件“管理手册”，就是组织所熟悉的“体系金字塔”，如图 1-6 所示。要使体系具有特色就需要组织结合自身的特点和条件去应用元素树，并要拿捏得恰到好处。

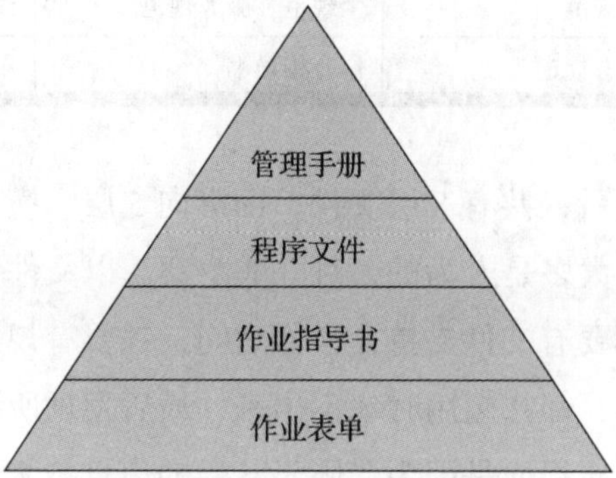

图 1-6 文件层级金字塔

二层文件大多为公司级文件，三层文件大多为部门级文件。体系结构实质上是各层文件之间的逻辑关系，是通过纵向和横向的连接搭建的。连接的方式就是文件之间的相互引用。文件引用有两个意思：一是当长文分拆出一个短文时，长文就要引用短文；二是不想与另一个文件有相同的内容，就要引用另一个文件。文件引用时需要遵循以下的原则。

- ✧ 管理文件只能引用管理文件，不能引用专业文件
- ✧ 专业文件不仅可以引用专业文件，还可以引用管理文件
- ✧ 纵向引用不超过二层，横向引用不受限制
- ✧ 下层文件不引用上层文件
- ✧ 不互为引用
- ✧ 不引用通用性文件

“引用”按现在的概念就是“连接”，如果靠人去连接就一定是弱连接。

由于体系可以无限分层，因此经常会发生多层级的体系，如表 1-4 所示。

表 1-4 文件分层示例

文件纵向层级	文件细分层级		
制度	规章、条例、办法		
程序	方法	管理细则	
标准	工作标准	作业标准	
	BOM、技术标准	产品标准、材料标准	
规范	国家规范、顾客规范、公司规范	技术规范、质量规范、安全规范、服务规范	工艺文件、工艺卡、工艺流程图、检验作业指导书
作业指引	流程、规定	作业指导书	作业细则

沿着箭头的方向看，共有 8 层文件，即纵向 5 层，横向 3 层，这是现实的写照。多层级的体系大多是人为的，且并非个案。以文件为轴心的体系的固有思维是：事无巨细都要有文件支持；方寸之间，都要有规矩。这样所导致的结果是文件多、层级多，却在应用时拿不出来，最后发现所谓的体系只是一堆纸而已。造成这样的尴尬局面是因为受限于落后的信息技术水平，人们对体系的认知还停留在纸质或者基于纸质的电子文档上，那么就只能全靠人力去构建一个复杂的体系，这样建设的成本很高。其实，很多组织早已意识到体系不够敏捷是层级复杂造成的，更糟糕的是，各层文件发生的轻微变化已经涉及系统的质变，但组织仍然未能觉察到，体系失控又找不到原因。在数字体系中，字段级、句子级、关联单元、关联词的连接已经替代了文件之间的引用，并且是在专门的系统中低成本地自动完成的，如此就可以轻松解决体系不敏捷的问题。由于先进连接方式的引入，文件的层级就能够扁平化到 2 ～ 3 层，这意味着要对原来的体系进行大“瘦身”，体系效率就会有很大的提高。传统的方法已成过去的记忆。

为什么体系文件只分 2 ～ 3 层可以成立？有以下几个理由。

（1）将二层文件（一级过程）的拆分看成横向而不是纵向，形成细化的网络结构，然后就可以采用结构化搜索、语言建模实现体系去层级化的目的。

（2）将文件（过程）袖珍化、碎片化，用文件数量代替文件的层级。文件和碎片数字化后，信息系统就能有效捕获上下文信息、跨文件信息，实现有效对接，无论文件如何袖珍、如何碎片都能串成整体。

（3）体系采用了集成、过程采用了组合的方式。

互联网以“点”作为最小单位，且面向操作层。操作层不管文件层级，只求直观，只关注涉及哪些文件和资料就足够了。

三、工作结构表

组织可以仿照元素树转化为体系树的做法建立工作结构表，如表 1-5 所示。

有些组织将表 1-5 称为“职能展开”。一级职能规定在 3 ～ 6 项，并按重要性排序，最重要的排在前面；如果只有 2 项就没有必要设立部门，多于 6 项才可以考虑分拆出两个部门。二级职能和三级职能按逻辑顺序或按重要度展开。对应的文件结构是两层：对应一级职能（或一级过程）的文件称为“程序文件”（二层文件），对应二级职能（或二级过程）的文件称为“作业指导书”（三层文件）。一个较有规模的组织，从一级职能展开到三级职能的数量会有上千个，对应的支持性文件数量就会有几百个（不算技术类文件）。

表 1-5　工作结构

一级职能（一级过程）	二级职能（二级过程）	三级职能（三级过程）
人力资源管理	人力资源规划	（1）拟订组织人力资源发展规划 （2）组织各部门编制部门组织结构和各部门职能 （3）制定员工发展通道 （4）员工职称、技能及相关资质等级申报、考核
	招聘与配置	（1）制订招聘计划 （2）拓展招聘渠道 （3）建立人才信息库 （4）员工招聘 （5）岗位价值分析 （6）员工的选拔、晋升、试用期的评估 （7）编制用工短缺的应急计划
	培训与开发	（1）制订年度培训计划 （2）内部培训讲师队伍的建设及外部培训机构的评选 （3）入职培训及协助各部门开展专业技能培训 （4）员工培训档案管理 （5）培训效果分析 （6）教材管理 （7）建立运行过程所需的知识及案例库

第三节 经营路线

任何组织都有与市场的交换物——产品和（或）服务，就必然有从市场到交付的整个路线，这就是“经营路线”。经营效益能否取得预期成果取决于经营路线的策划。

一、经营路线的策划

将各业务部门的工作结构表汇总后，将一级职能（一级过程）抽出来，从顾客起始端到交付端按顺序和逻辑关系绘制成一张图，称“经营路线图”，它是一级过程的网络图，如图 1-7 所示。

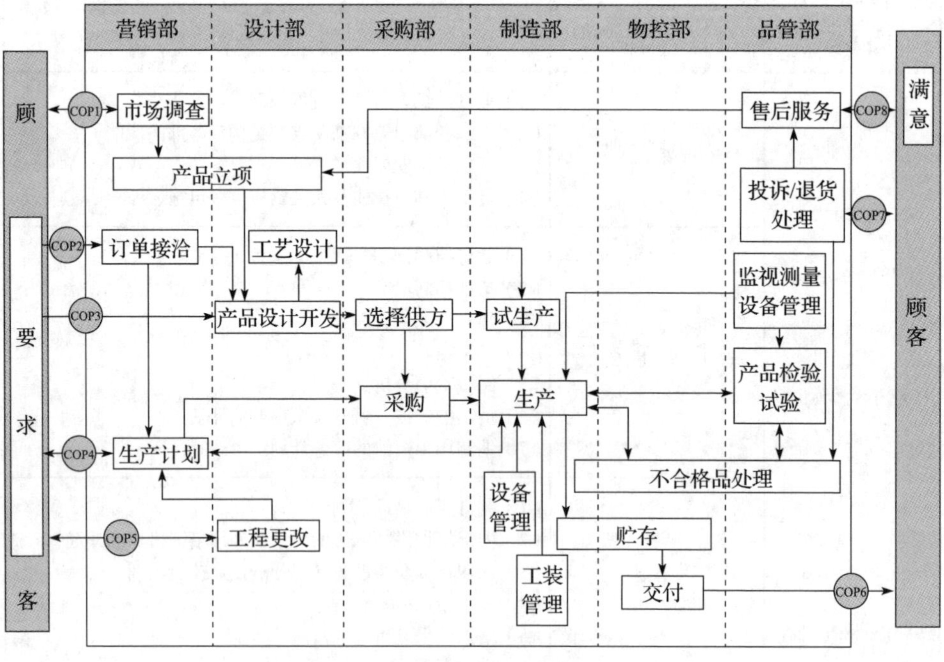

图 1-7 经营路线

图 1-8 是某物业公司的经营路线图。

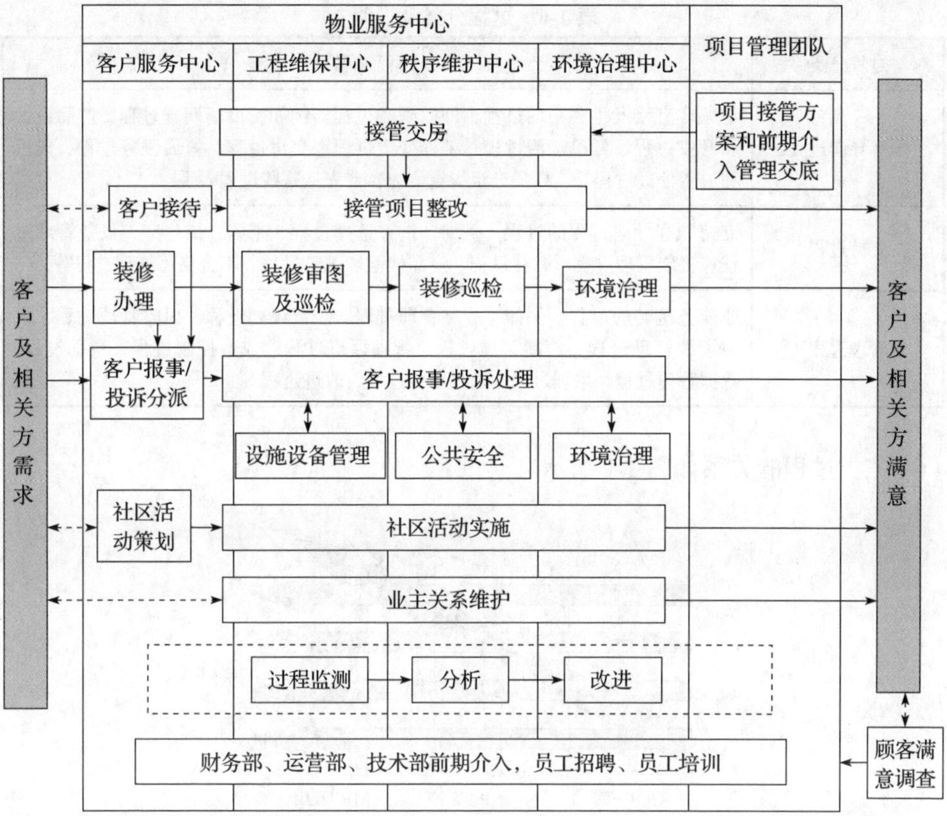

图 1-8　某物业公司的经营路线

图 1-7 和图 1-8 清晰地显示了从起点到终点的一条经营脉络，或者叫经营蓝图，为一级过程规划了输出的途径，是信息网络的基础。从组织经营全局的角度去审视和规划这个框架是数字体系建设的良好开端。

经营路线图所展示的过程一旦被确定便成为组织的“常规过程”。常规过程与战略无关，是由组织的业态和属性决定的，是经营必需的基本过程。组织有几种性质完全不同的产品或服务，相应就会有几个经营路线图。

二、过程分类

图 1-6 有两类过程：顾客导向过程（COP）和支持过程（SP）。图 1-7 除了顾客导向过程、支持过程外，还有管理过程（MP）。此三类过程的划分是很多组织的习惯，在汽车供应链更是一种规定。过程分类及说明如表 1-6 所示。

表 1-6 过程分类及说明

过程分类	过程说明
顾客导向过程	与顾客直接发生关系的过程，即端到端过程。例如，市场调查过程、产品设计和开发过程、订单接洽过程、工程变更过程、交付过程、售后服务过程、投诉和退货处理过程等。要提升组织竞争力，首先从这些过程入手
支持过程	支持顾客导向过程的过程。例如，供方选择过程、采购、试生产、设备管理过程、工装管理过程、贮存过程、产品检验和试验过程、不合格品处理过程等
管理过程	非业务范畴的过程。例如，战略管理过程、经营计划过程、风险管理过程、人力资源管理过程、创新管理过程、管理评审过程、成本控制过程、激励过程、数据管理过程、培训过程、内部审核过程、改进过程等

三类过程的关系如图 1-9 所示。

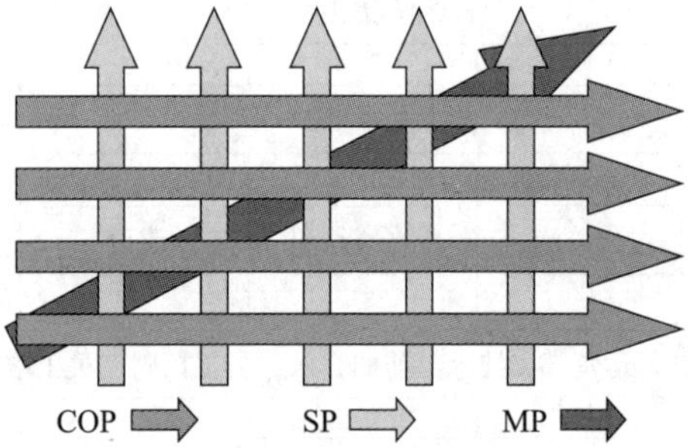

图 1-9 三类过程的关系

需要说明的是，过程数字化时，这三类过程的英文缩写可以直接当成数字编码的开头。

顾客导向过程和支持过程统称为业务过程，并且一定存在几个决定经营业绩的关键过程——核心业务过程。业务过程与管理过程的关系说明如下。

业务过程与行业属性有关，反映出专业特点，大多是价值创造的过程，重复率比管理过程高。

管理过程与行业属性无关。当业务过程反映出通用性和基础性的特点时就会衍生出管理过程，反过来其又成为业务过程的基础和保证。正如艺术来源于生活而高于生活那样。组织业务规模越大，管理就越复杂，业务过程就越依赖管理过程，这是组织成熟的标志。

所以，管理过程才是组织的元基础，是获得制度自信的地方，是组织创新的重点领域，如决策机制、人才选拔机制和创新机制等。管理过程很多时候被称为“制度”。

三、业务路线图

由于工作结构表只有过程的纵向关系，没有横向关系，数字体系可以通过业务路线图做出补充。编制业务路线图时以部门或管理模块为单位，将上部门视为供应商，下部门视为顾客，将部门的二级职能（二级过程）按照顺序绘制出一张逻辑图，如图 1-10 所示。

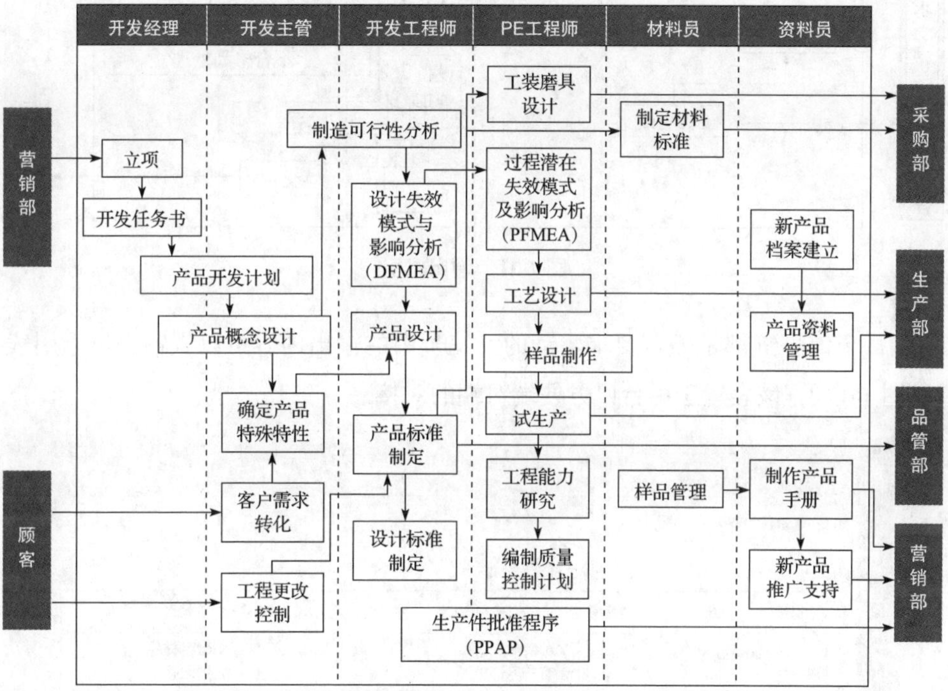

图 1-10　部门业务路线

将各业务部门的业务路线图都综合起来后，就成为组织经营路线图的展开。

四、在经营路线上建立信息链

经营路线图是应用“过程方法”建立起来的，在连接线上加上数字编号就代表了信息链中输出的编号，如图 1-11 所示。

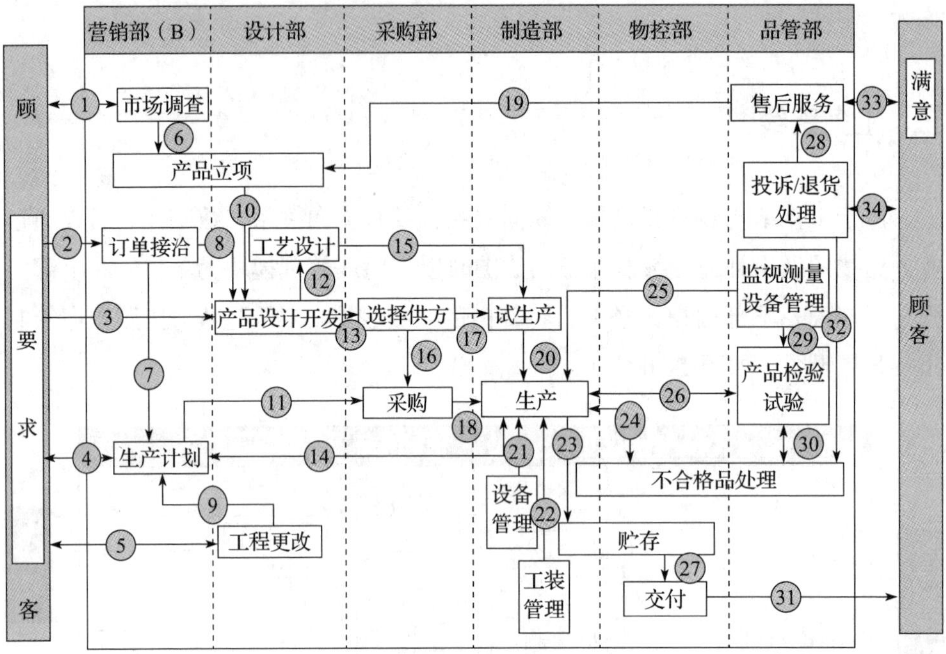

图 1-11　输出索引

每个信息链都是顾客要求驱动的。编号中的输出内容可以查输出链索引表（见图 1-12），该表置于后台以方便端对端的对接。

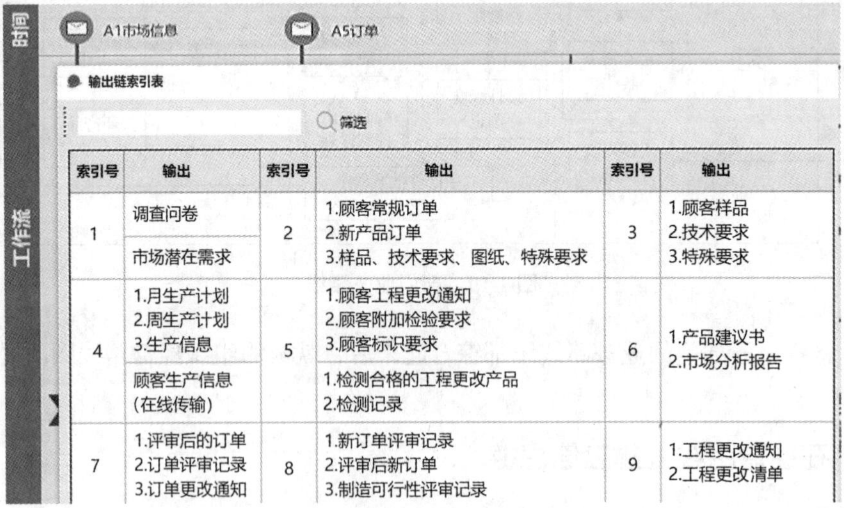

索引号	输出	索引号	输出	索引号	输出
1	调查问卷 市场潜在需求	2	1.顾客常规订单 2.新产品订单 3.样品、技术要求、图纸、特殊要求	3	1.顾客样品 2.技术要求 3.特殊要求
4	1.月生产计划 2.周生产计划 3.生产信息 顾客生产信息（在线传输）	5	1.顾客工程更改通知 2.顾客附加检验要求 3.顾客标识要求 1.检测合格的工程更改产品 2.检测记录	6	1.产品建议书 2.市场分析报告
7	1.评审后的订单 2.订单评审记录 3.订单更改通知	8	1.新订单评审记录 2.评审后新订单 3.制造可行性评审记录	9	1.工程更改通知 2.工程更改清单

图 1-12　输出链索引表

信息链也可以用图 1-13 表达。

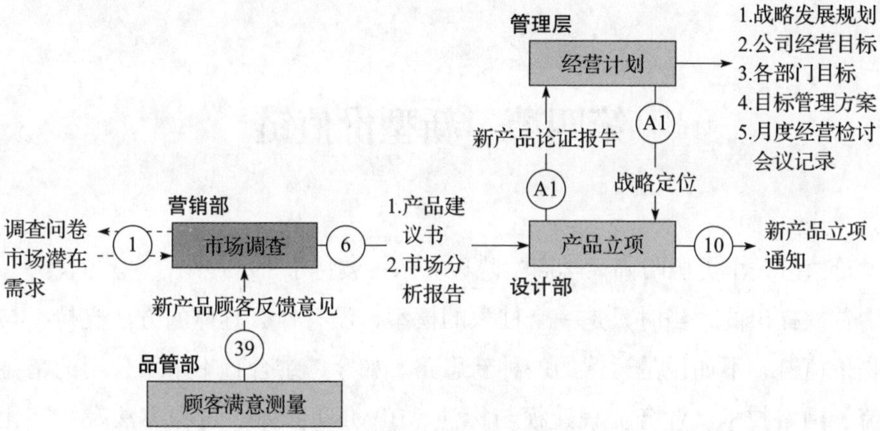

图 1-13 信息链

输出链索引表上所有“索引号”的输出的总体就是一级过程网络的信息链，设计和优化体系很大程度上就是设计和优化信息链。用同样的办法也可以建立二级过程网络的信息链。一级过程信息链与二级过程信息链一定有交集，且构成立体的信息网络，这时才能实现“点”的连接，如图 1-14 所示。

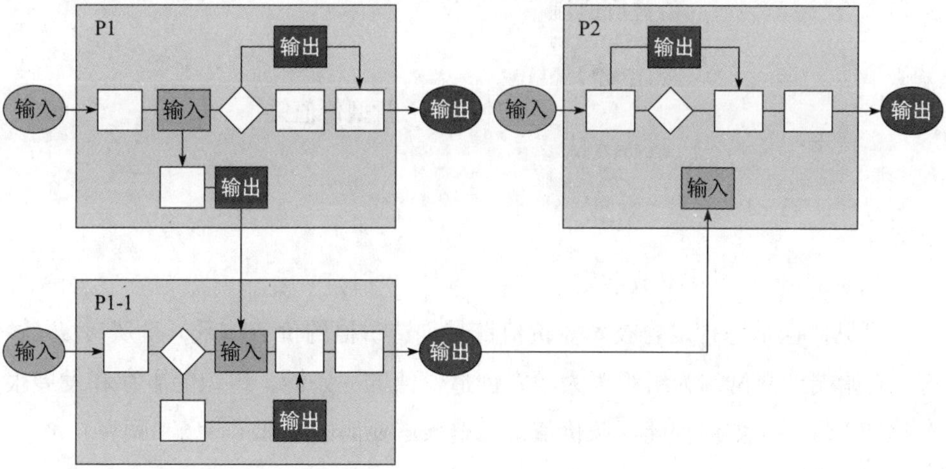

图 1-14 输出点的连接

信息链意味着过程接口。过程接口是将过程的输出放在体系中再一次识别和优化，主要是识别其流向，这时有两种可能：一种是有多余的或不合适的输出；另一种是欠缺或不能提供下一过程所需的输出。只要经营结构策划好，数字化的信息系统就会自动显示这两种情况，以方便信息链的优化。

第四节 新型价值链

价值链是由美国哈佛大学商学院迈克尔·波特于1985年在《竞争优势》一书中首次提出的，当时只是一个抽象的模型，没有什么具体的方法支持，与其说是价值链，不如说是运营的一种新思路。如今，结合日本丰田公司的精益价值流、网络技术、业务流程建模与标注（BPMN）技术、过程方法及数字化技术，价值链就可以展开得更细、更技术化、更能聚焦在为顾客创造价值上，可以体现新型的顾客关系，可以对价值链进行增值分析、价值活动整合、信息流和物流分析、关键路径和节点分析等，是价值链的一个创新，其意义及其作用已今非昔比，因此称为“新型价值链”，其公式表示为

$$\begin{array}{c}\text{波特价值链}\\+\\\text{精益价值流}\\+\\\text{BPMN}\\+\\\text{过程方法}\\+\\\text{网络}\\+\\\text{数字化}\end{array} = \text{新型价值链} \qquad (1\text{-}1)$$

可见，这是一种复合技术。价值链是创造价值的价值体系，是从市场（顾客）起始端到交付端为组织也为顾客创造价值的一条链，组织的生存和发展很大程度上取决于如何构建这条价值链。整条链要面向外部（市场和顾客），突出对外部环境的响应能力。

一、新型价值链结构

以价值驱动的价值链将形成信息流和物流的总方向，其结构如图1-15所示。

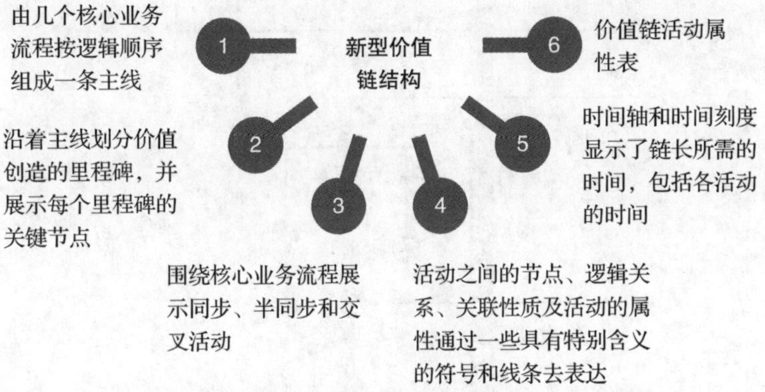

图 1-15　新型价值链结构

沿着主线展开“增值活动群”和“支持活动群”便形成活动流水线，这些活动以工作结构表（见表 1-5）的二级职能（二级过程）为主。活动流水线是一个结构，能产生增值。奶牛吃的是草，挤出来的是牛奶；蜜蜂采的是花粉，产出来的是蜂蜜；蚕吃的是桑叶，吐出来的是蚕丝。这些过程都是增值过程，它们脏腑结构就是一条价值链。

图 1-16 是新型价值链实例。图中显示了部门（或职能）在价值链中的分布。活动的编号即数字编号，不同符号的含义主要是丰富价值链的表达力。

这条价值链比较简单，只有 83 项活动，但比经营路线更为细化。从图 1-16 中可以看出，价值链都是围绕着几个核心业务过程展开的事件组和活动群，并通过整条价值链的效率去定义各阶段及所有活动的效率，每一项活动都为下一项活动乃至最终结果负责，是一条协同作业的追溯链，也可以说是一个数据共享和业务协同模型。价值链如果通过若干软件系统去运行，那么在核心业务的自动化方面就完成了数字化的转型。毫不夸张地说，价值链数字化后，包括它自身的 IT 化，其价值远超任何一款具有竞争力的产品，其创新比产品创新还重要。要决胜终端，组织就必须在策划价值链上狠下功夫，高层必须参与制定。

既然价值链是为顾客、为组织创造价值的，链上的活动都要面向外部，都要识别、寻找和创造顾客接触点（MOT），以便实施重点管理。MOT 数量的多少将影响顾客接入平台（或服务平台）或解决方案的开发。

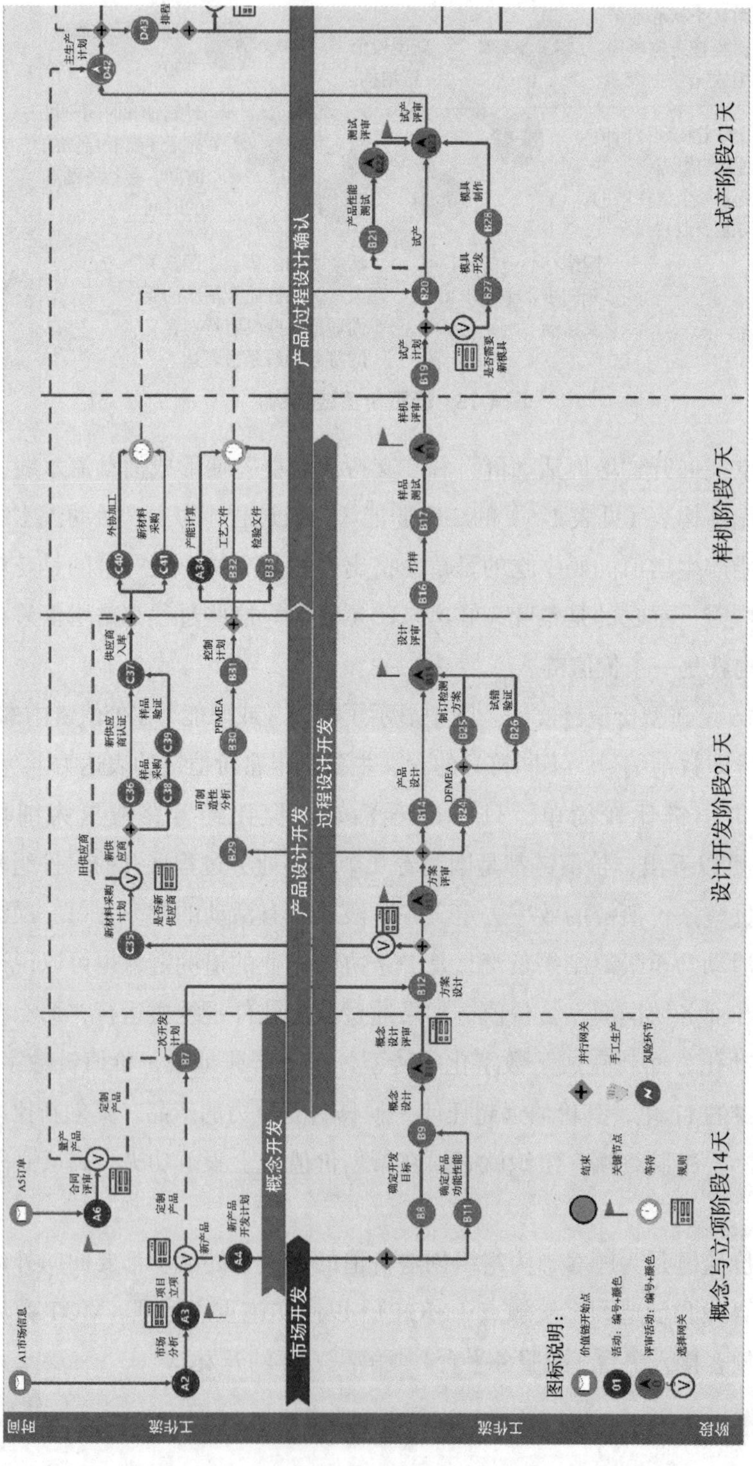

图 1-16 新型价值链实例

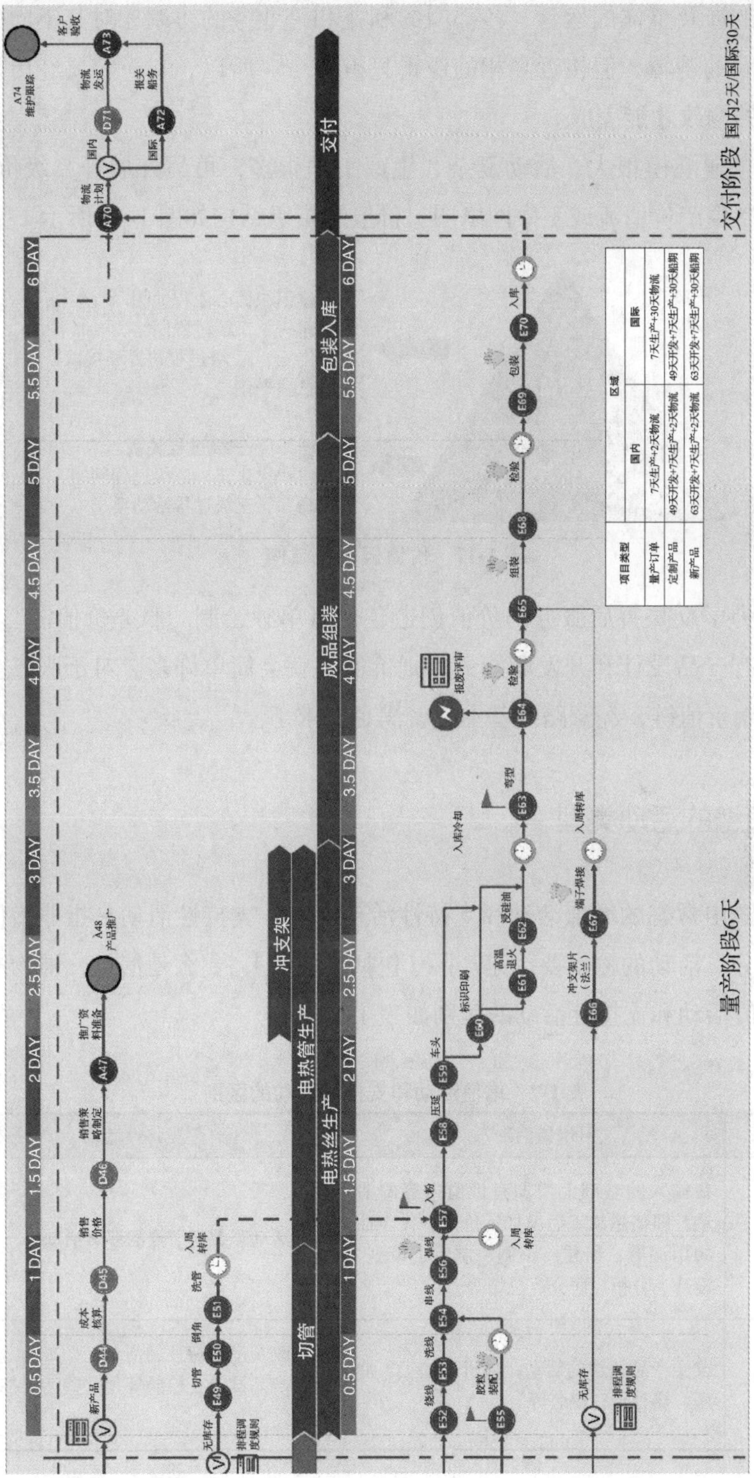

图 1-16　新型价值链实例（续）

价值链涉及整体的运营、各部门的利益和跨业务的协调，对其不同的理解将导致不同的逻辑，但接近真相的逻辑只有一个。所以，它一定要经历几上几下、几番的修改才能完成。

如果企业规模很大、活动复杂、生产工序很多，可另外展开二级价值链，如单独绘制生产价值流或工序网络图。价值链层级结构如图 1-17 所示。

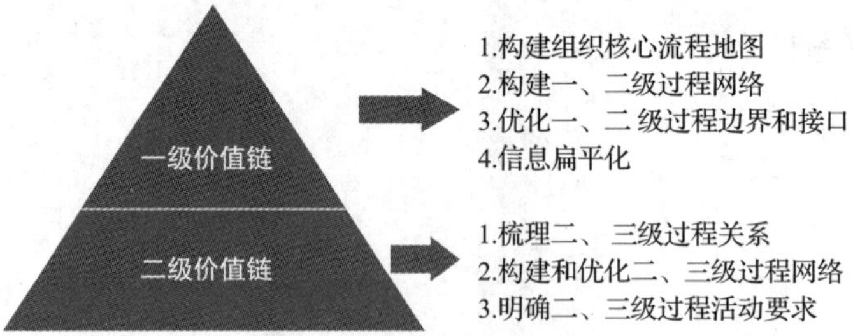

图 1-17 价值链层级结构

组织为了反映售后服务的价值创造，也可单独绘制“服务价值链”。有些组织是没有产品设计和开发职能的，则价值链就会简单许多。对于服务业，不一定要编制价值链，经营路线基本上就满足要求了。

二、价值链的活动类型

价值链由常态的增值活动和支持性活动组成。支持性活动是指非增值活动的必要部分。活动的输出要么是产品（包括半成品），要么是信息，即物流和信息流。增值活动和支持性活动的区别如表 1-7 所示。

表 1-7 增值活动和支持性活动的区别

	增值活动	支持性活动
信息流	在输入的基础上增加有价值内容的活动，即信息加工后增加了价值。代表性的用词有：组建、编制、制定、策划、设计、分析、研究、总结等	关键活动、关键节点的评审活动
物流	改变产品特性的活动，如机械加工、冲压、热处理、组装等	没有改变产品特性的活动，如采购、样品确认、产品试验、检验等，这些活动都是非增值的

利润由价值链的增值活动产生。当把价值链的活动视为过程时，就需要有操作文件去支持。这里需要说明的是，管理活动（如培训、考核、资料存档）及可离链的独立活动（如不合格产品处理、模具和工装管理、质量监控）不应列入价值链中。

三、价值链活动时间的确定

价值链有时间轴，上面有时间刻度（或时间尺）。时间轴显示每个“里程碑”的时间，以及从订货到交货整条链所耗的总时间，即交货周期（Lead Time）。这个时间是否具有竞争力要放到市场中才知道。时间的单位根据需要自行设定，可以是小时，也可以是天，依据交货周期的长短而定。价值链上的连线长度与时间刻度的对比大致可以得出活动的耗时。在串行的活动中时间最长的就是瓶颈活动，它所处的路径就是关键路径。价值链不断地循环运作，每次循环当作一个周期，如果总时间与实际相差很大，每次循环的效率损失累积起来就会很大，最可怕的是对长久性的效率损失会视而不见。

业务类活动的用时不像车间的作业时间那样能够精确到秒，具有较大的可塑性，可以按近似估算法、样本测量法和拉动法 3 种方式估计时间。

1. 近似估算法

近似估算法的计算公式为

$$T = \frac{a + 5m + b}{7} \tag{1-2}$$

式中：T——活动时间的估计值；a——估计活动的最短时间；b——估计活动的最长时间；m——估计活动的时间。

2. 样本测量法

样本测量法就是对活动抽取 7 个以上单数的时间样本，去除最大值和最小值，剩下的时间样本的平均值就是活动的时间长度。不过，这个方法比较耗时。

3. 拉动法

拉动法就是依交付的总时间倒推前面所有活动的时间，其中经验往往起决定作用。

（1）以市场的竞争时间为链长总时间，然后硬性地分解到链的各个活动中以得出各个活动的时间。

（2）将顾客规定的交货周期（如天数）乘以 0.75 ～ 0.9（竞争力系数），使总时间比顾客要求的短，然后再分解到链的各个活动中。活动越多，乘以的竞争力系数就越小。

市场竞争的残酷性会倒逼组织去改善价值链。拉动式生产就是这样做的。我们发现，如果按价值链的活动顺序将各活动的时间累加（去除重叠部分的时间）所得的链长总时间大多会超出市场的竞争时间或是顾客规定的交货时间，因为组织站在自己的角度去计算时，各个部门多半出于保守的考虑往往会“克扣”一些时间，这样计算的结果就不具竞争力。

现在，价值链都可以在专门的信息系统中绘制，烦琐的时间计算、最短路径计算和关键路径的确定等都可以自动完成，在这里就不再一一列出计算的过程了。用时间去定义效率的主要目的在于优化价值链和持续改进，如果只是想知道经营活动之间的逻辑关系，价值链可以不设时间轴。

四、价值链活动属性表

绘制好价值链后，就开始编制价值链活动属性表，它与价值链是一个整体。图 1-18 是系统中价值链活动属性表的实际界面。

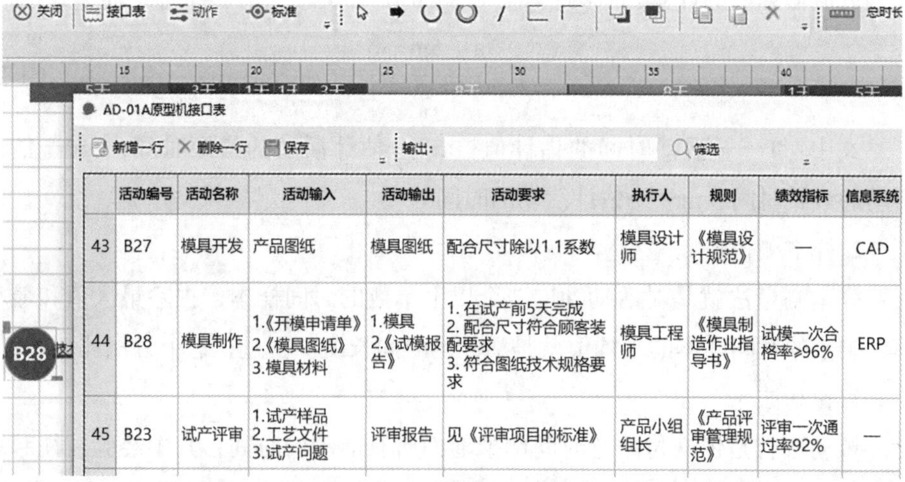

	活动编号	活动名称	活动输入	活动输出	活动要求	执行人	规则	绩效指标	信息系统
43	B27	模具开发	产品图纸	模具图纸	配合尺寸除以1.1系数	模具设计师	《模具设计规范》	—	CAD
44	B28	模具制作	1.《开模申请单》 2.《模具图纸》 3.模具材料	1.模具 2.《试模报告》	1. 在试产前5天完成 2. 配合尺寸符合顾客装配要求 3. 符合图纸技术规格要求	模具工程师	《模具制造作业指导书》	试模一次合格率≥96%	ERP
45	B23	试产评审	1.试产样品 2.工艺文件 3.试产问题	评审报告	见《评审项目的标准》	产品小组组长	《产品评审管理规范》	评审一次通过率92%	—

图 1-18　价值链活动属性

信息系统会根据价值链的逻辑关系自动完成信息的接口，构成整体的信息流和物流。在系统中用户只要点击价值链上任何一个活动（如 B28），就会显示该活动的属性，如图 1-19 所示。

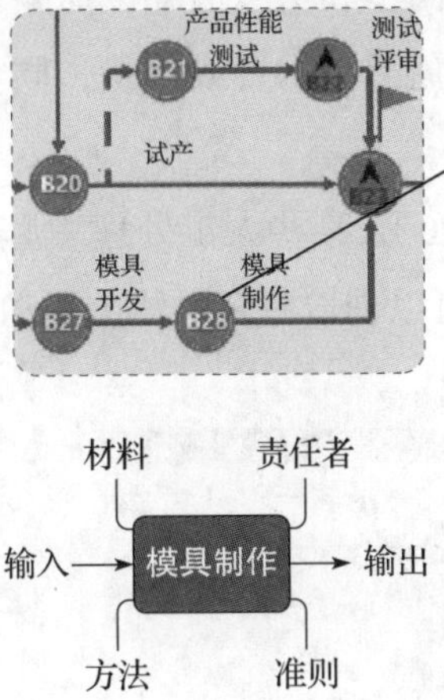

类别	内容
活动编号	B28
活动名称	模具制作
活动输入	《开模申请单》、《模具图纸》、模具材料
活动输出	模具、《试模报告》
活动要求	1. 在试产前 5 天完成 2. 配合尺寸符合顾客装配要求 3. 符合图纸技术规格要求
执行人	模具工程师
规则	《模具制造作业指导书》

图 1-19　价值链某活动的属性

作业者还可以从活动的属性中点击任何想要的信息，如选择显示作业文件的全部内容，或选择只与自己相关的层级信息。

可以将价值链看成是一条关联活动之间的“供给链”，需求通过层级信息形成固定的传导机制。在首次填写“价值链活动属性表”时很多内容是空白的，它是全链所有活动供给关系的描述，一环扣一环，所以，填满全部内容并不容易，需要跨部门团队一起去完成。最难填写的是活动的常规要求，且会发生很多争论。此表填写完后对组织经营有很大的指导意义。当订单下达或者基于市场需求推出新产品时，整条链就会做出响应，每一次的运行都是一次总需求和总供给的平衡，在活动常规要求不变的情况下，根据顾客或者市场的需求，通过传导机制去调节其他活动的需求，并能在大数据的加持下找到一个阈值使系统处在理想状态。这与经济学上的供给均衡原理有相似的地方。

五、价值链分析与优化

一条复杂的价值链存在结构性缺陷在所难免。对于运营成熟的组织来说，价值链通常是先还原现状，然后再优化。以下是分析与优化价值链的思路。

（1）是否识别和确定了为顾客创造价值的活动，这些活动的输出和要求是否是以顾客为导向确定的，是否可以建立和创造更多的 MOT。不能为客户创造增值和没有价值的活动（或过程）都是多余的，这样的部门也是多余的。

（2）在主轴上是否已经找出了全部的同步、半同步和交叉活动以压缩链长（见图 1-19），是否可以创造更多的同步活动。为避免活动闲置或等待，同步活动中是否考虑了同步结束而非同步开始。

（3）哪些活动可以缩短、取消、合并（见图 1-20），某些人工处理（尤其是高频率）的活动是否可以转化为自动化处理，是否可以创造更多的线上活动。

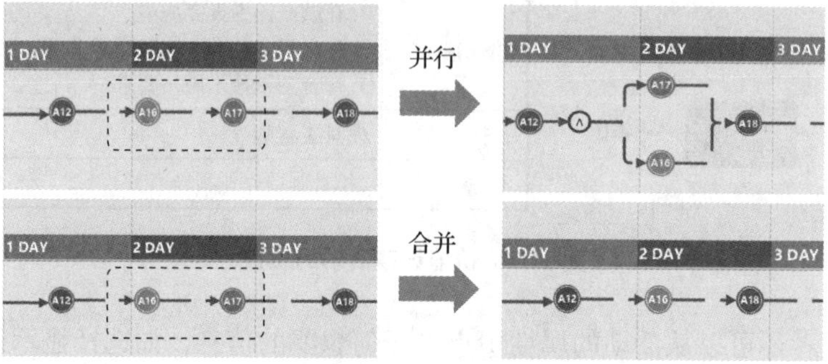

图 1-20　活动并行和合并

（4）是否存在等待的活动未被利用，或是消除了延误周期的关键节点的影响，如图 1-21 所示。

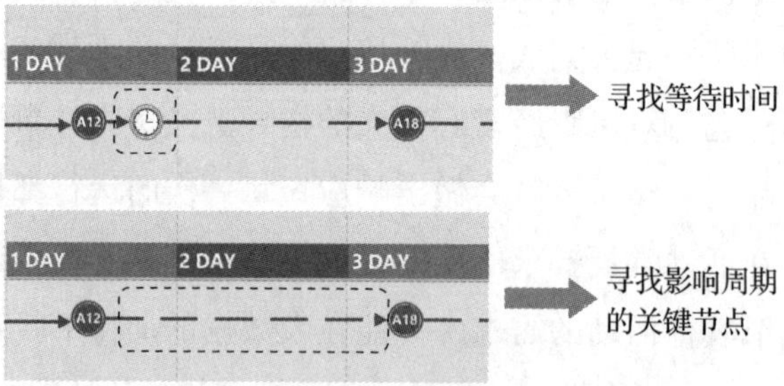

图 1-21　消除等待活动或对关键节点的影响

（5）活动接口的输入和输出是否可以简化，信息流是否还可以理顺。

（6）活动所需的时间是否合理，整条链是否都处在规定节拍下运营，是否存在不平衡环节。

（7）在关键路径上是否可以减少节点数，关键节点的控制条件是否充分、是否影响效率。

（8）活动属性表的分析是否是以下游为导向确定上游的输出，活动的要求是否合理，是否在输入和输出上找到更好的转换办法，因果链是否清晰。

当理顺价值链后，会发现如下问题。

（1）有相当部分的输出无法对应输入。

（2）有些输出是多余的或是无效的，输出得多，表单就多，这是造成数据混乱的根源之一。

（3）很多活动的要求是不合理的或是不清楚的。

（4）从部门颜色的分布知道，有些部门过分干预别人的活动。

（5）纵向信息流的比例远大于横向，影响整条链的速度。

（6）同步、半同步的活动很少，拉长了整条链。

有时跳出现状，重新开发一条价值链反而会更省事，或者将价值链看成“战术地图”，采用沙盘推演的方法，在多个组合的方案中寻找最佳答案，尤其是以市场为导向的交货周期已经否定了组织的常规做法就更需跳出现状，开发全新的价值链，价值链的创新和改变也会驱动组织的变革。

六、经营路线与新型价值链的关系

经营路线和新型价值链是数字管理体系的两条主动脉，要与互联网对接，形成整体结构化优势。但有时两者不容易区分，尤其对于体系比较简单的组织而言更是如此。表1-8是经营路线与新型价值链的关系。

表1-8　经营路线与新型价值链的关系

对比内容	经营路线	新型价值链
与战略的关系	两者都是以顾客为中心的，从顾客起始端到顾客终端，都是体系模式的展开，是支持战略实现的	
	与经营模式有关	与盈利模式有关
对象	以提供的产品为对象，每一类产品会有一条对应的经营路线。 由体系架构师主导编制	以系列产品或特定的顾客为对象：不同的系列产品或特定的顾客有不同的价值链；一个经营路线可能产生几条价值链，尽管都有相似之处；由负责系列产品或顾客业务线的架构师负责主导编制

续表

对比内容	经营路线	新型价值链
构成	经营路线是体系一级过程集合，是经营运行的整体框架，由顾客导向过程和支持过程组成。顾客导向过程和支持过程统称为业务过程。经营路线可以有管理过程	价值链是经营路线图的几个核心业务流程的展开，由增值活动和支持活动组成，涉及二级职能（二级过程），是产品价值形成过程，是业务过程的集合，是业务运行的整体框架
与软件系统的关系	与软件接口无关	是软件的顶层逻辑，与软件接口密切相关。各专业软件开发前起到统一表格、统一术语、统一信息名称、物流名称、统一数字符号等的作用，减少转换的环节，同时明确各软件的端口开放、信息交换的地方，使它们串联起来。另外，当需要进行各专业软件系统整合、接口（端口开放）和信息交换时，价值链会起主导作用
两者的关系	两者都是管理体系数字化的顶层设计，要先做经营路线再做价值链，价值链是前者的细化。如果二选一，数字化解决方案的提供方更倾向于价值链，具体如下： • 两者的目的都是消除过程孤岛，前者关注信息链，而后者既关注信息链也关注物链。两者碎片化后的数字是互通的，都是数据的定向策划 • 两者互有交集，但都是网络体系、信息网络的基础，但由于它们是扁平的，所以就能确保整个管理扁平化；同时又是信息产出的母体，都可以通过大数据实现自均衡和宏观调控 • 两者有相似之处，如果组织业务过程比较简单，如服务业，只使用经营路线图就足够了，或者两者合并	

经营路线与新型价值链的创建提供了体系数字化及信息链（含信息流）建设的路线图，包括秩序的重整。信息流好比组织的血管，血管堵塞了，运作就停止了，就要重新改造。在互联网下运作，价值链是动态的，信息流决定效率。

七、新型价值链与网络的关系

不管组织是否编制了价值链，它都是客观存在的，从市场到设计、工艺、采购，再到生产、储存、交付，组织每天都在重复从市场端到交付端的过程，只是很多组织没有把它展现出来而已，不知道真相而已。价值链其实就是活动的网络图，它构成了组织运营的内部生态。它是数字体系的基础，其层级可以展开到成千上万个细节，也只有在细节上才能将数字化发挥到极致，或者说，网络的深度和广度取决于价值链展开的颗粒度。价值链的数字化即网络数字化，是获取体系数据的前提。

价值链在互联网下运行才能发挥效率作用。很多组织已经将图 1-16 中产品设计开发部分融入互联网中，即“互联网 + 产品设计开发”。

产品开发最难的地方是产品概念的开发，概念不准确，后面的开发都归零。有了互联网后，组织与用户可以跨地域零距离地互动式开发，设计人员能准确地挖掘到用户的真正需求，了解到用户的痛点并提出有针对性的解决办法，便能为用户创造价值。通过大数据仿真或模拟就可以跳过概念的开发阶段直接进入原型产品的设计。顾客的体验还可以通过互联网远程验证与确认，随时与顾客共享测量数据。这样开发周期就会大为缩短。

基于互联网的设计就是典型的 B2B（企业对企业）或 B2C（企业对用户）的协同开发的设计模式。产品设计以用户为本，用户也是设计者之一，整个过程将数据和用户连接在一起，使产品与用户高度匹配，共同产生魅力产品或者所谓的爆款。这是互联网将群体智慧发挥到极致的结果。这时，产品设计与销售已经同步进行了。

青岛红领集团是全球第一家应用互联网技术实现服装大规模个性化定制的企业，依托大数据，开创了“客户制造 + 线上线下”（C2M+O2O）全新的经营模式。顾客可以在一分钟内拥有专属于自己的服装版型，可以在网上自主设计、自主选择自己想要的款式和面料，如纽扣的样式、刺绣的内容等，甚至每一处缝衣线的颜色和缝法都可以无限满足其需求。顾客需求资料发送到工厂后，智能系统就可以在 7 个工作日内自动完成版型、工艺匹配、面辅料供应、自动排程和制作，10 天左右顾客就能收到个性化定制的服装了，并且成本仅是非定制服装的 1.1 倍。当衣服定制在与顾客远程的互动中就可以轻松完成时，很多人就已经体会到互联网与业务流程对接的神奇。这就是以顾客为主、市场人员牵头的“互联网 + 设计”模式。

在价值链中，营销是组织的另一个核心过程。以智能终端和移动端为基本出发点，在营销价值链中寻找与顾客互动的接触点，确定顾客代表，通过互联网与顾客连成一体，实行在线互动与沟通，直面问题，找到影响产品销售的互动环节，减少因顾客要求不明确而反复的时间，提高一次打样成功率，销售过程同时也是生产过程。这就是“互联网 + 营销”。

价值链顾名思义是创造价值的链，其外向型特征就体现在与利益相关方的接触点数量上，并从这些接触点中总能找到顾客多元化的需求、顾客的体验和价值的创新。所以，应将价值链视为一条价值驱动的服务链，它促使整个管理活动的重心向前移。当它与利益相关方的价值链发生互动，并与多业态并存时就形成生态价值链，就能用数字化打通彼此之间的业务，形成外部生态，就能更有效地起到实现价值和创造价值的作用，更可能产生新型的组织形态、新的商业模式。

华为是一家业务范围涵盖研发、营销、制造、供应、采购、服务等领域的非数字原生大型企业，在信息化时代的初期就建立了很多相对独立的 IT 系统，典型的特点是“一类业务、一个 IT 系统、一个数据库”的封闭式 IT 架构。这样的“数据孤岛”带来的问题是：IT 系统中的数据语言不统一、系统之间的数据不贯通，同样的数据在不同的 IT 系统中重复录入，甚至不同的 IT 系统中的同一个数据不一致等。这些问题限制了运营效率的提升和效益的改进，华为迫切需要数字化转型来改变这种状况。对于集研发、制造、采购、供应、销服于一体，横跨企业端（ToB）、顾客端（ToC）业务领域，运营 30 余年的一家传统企业，如何用数字化的手段来全面改造公司的流程和 IT 系统，改变支撑近 20 万人有效运作的运营模式，成为华为改革指导委员会讨论的焦点。经过充分的讨论后达成共识，数字化转型要坚持业务和技术的“双轮”驱动，而连接双轮的“轴”就是数据。从价值链入手进行数字化改造是最好的切入点。华为的三条端对端的业务价值链如图 1-22 所示。

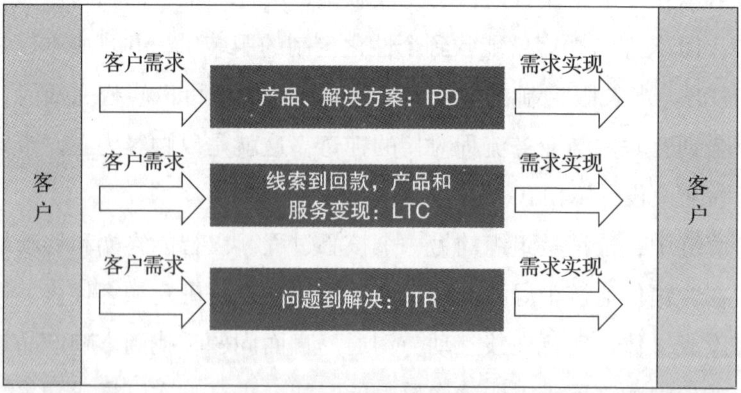

图 1-22　华为的三条端对端的业务价值链

概括地说，端对端是指设计开发端对端、订单实现端对端和服务端对端。其内容无外乎就是业务对象、业务过程和业务规则的数字化。实现数据化治理，构建一个实现感知、连接和智能的数据平台和数据底座，通过一些技术手段，把之前的各个相对独立的数据库中的数据按标准进行汇聚和连接，以解除“数据孤岛”。这是对一家大型非数字原生企业的数字化转型的一场巨大变革，将涉及华为的商业模式和运营模式的变化，需要完成流程、组织、IT、文化等多方面的转变，这对于飞速发展的华为来说，相当于在高速路上换轮胎。当前，数据底座已经能够支撑华为全球170多个国家的差异化运营，驱动了交付、供应、财经等诸多领域的运营模式（在线、远程、集中）转型。数据底座成为华为数字化转型的基石。

华为面对今天数字化的成就谦逊地认为，自己所做的数字化治理只是“刚刚及格”而已。因此，数字化只有“进行时”，没有“完成时”。

第五节　信息扁平化

一、管理扁平化的五个方面

受到扁平化效率的鼓舞，期待有朝一日实现管理扁平化的组织不在少数。但又有多少组织能够做到呢？传统“金字塔”的层级管理，一人做事两个领导三个监督、领导比员工多的怪现象还是举目皆是。当我们发现每个岗位都做得很好而组织的整体效率低下、反应迟缓时，却不知道问题出在哪里，这就是复杂的层级叠加造成的。

而今受柔性化生产、个性化服务、短平快创新、多样化管理的影响，以新型的个人之间的关系去实现复杂的管理正在迅速地改变传统的层级关系的管理，立体的网络结构将代替只有深度和幅度的二维组织结构。我们注意到，不少先知先觉的组织早已走上实践互联网下的管理扁平化之路。

组织结构扁平化，最直接、最直观，似乎最容易入手。然而，对数字体系而言，这只不过是扁平化的一个方面而已。其实，数字体系所认为的管理扁平化涉及 5 个方面，如图 1-23 所示。

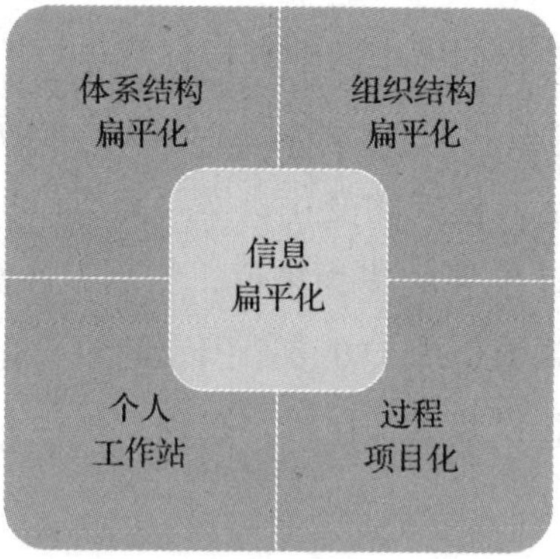

图 1-23 管理扁平化的 5 个方面

从图 1-23 中可以看出，管理扁平化的本质是信息扁平化。“过程项目化”和“个人工作站”是管理最扁平的组织形式。

信息扁平化的关键在于信息链的策划，即信息结构和逻辑关系的策划。信息链与信息流不同，信息链由三元素决定（见第二章），而信息流则是由信息链决定，是在信息链基础上的信息流向，不一定有逻辑关系（如单个信息的流动）。信息流是信息源 + 输出时间 + 信息通道之和。其中信息源来自过程的输出，都指向不同的对象；输出时间是使信息按先后传输；信息通道则是使信息定向流动的一个载体。在数字体系中，当信息网接入信息通道后，其复杂程度将被映射出来。信息能力集中表现为信息流的速度、组织的能力。

所以在数字体系中，信息链的策划与建设比过程建设更为重要，信息扁平化是其核心内容。本章所介绍的经营路线和价值链本身就是信息扁平化的设计，所形成的信息流将成为数字体系的主信息流，并支配其他的支流，构成信息网络。我们知道，人体的血液靠主动脉输送到毛细血管中去，是一个复杂的循环网络；一个城市的布局总是围绕着几条主干道去进行，也构成了复杂的道路网络。网络运作已然是组织运作的主要形式。因此，信息流不能像水银泻地那样无方向地随意流动，是可以预先布局的，并且是 IT 的基础性布局。

在网络中，组织的作战单位是过程（或活动），它们输出的信息将启动下一过程的运作。信息扁平化设计的基本原则如下所述。

- ✧ 信息链设计重于过程的设计
- ✧ 输出与输入的关联决定活动的关联
- ✧ 先设计信息横向结构再设计信息纵向结构

二、影响信息流速度的因素

今天，效率的本质是信息流转的速度，即数据效率。在速度决定生死的竞争中，就看谁的信息流转更快。组织或许因信息流的速度赢得了机会而浑然不知，但它一定关注保证决策速度的机制，正确决策的速度才是组织的核心能力。信息流速度至少受如下 5 个因素影响。

（1）信息加工的速度。

（2）信息流转层级。

（3）获取信息权限的制约。

（4）信息获取的同步性。

（5）信息安全。

可是，信息流转时间比加工时间长是普遍现象。数字体系、互联网和现代信息技术已经为加快信息流及同步作业创造了条件，当流程启动后便进入动态的监视中，任何信息输出的速度都能及时反映在系统的效率上。在市场竞争中，就看谁的信息流动更快。

三、信息的三个维度

组织每天都产生很多的信息，信息源会落实到信息创建者身上或信息的主体上。信息的客体就是信息的使用者。在管理上有一个原则：有输出就有把关（如审核、批准或评审）。把关的层级越多说明信息越重要。此外，有规律的信息一定有固定的输出频率。因此，每个信息都会受输出级别、输出重要性和输出频率这 3 个维度的制约，再结合信息的分类，就产生很多不同的组合，如图 1-24 所示。

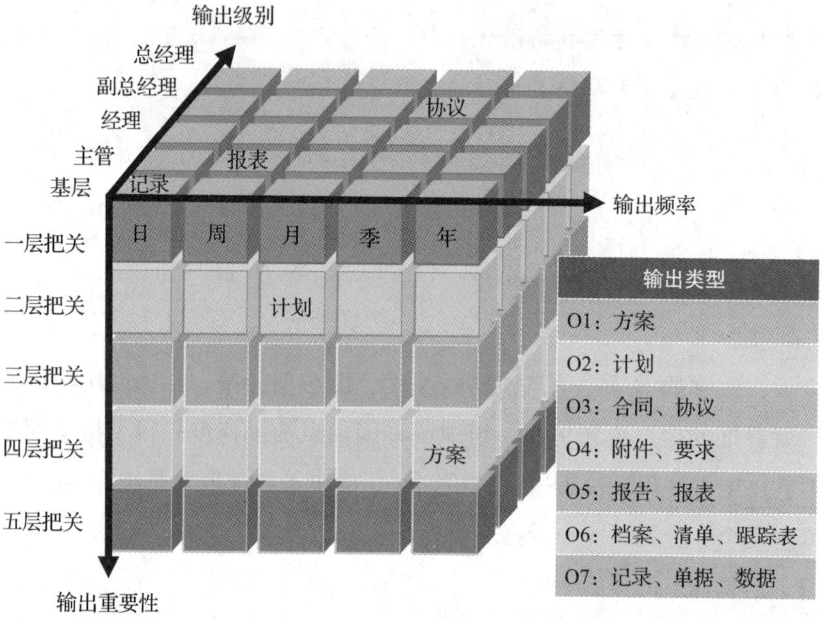

图 1-24　信息的 3 个维度的分类与组合

例如，营销计划的组合可以是年度营销计划 + 部门经理级别的输出 + 二层把关；也可以是年度营销计划 + 部门主管级别的输出 + 三层把关。也就是说，每一个具体的输出都要完成一次组合，而每个组合都是体系的一个碎片。在传统管理体系中，组织也有这种组合，只是分散地写在文件中。数字体系就要提前系统性地集中完成这项工作，然后转移到体系的平台上。如果用人力去完成这种复杂的组合是不可能的，要应用专门的信息系统，这是数字体系独有的技术。

四、信息扁平化指数

信息的 3 个维度是通过单个信息流转表（见表 1-9）去表达的，但需要借助输出链索引表（见图 1-12）、价值链活动属性表（见图 1-18）去完成，因为这两个表已经明确了所有过程（或活动）的输出。

表 1-9 单个信息流转表

方案类流转表																	
1类 输出名称	编制	输出频率	营销部经理	开发部							工艺部经理	采购经理	品管		财务		总经理
				软件工程师	机械工程师	电器工程师	测试工程师	项目经理	经理	技术副总			经理	分管副总	经理	总监	
年度产品开发总体方案	开发部经理	Y	○						○	○	○	○		○		○	▲
产品开发方案	项目经理	R	√					√	△	▲			√	√			
总体成本方案	成本工程师	R		√	√	√	√	△	△ √	▲		△ √			△ √		▲
机械设计方案	机械工程师	R					△	▲	√								
电路设计方案	电器工程师	R					△	▲	√								
产品试验方案	测试工程师	R						△		√		√	▲				

单个信息流

注：△表示审核；○ 表示会审；▲表示批准；√表示分发。

从表 1-9 中可以看到，每个信息（输出）都反映了 3 个维度的组合。我们可以从这个表中去分析每个信息的横向流和纵向流。

符号“√”和“ ○”表示同步发送给信息的使用者，即信息的“横向流”；符号“△”与“▲”表示从下到上的逐级审核和批准，即信息的“纵向流”。表 1-9 中的“总体成本方案”有 7 处横向流，有 6 层纵向流。这样，总体成本方案横向流与纵向流之比为 7∶6，我们将这个比值定义为“信息扁平化指数”。

那么，单个信息的扁平化指数 D_i 的计算公式为

$$D_i = \frac{\text{信息横向数}}{\text{信息纵向数}} \tag{1-3}$$

尽管信息产生于过程中，因为存在过程接口，最终能够确定信息扁平化指数的却在过程之外。用同样的原理，也可以计算其他管理模块的信息扁平化指数。例如，价值链的信息扁平化指数 D_{vi} 的计算公式为

$$D_{vi} = \frac{\text{价值链所有信息的横向总数}}{\text{价值链所有信息的纵向总数}} \tag{1-4}$$

同理，计算整个体系信息扁平化指数 D_{si} 的计算公式为

$$D_{si}=\frac{\text{体系所有信息的横向总数}}{\text{体系所有信息的纵向总数}} \tag{1-5}$$

该指数表明以下两点。

（1）多层级的组织结构是信息流速度的障碍，信息流的时间可能大部分被信息把关的流转时间占去；层级越多，信息的纵向流就越长，信息流就越受阻，组织就越迟钝。

（2）价值链的同步活动、并行活动越多，信息扁平化指数就越大，信息流的速度就越快。

因此，要想提升价值链的效率，价值链的设计就要想方设法增加同步活动、半同步活动，甚至创造同步活动。找出同步活动的关键是找出能独立空出时间和人手的地方，以及找出作业准备的活动。要想提升体系的效率就要将垂直的组织结构变为网络结构，将信息权下放，减少信息把关的层级。确定信息权的最好方法是过程方法，并据此建立责权层级表。

在数字体系中，信息扁平化指数大于 1 是最基本的要求，小于 1 体系就会迟钝，需要改善。对于跨部门的作业、项目管理、面向市场的作业，尤其对于强调灵活性、变化大和不确定的活动，该指数越大越好。当前该指数小于 1 的组织非常普遍，组织只有实现信息扁平化才能扭转这一现象。

基于以上原理，设计信息流时就需要遵循以下原则。

- ✧ 用于决策的信息集中发送、同步获得
- ✧ 信息权扁平化，赋予作业层决策权，将上级的决策权转为知情权
- ✧ 针对高频率把关的信息，应设计成选择项，并下放审批权，即人员层级越高，获取高频率的信息应越少
- ✧ 在作业层面上，同一信息适用于多处时，包括同步作业、平衡作业时应同步获得
- ✧ 信息的流转时间应要少于信息的创建时间
- ✧ 专业信息不设行政层级的把关

通过表 1-9 将每类信息集中起来进行权限配置有助于贯彻以上的原则，并且一定会减少信息纵向流转的岗位。只有信息扁平化改善了，组织结构扁平化

才能水到渠成。

五、信息扁平化的关键——信息权扁平化

不同的岗位有权获得不同的信息，称“信息权”。信息权决定话语权，是权力的象征，也因此有了信息等级的划分。现在，我们可以理解为，权力背后的核心是信息权。在权力分配的同时信息权也被分配，权力的大小决定可掌握信息的多少。在领导与下属之间，前者有更多信息的获取权、拥有权和支配权，有信息单向透明的优势，而后者没有，就要请示，或依赖领导的决策和意见。造成信息不对称性往往是组织无意识行为的结果，除非彰显权力位置或固守势力范围的人才会刻意这样做。现在真正的权力往往是由网络复杂度、分散性及空间决定的，甚至是网络自动赋权的，如果这些错乱，权力就会起反效果。

解决信息扁平化的核心问题是下放或开放信息权。在信息化的大时代，信息的显著特征是公开化、透明化，很多用于决策的信息的获取途径与领导和组织层级无关，事实上在改变信息获取的权限结构。一旦信息开放、透明，本该由领导做的决策就可以放心交由下属去做，很多信息权就变得毫无意义，自然就会弱化领导权和控制权，领导要做的工作就变成支持性的工作。一旦领导与下属的信息不对称被打破，或者说，领导的信息垄断权被打破，管理规则就要重新建立。其中改变最为明显的是管理幅度问题，原来一个管理者管理下属的幅度不超过 6 人，开放信息权后这个幅度就可以翻倍增多。

六、信息重要性等级

信息扁平化总有一个度，有些重要的信息必须经过层级的把关才能发出，因避免风险而牺牲信息流速度变得不可避免。所以，信息流扁平化就不能简单地去中间化，不能撇开信息的重要性和机密性去谈信息流。一个信息到底需要经过多少个岗位才能发出则要视信息的重要性等级才能知晓。

信息重要性赋值准则如表 1-10 所示。

表 1-10 信息重要性赋值准则

赋值	等级	判定准则
5	极高	信息具有最高的商业价值，关系到组织未来的发展，对组织根本利益有决定性影响，如果出错或泄露会造成灾难性的影响
4	高	信息具有很高的商业价值和较高的作业价值，出错或泄露会使组织的利益遭受严重损害，也使其他作业产生连锁错误
3	中等	信息具有一般的商业价值和作业价值，泄露对组织的利益产生轻微的影响，出错会影响下游作业
2	低	信息具有最低限度的作业价值，在组织内部可公开，向外扩散对组织不会有什么利益损害
1	可忽略	参考的信息、可对社会公开的信息

根据表 1-10 去设置重要信息流转的岗位层级。赋值 4 以上属核心或重要的信息，流转时就要严格把关，把关的人是核心人员。信息的重要性决定了岗位的重要性。组织可以按照实际需要定义信息等级。比如，分成 6 级或 10 级，这将成为设置信息获取权限的依据，也可以作为评价数据价值的一个维度。

信息重要性评价的结果并不是为了控制信息，而是为下放信息权提供依据。信息不是掌控越多越好，而是分享越多越好。信息的重新分配意味着权力的重新定义。

七、单个信息的扁平化设计

信息扁平化由很多单个信息扁平化构成。单个信息可以分成很多类，每类信息也可以进行扁平化设计，表 1-11 为信息扁平化设计原则。

表 1-11 信息扁平化设计原则

数字编号	信息类型	扁平化设计原则
O1	方案	涉及顾客的，尽可能设计成点对点、端对端、一对一运作，减少中间环节；不涉及顾客的，除审核、批准外，最好不超过 3 个活动就能产出
O2	计划	
O3	合同、协议	业务口对业务口，尽量减少中间环节。合同、协议设计成标准范本，一步到位
O4	附件、要求	设计成下游无须增加流程环节就能直接使用或引用。如果附件或要求适合多个场合使用，则尽量包含通用性内容，而不是变为多个附件或要求

续表

数字编号	信息类型	扁平化设计原则
O5	报告、报表	将这类信息设计成标准格式，并与输入的格式和信息保持一致性。不设流转岗位，直接传递
O6	档案、清单、跟踪表	
O7	记录、单据、数据	
O8	其他	一次性的信息不在文件中规定，或减少这类信息

信息扁平化设计归纳起来就是三个字：短、平、快。总之，信息扁平化设计的目的是加快信息流转的速度，减少决策的层级，改变自上而下掌控一切的现状。

第六节　体系数字化平台

体系数字化转型从一开始就要考虑平台的建设，其构建要从 6 个维度去考虑，如图 1-25 所示。

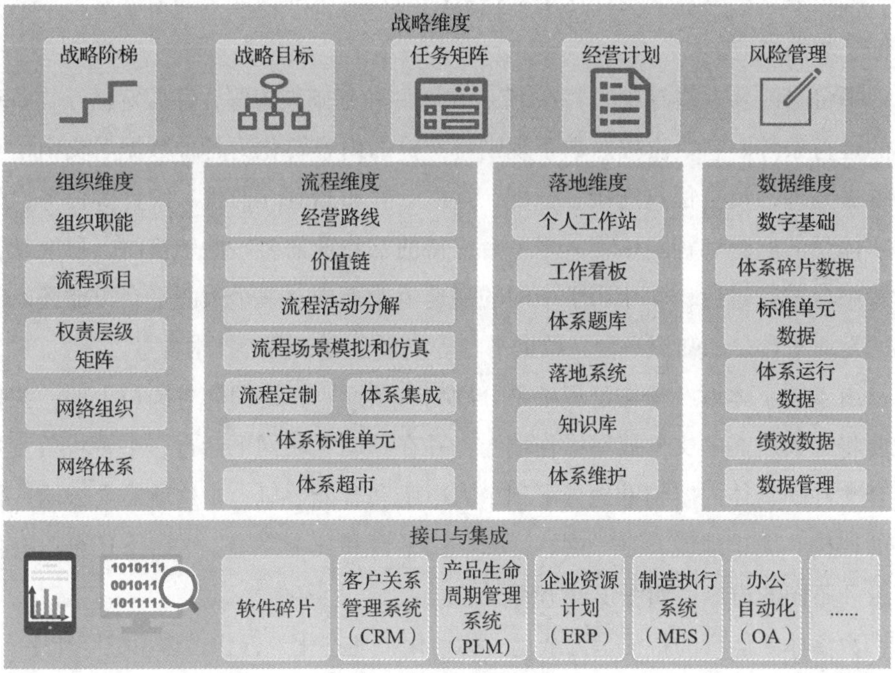

图 1-25　体系数字化平台

平台中的6个维度的内容将在各章节中有所介绍。网络的本质是连接，而平台的本质是集中。平台为终端服务，是体系载体的高级阶段，其功能主要是将基础性及公共事务集中在上面，将很多烦琐、复杂而又单调的频率很高的管理集中转移到平台上去处理。平台的好处就是，我们根本不必浪费时间去重复做复杂的事情，而是将大部分的时间专注于个体事务，这样会节省很多管理的成本。

在图1-25数据维度中的数字基础是指以下内容。

（1）数字规则。为确保系统和数据的一致性的数字规定，是数字化的基础，如数字词典、数字符号定义、代码规则、数据定义等。

（2）数字形式。能得出唯一结果的数字形式，如数字模型、算法（包括计算公式）、数据定式等。

（3）数据基准。基于数据基准才能产生数据链，基准一错就会发生连锁错误，如数据单位、误差基准、数据链范围等。

（4）数据源。数据发布的源头是被认可的，且具唯一性。

（5）数字基础设施。这是体系运行的基本条件，如云平台、数据中心、软硬件、终端设备、移动互联网等。

（6）数据的管理制度。这是支持数据高效应用的保证，如数据安全、数据认证、数据供应。

平台会涉及一些专业的IT系统、软硬件和基础设施等，并假定已经具备基本的运行条件。它负责按照数字规则将文件的内容转化为各种数据后交由信息系统去处理，负责信息连接、分配、存取、发布指令、监视、统计等任务，是数字体系的后台和神经中枢。当平台支持前端作业需要一些转换时，可能就会设置中台进行过渡，就相当于中间的变速齿轮那样。一个大的平台可能还有其他的专业平台，如知识平台、数据平台等。平台有较高的技术含量。

由于数字体系在操作过程中是分散到各层面、各部门和各岗位上的，我们就要将个人所需的文件放在操作端上，并在移动互联网下运行，平台将负责把整套文件的具体内容精准地分配到个人电脑和智能手机上。这就需要云网一体化的架构。简单地说，是一网、一云、一平台和n个终端。平台下还可以有局部云和不同的窗口，如图1-26所示。

数字体系运行的特征是无纸化、移动化、动态化、云化，体系数字化平台、云文档就是支持这些特性的，表面上似乎大家都在终端上操作，实际上是平台在运作、在监视，是算法在进行调度，这是数字化时代所需要的新形态。它的建设是数字体系的一部分，是同步进行的。平台需要从技术的角度去寻找对接的方式，将管理的需要转化为技术的需要。

图 1-26　局部云组成的云体系

体系平台与业务平台不一样，可以这样理解：体系平台是业务平台的平台，即根平台。图 1-27 是纯业务平台，是华为 2017 年基于愿景所确定的数字化转型的蓝图和框架。

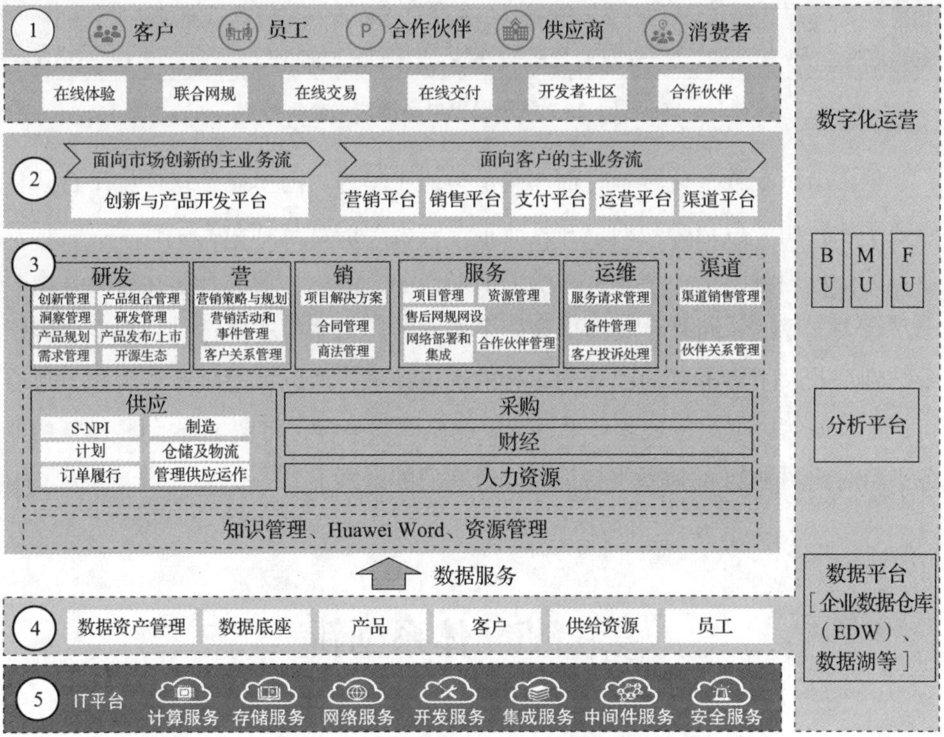

图 1-27　华为数字化平台蓝图和框架

图 1-27 说明，华为要实现企业愿景，需要数字化平台具备：①支持顾客端；②作战平台，支撑团队作战；③各领域开展数字化转型，提供能力；④数

据资产管理及数字化运营；⑤强大的IT平台支持。

图1-28为阿里巴巴电商运营平台，其也为纯业务平台。

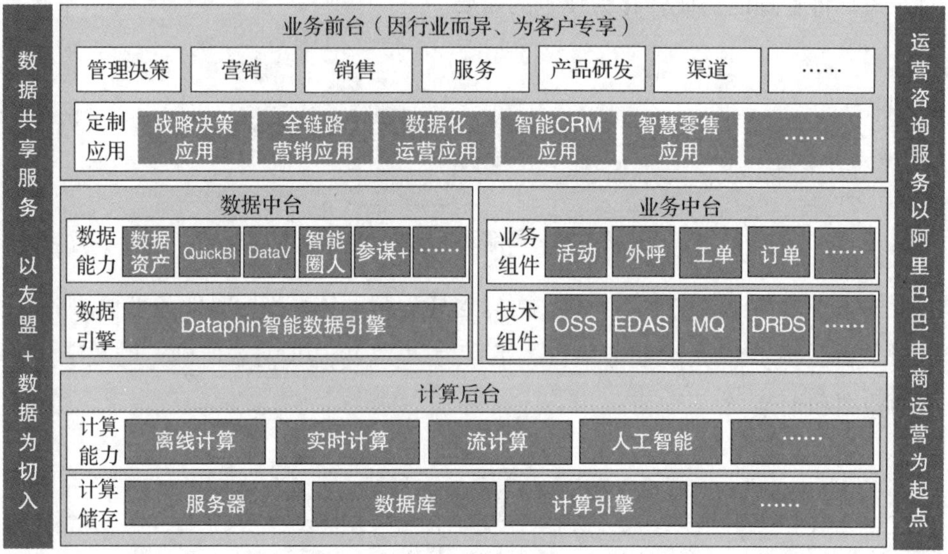

图1-28 阿里巴巴电商运营平台

很多组织在数字化转型时都构建了类似于华为、阿里巴巴这样的平台。搭建数字化转型平台是必须的，并且非常考验组织的智慧和对数字技术、管理及业务的全盘理解，是一个非常高端的前期作业。组织一切的数字化行为是由一个平台去支撑的，而平台又由更高一个层次的逻辑系统去支撑。一个卓越的平台结构是兼顾了诸多制约因素的综合的逻辑体系，所以就呈现千姿百态，没有可比性。诚然，组织不缺业务平台，缺的是体系平台，将图1-26、图1-27的业务平台对比图1-24的体系平台后就知道它们的区别了。

第七节 体系创新

在数字经济的大环境下，已经有不少组织率先踏上了数字化转型之路，探索用数字去改造管理体系的全新方法，这是一个创新过程。数字，将是旧体系的终结者和改革者。

一、制度与生产力

1973年，罗伯特·托马斯和道格拉斯·诺斯在《西方世界的兴起》一书中提出了“制度决定论”的观点。他们认为，在创造历史的过程中，制度创新起着决定性的作用，是根本性的创新。这一观点被后来的学者称为分析视野上一次具有里程碑意义的“观念革命”。从奴隶制度到封建制度，再到资本主义制度、社会主义制度，每次都是制度的颠覆性创新，都使生产力得到解放，尤其是当制度成为生产力发展桎梏的时候，制度的变革和创新往往会让社会涅槃重生。这时，我们才明白，为什么一个社会制度是以解放生产力的制度性质去命名的原因。今天，“制度也是生产力”这一观点相信不会引起什么反对。回想一下，组织的发展又何尝不是制度决定的呢？制度不仅决定组织的兴衰，还能决定人向善还是向恶。

在组织管理方面，很多原创性的制度来自西方的发达国家，法治思想是其一切管理的出发点。那些因制度创新而辉煌的组织更加信奉制度决定论，并被很多后来者去模仿，形成了组织管理的原生态。在中国，制度决定论也深刻地影响了企业家的创业进程，持有这种观点的组织大多不会太差。到西方取经，将国际管理标准中国化和企业化，再结合中国儒家的管治文化，中西合璧，道术结合，使企业的成长过程大为缩短，这就是中国式管理。

早在1942年，美国经济学家约瑟夫·熊彼特就指出：创新是经济发动机的点火器。创新不仅创造出经济效益更高的新技术，使创新者获得高于产业平均水平的利润，同时也使旧技术遭到毁灭废弃，使不创新或没能创新的企业的产品在市场上失去竞争力并消亡。熊彼特把这一现象或过程称为“创造性毁灭”。自从1997年克莱顿·克里斯坦森在《创新者的窘境》一书中首先提出“颠覆性创新”一词以来，就赋予了创新全新的意义。从0到1都是从创新开始的，是没有先例的原创，比1到100有价值得多；没有原创就没有领先。在被复杂问题困扰时，当跳出问题之外得到简单答案后所获得的喜悦也归功于创新。尤其在互联网环境下，颠覆性的创新者并不罕见。创新往往会带来自我颠覆，如果组织不自我颠覆就要做好被颠覆的准备。《不颠覆，就会被淘汰》一书中提到，所有的颠覆均始于自省。雅虎基于微软创建了第一个互联网，开启了一个新时代，之后我们看到了亚马逊、阿里巴巴、携程、小米的诞生，这都是一个又一个经营模式创新的经典案例。

二、基础性创新

什么是基础性创新？就是管理体系的创新，在组织的所有创新中基础性创新是放在首位的。管理体系被认为是组织生存和发展的基础已是一种共识，而体系数字化转型只不过是巩固这个基础而已。

在数字体系中，基础性创新分为以下三个层级。

（1）第一个层级是体系模式的创新，这可能是新商业模式或是新盈利模式倒逼出来的，或是遇到了经营瓶颈后激发出来的，只有当它对最前沿的管理和治理技术有了充分的理解后才能产生石破天惊的创新。

（2）第二个层级是经营上的大创新，它反映在经营路线和价值链上，结构性改变会牵一发而动全身。

（3）第三个层级是过程创新。

越是基础性的创新就越能改变面貌，就越能超越自我，就越颠覆，影响就越深远。而要确保这一切发生，使创新常态化，组织就必须要建立一个创新管理机制，这比创新本身还重要。全球创新指数报告列出了七大类指标，制度创新赫然在目，这更加有力地说明这是一种共识。在数字化时代，制度创新的关键是数字化创新。

三、三类过程的创新顺序

前文讲到，顾客导向过程和支持过程统称为业务过程，并且会派生管理过程（制度），管理过程反过来又成为业务过程的保证。通常业务过程要讲效率，出台要快；管理过程则讲求稳，出台就不能急。在过程创新方面，过程改革和创新的顺序就是：首先管理过程优先，其次是顾客导向过程，最后是支持过程。例如，战略管理、人力资源管理、风险管理、组织文化建设等都属于管理过程，也就是我们经常讲的制度板块，显然它们比具体的业务过程重要得多，也只有管理过程的创新才会迅速地、根本性地改变组织的面貌。

人才是第一资源，创新是第一动力。解放生产力实质是解放人的创造力，因为人是生产力发展中起决定作用的因素，也是最能代表进步力量的因素，所以在制度创新中尤以人才方面的制度创新为首要考虑。能保证出人才、出技术的制度才是最好的制度，这叫“制度造林”。

在三类过程的进化中，创新比持续改进更有效。事实证明，世界上最好的过程都会有缺陷，即便认为当下最好的做法都无一例外地被发现还有更好的做法，就有了“没有最好，只有更好”的说法。在持续改进中创新，这个过程永无止境！其实，这一道理是早就被一个常数“π”证明了的事。π 的小数点后有无限个数，这表明世界上没有绝对的圆，只有更圆，这就是持续改进的全部含义。

现在的竞争说到底是制度的竞争、模式的竞争，赢棋只赢一步。只有创新才能快速提升决胜未来的能力。而今，互联网大行其道，新技术层出不穷，拓展了组织创新的视野，可以让组织在新环境下催生全新的管理模式，找到新的起跑点或者另辟航道，创造了很多商业神话。在数字经济大环境下，数字化创新将是今后创新的主旋律；在提倡敏捷创新的今天，有大数据作为基础，创新的成效也就全然不同了。

第二章 三元素

『三元素』既是体系的最小结构，又是构成『链』的最小数量单位，它确保了点对点、端对端的连接，不仅是管理接口和搭建网络体系的基础，也可有效解决复杂性问题。

第一节 三元素结构

数字体系从“数”开始，有一就有二，有二就有三，有三就有一切数。“三”是无限扩展的意思。第一章讲到了数字体系的顶层结构，当从顶层结构延伸到末端结构时就会有一个普遍适用的最小单位的链结构——三元素结构，它含有二元结构。三元素结构的表达式：（n-1）-n-（n+1）。式中的“n”表示关注元素，“（n-1）”和“（n+1）”分别表示上游和下游元素。三元素结构是网络体系的基础，也是软件开发的基础。无论上层结构和底层结构怎样变化，这个结构是不会改变的。“元素”在管理学中也称为“要素”。

三元素原理的理论依据主要来源于如下。

（1）国际标准化组织（ISO）在新版的ISO9001标准中采用的质量大师戴明博士的“SIPOC模型”——单一过程的各要素及其相互作用的原理。

（2）美国汽车工业行动小组（AIAG）、德国汽车工业协会（VDA）和美国汽车工程师学会（SAE）三大权威机构共同推出的新版失效模式和后果分析（Failure Mode and Effects Analysis，FMEA）手册中首次提出的基于三元素对系统结构分析的原理。

笔者首次将三元素原理应用于数字体系的建设中。体系由一组元素（要素）组成，而元素有大小，这样体系就分出了层级。在数字体系中，从三元素最简单的结构开始一直到多元素的复杂结构，与物理原理一样，都是结构起决定作用的。

一、二元结构

太极图是二元结构（二元体系）的最早发现，它是宇宙的顶层结构，用“阴”和“阳”代表宇宙的全部，以“对立统一”和“平衡”代表宇宙的运行规律，并由此产生“二元哲学”。太极生两仪，两仪生四象，四象生八卦，这样就能演化万物，其扩展模式是2^n，是数字化分类的基础。生物细胞的分裂、原子核的裂变也都是2^n模式，都是向复杂演化的。不管体系如何庞大和复杂，也不管是哪一层的体系，一定存在二元结构。二元结构有“宏观”和“微观”之分。宏观可以是哲学，如太极图；微观才是可操作性的，如两个零件组成的产品。在组织日常事务中，面对的主要是微观的二元结构。

而今，在网络系统中，二元结构有更为贴切的说法，叫“相互作用”和“连接”。连接是互联网的本质，是商业的本质，也是数字体系的本质。图 2-1 是二元结构的图形。

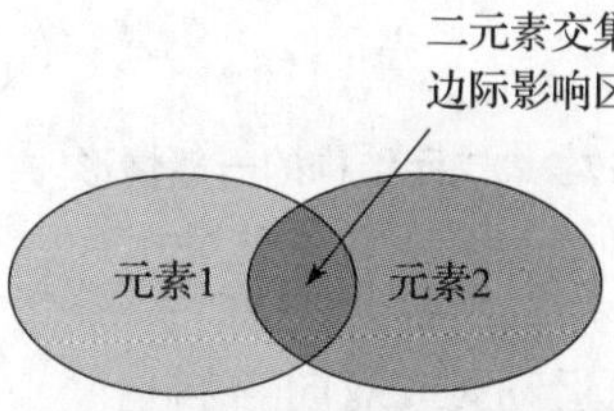

图 2-1　二元结构的图形

可见，二元结构是以邻为本的“邻接结构”，单个元素实例如表 2-1 所示。

表 2-1　单个二元素实例

<table>
<tr><th colspan="2">工程合同生成过程 ——→</th><th colspan="2">工程设计过程</th></tr>
<tr><td>输入</td><td>输出</td><td>输入</td><td>输出</td></tr>
<tr><td>1. 工程项目书
2. 顾客图纸和资料</td><td colspan="2">1. 项目评审记录
2. 工程合同
3. 用户电脑编号</td><td>1. 工程施工图纸
2. 工程施工方案
3. 工程预算</td></tr>
</table>

交集区即连接区，供需要平衡

没有输出就没有连接。表 2-1 的交集区处，上一过程的输出成为下一过程运行的条件，是一个接口区，这时过程边际的变化比过程内容的变化更重要。从效益的角度看，若二元素是单向运动的话，就是一种强迫性的供给关系，供需平衡也是强迫性的，只是供给的形式以信息、数据为主，自然包括了数据的交付能力，并决定二元素的边际影响和边际效益。因此，表 2-1 可以看成是“供需平衡”的基础。在操作层面上，组织最大的二元结构（宏观二元结构）是：组织—顾客。

二元结构从宏观到微观都是找“配对”。宏观是端对端的对接和控制，微观是点对点、站对站的对接和控制。这时，二元结构就是元素纠缠、数据伙伴。

二元结构的一般情形如图 2-2 所示。

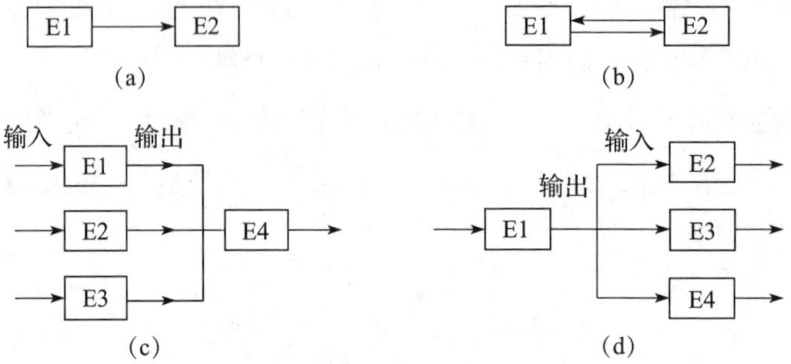

图 2-2　二元结构的一般情形

图 2-2（a）有一个二元结构，信息单向运动（或单向影响）；图 2-2（b）有两个二元结构，表示信息双向运动（或双向影响）。

图 2-2（c）是多个上游元素同时影响下一个元素，则微观的供给侧为：

E1 的供给 + E2 的供给 + E3 的供给 = E4 的总供给

图 2-2（d）是一个元素的信息同时影响下游多个元素，其微观的需求侧为：

E2 的需求 + E3 的需求 + E4 的需求 = E1 的总需求

图 2-2（c）和图 2-2（d）都是二元结构的不同组合。

表 2-2 是图 2-2（c）的实例，表示若干过程与采购过程的联动，里面有 3 个二元素。

表 2-2　多个二元素实例

			采购过程	
		输出	输入	输出
与采购相关的过程	确定和评审产品要求过程	1. 年销售计划 2. 月度计划 3. 订单要求		1. 采购规格书及有关标准 2. 采购协议 3. 采购计划 4. 物料采购申请 5. 外购部件、物料 6. 发外加工部件
	设计和开发过程	1. 材料清单 2. 材料用量 3. 材料规范 4. 图样、技术文件 5. 新材料试用申请 6. 新材料试用报告		
	生产制造过程	1. 生产计划 2. 存货资料 3. 补料申请		

同理，如果一个过程有 5 个输出，其中有 2 个与 A 过程接口，3 个与 B 过程接口，就会有两个二元素。二元素的意义是协同运作、人与人的互动、供需平衡；上一元素为下一元素服务，是点对点的内部交付或端对端的外部交付；要响应下一元素的诉求和呼声，输出就是为别人作准备的。尽管每个元素都有自己的输入和输出，可是，它的效能最终不能自己决定，而是由下一元素决定。根据矢量原理，不是所有的输出都能 100% 指向目的的，因此，只能计算有效效能。但网络原理则是以邻为本的价值体系，二元素的价值之和一定大于总体，而一个复杂的体系则包含很多二元素。

将二元结构放大到宏观上，管理就是“管人”和“理事”，就是无中生有，人与事太极图用图 2-3（a）去表达。

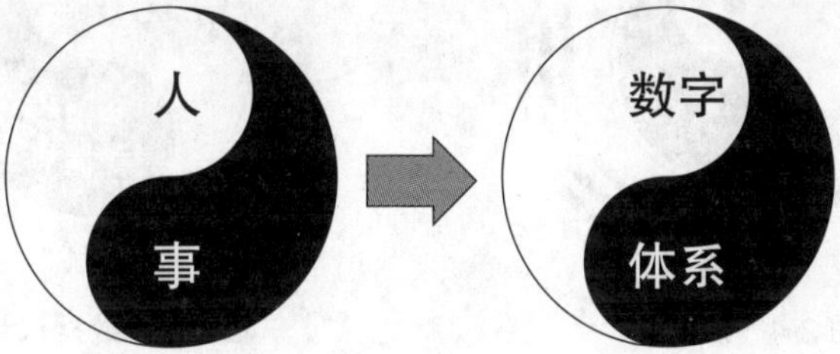

（a）人与事太极图　　（b）数字与体系太极图

图 2-3　管理太极图

从太极中分出“人”和“事”这两仪；从中又分出“管理层”和“基层”、“例行事”和“例外事”这四象；接着再分出“决策层”和“高层”、“中层”和“作业层”、“规范事”和“惯例事”及“紧急事”和“任务事”这八卦。这样就能产生无限的不可预知的管理及不确定性。中国式的管理就是：用法家思想和制度去管事，以法治企；用儒家思想和文化去管人，以德治企。制度起于约束，归于自由；文化源于价值观，化于无形。现在，将“管人”“理事”视为一个“体系”，并与数字统一起来，如图 2-3（b）所示。

德国数学家莱布尼兹从太极图中得到了灵感，发明了二进制，仅用“0”和“1”的组合就能表达世界上任何最复杂的事物，就出现了计算机语言——数字语言，世界就进化到了计算机时代。可以讲，没有计算机的发明就没有互联网，也就没有今天的数字经济。

二、三元结构

在太极图的基础上产生了八卦图，如图 2-4 所示。

图 2-4 中的“—”表示阳爻，“– –”表示阴爻，八卦图的每个卦都由 3 个爻组成，代表天、地、雷、风、水、火、山、泽这 8 种自然现象，并延伸到万物。同样，有数据就有一切解释和答案，数据越多，答案越清晰（见图 2-5），数据即答案、即真相、即规律、即历史、即未来。原来，管理的道理其实很简单，就是获取数据和服从数据。

图 2-4　八卦图

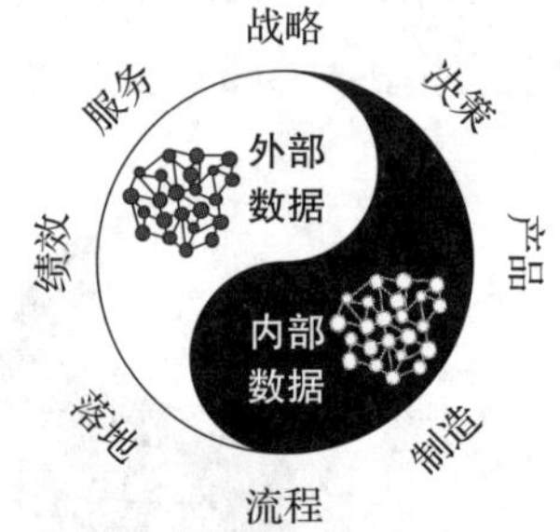

图 2-5　数据八卦图

可以说，八卦图建立了解释世界的一个数字模型，原理是：数字化从分类开始。《易经》是一本博大精深的哲学经典，它企图揭开八卦图的全部秘密，但远未做到。八卦图的深奥在于既是规律又不显规律；既是真相又隐而不露；既一语道尽又语犹未尽；既有边界又无边界，总之是“千变万化”最恰当的表述。

图 2-6 是三元结构的图形。

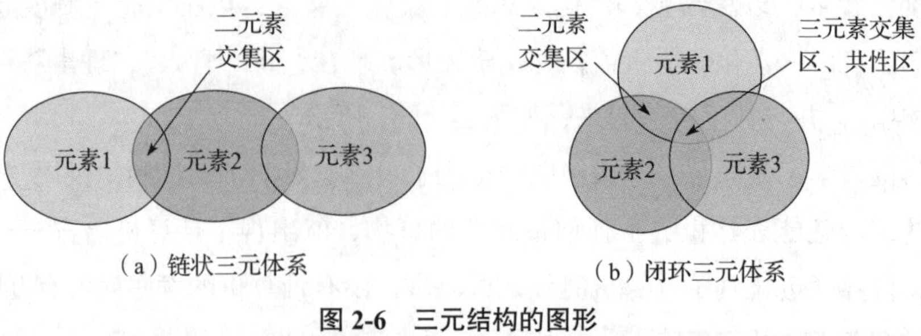

（a）链状三元体系　　（b）闭环三元体系

图 2-6　三元结构的图形

图 2-6（a）包含了两个二元结构、两个交集区，表 2-3 为图 2-6（a）的

实例。

表 2-3　一组三元素实例

工程合同评审		工程设计		工程预算	
输入	输出	输入	输出	输入	输出
1. 工程项目书 2. 顾客图纸和资料	1. 项目评审记录 2. 工程合同 3. 工程概算 4. 用户电脑编号		1. 工程施工图纸 2. 工程计算书 3. 工程施工方案		工程预算书

表 2-3 的每一列都是信息的子集，这些子集的方向就是信息流。

图 2-6（b）包含了三个二元结构、三个二元交集区、一个三元交集区。三元交集区就意味着要提炼出一个公共部分或标准让各元素共享。二元素是连接，三元素就是连接的连接，是“链”的概念。显然，三元结构是一条最短的“链”，且是信息链的基础。

我们再看看国际卓越绩效管理模式的结构，如图 2-7 所示。

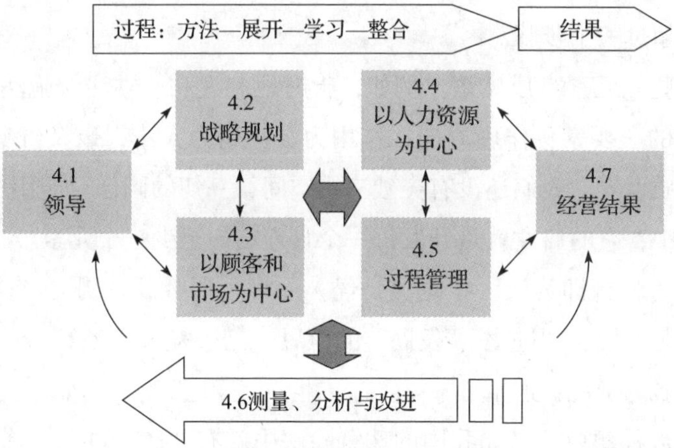

图 2-7　卓越绩效管理模式的结构

该结构主要由两组三元素组成的三角形构成：左边的三角形表明“领导”“战略规划”与“以顾客和市场为中心”三大模块相互之间的制约关系；右边的三角形表明“以人力资源为中心”“过程管理”和“经营结果”三大模块之间的制约关系。这两个三角形的叠加就形成了企业管理的三维空间，并由过程贯穿其中，其核心思想就是“过程为结果服务”。同时，各个模块都处在监控和改进的动态环境之中。

三、二元结构与三元结构

在数字体系中，以三元结构为最小结构单位，这不仅是三元素包含了二元素，还因为以下几点。

（1）管理需要“平衡”和“稳”。“平衡”存在于二元结构和三元结构中，但“稳”只能在三元结构中寻求。没有两个腿的鼎，“稳”的最小单位是三。

（2）二元结构存在先天的缺陷。当两个元素处于互相排斥或者互相否定时(如正负得负、负负得正)，就会误导决策。决策的数据至少要三个；两点成直线，三点成趋势；寻找规律、总结、做预测都至少要有三个数据；决策的集体是三人以上的单数，这是决策的基本原则。

（3）在互联网时代，需要连接一切，二元素未能表达出连接的扩展性，三元素才能体现，三元素是“链”的最小数量单位；没有两个环的链，至少要三个环；二元素和三元素都可以形成闭环，但在网络中至少三元素才能闭环；所有的流程都超过三个步骤。

（4）有些三元素自成体系。例如，天时地利人和，立法、施法和行政三权分立，物理的三要素：作用方向、作用力、作用力大小，以及红蓝黄三原色。至少，在物质世界，我们还没有突破三维空间，一切的画像只能用三维去定义。在数字体系中，它的启发就是开发每一个管理结构至少三个元素。

（5）三为乾卦即为天。根据《易经》原理，偶数属“阴”，奇数属“阳”。阳在组织经营中代表“进化”“发展”的意思。三还表示“多”“众”“复杂”“流动”的意思。老子说：道生一,一生二,二生三,三生万物。例如，三原色的组合就能产生无数种颜色，又如我国的珠算除法中就有“逢三进一、逢六进二、逢九进三”的口诀。

综上所述，体系不管如何庞大和复杂都由n组三元素组成，反过来，再庞大和复杂的体系也要从三元素开始。在数字体系的实际操作中，基本上都是在二元微观和三元微观的层面上进行的，从这个意义上讲，就是将复杂性系统地分散到n组简单的三元素结构上。

第二节　过程单元

二元素也好，三元素也罢，都是由单元素构成的。我们知道，单元素不能自成体系，但却是基础。那么，是否存在一个适合于所有的管理和业态的通用性的基础元素呢？答案是有的。国际标准化组织（ISO）在推荐“过程方法”时给出的答案是：过程单元。因为，任何事情都要通过过程去完成，所以数字体系的基础元素就是过程单元，它是组织管理的起源。

一、过程单元图

国际标准化组织对过程（流程）的定义为：

利用输入实现预期结果的相互关联或相互作用的一组活动。

对过程的理解有如下几点。

（1）过程的“预期结果”称为输出，或称为产品或服务，需随相关语境而定。

（2）一个过程的输入通常是其他过程的输出，而一个过程的输出又通常是其他过程的输入。

（3）两个或两个以上相互关联和相互作用的连续过程也可作为一个过程。

（4）组织中的过程通常在受控条件下进行策划和执行，以增加价值。

从定义中我们知道，过程也有内在的三元素：输入＋一组活动（方法）＋预期结果（输出）。据此我们建立了过程的理论模型——三元素模型，如图 2-8 所示。

这是最简单的管理模型，是一切作业的内在结构，箭头方向表示过程处于运动状态；它是一个放大器，将输入放大，变为预期的输出，这叫“过程增值”。所以，将该模型视为管理的“基点”，所有复杂的体系都可以从它演变出来。

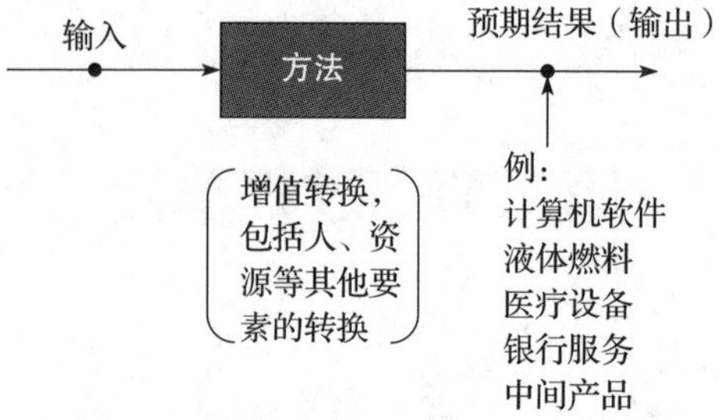

图 2-8 过程三元素模型

过程也是生产力，自从将数据视为生产要素后，就与劳动、资本、土地、知识、技术这些生产要素并列，于是，图 2-8 就可改写为图 2-9。

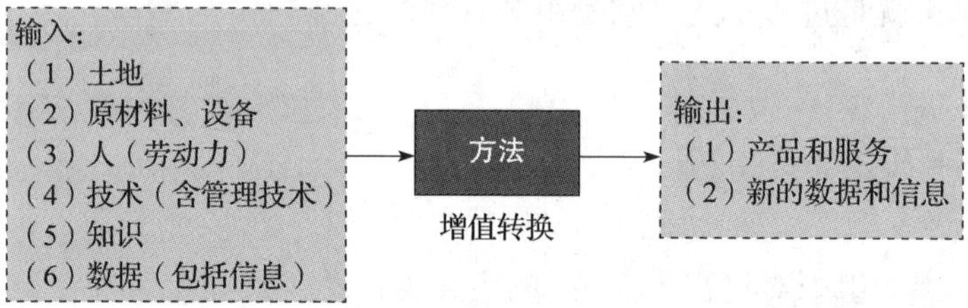

图 2-9 输入转化为输出

在图 2-8 模型的基础上，一代质量大师戴明加上了“输入源”和“输出接收方”，就延伸出了“链模型”，即过程流（或活动流），如图 2-10 所示。

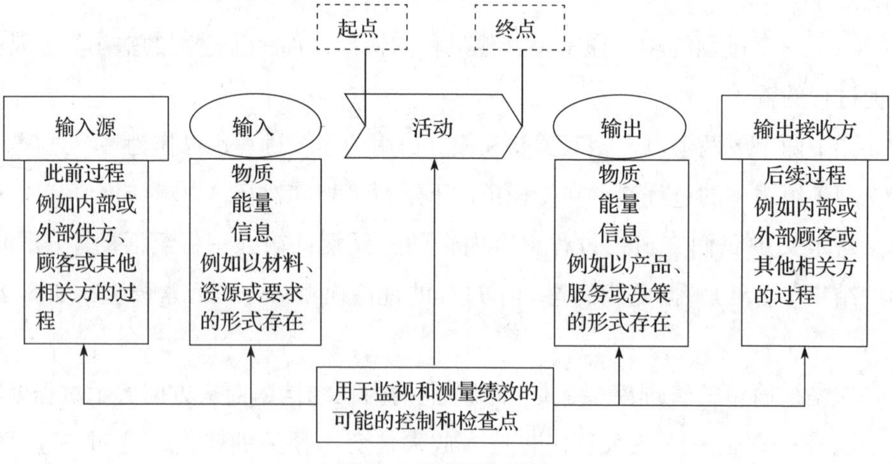

图 2-10 过程单元图

ISO 称图 2-10 为“过程单元图”，数字体系则称它为“过程单元素”，也叫“ SIPOC 模型”。SIPOC 其中每个字母各代表：Supplier——供方；Input——输入；Process——过程；Output——输出；Customer——顾客。“输入源”可以来自上一过程，也可以是外部供方；“输出接收方”可以是下一过程，也可以是外部顾客。显然，SIPOC 模型强调接口：输出端与下游接口、输入端与上游接口，其本质是连接，这与互联网的本质是一致的。戴明图表明，过程单元只有与上下游元素连接才有意义，连接必然促使上下游平衡和协同。这便是三元素的理论依据。因此，三元素可以是宏观的，也可以是微观的。每一单元素都被视为增值点和能力点，并为下一元素服务，这样三元素就形成了增值链。SIPOC 模型促使过程朝着增值的方向运动；过程在动态下才能产生价值，在流动中才能增值，或者说，增值的本质是流动。组织最大的三元体系是：供方—组织—顾客。这就是供应链，它的延伸就是组织的生态。SIPOC 模型归纳起来就是：输出第一，接口第二；接口第一，平衡第二。

二、最小单元过程

如果将过程视为单元素，则这个单元素可以很大，大到可以代表一个体系。因此，就要将大过程进行展开，展开到互联网下端对端的过程，展开到认为最简单的操作限度为止。在数字体系中，过程的展开从经营路线（见图 1-7、图 1-8）开始，直到没有必要再展开为止，这被定义为“最小单元过程”，如图 2-11 所示。

图 2-11　最小单元过程

此时，最小单元过程就是管理的末梢，根据《卓越绩效评价准则实施指南》（GB/Z 19579）的要求，过程要得到充分的展开才能获得有效性。这将决定体系数字化的程度，对数字体系的策划具有现实的指导意义。

三、控制点

单元素可以理解为“控制端”（或作业端）。控制端有很多“控制点”，在互联网环境下“点控制”更为普遍。由于过程由一组活动组成，那么控制点就分散到过程里面；过程有多少个活动（如操作步骤）就有多少个控制点。每个控制点都要进行数字化控制，这样，体系的数字化才是彻底的。

过程既讲结果又讲方法，而控制点则只讲结果。过程与控制点的区别如表 2-4 所示。

表 2-4 过程与控制点的区别

序号	过程	控制点
1	一组活动，具有结构性	一个活动，没有结构性
2	有一组责任者，一个主要责任者	只有一个责任者
3	一定有输入和输出	可能有输入和输出
4	既要结果也要方法	只要结果
5	在体系中是唯一的	在体系中会有相同活动

实际上，过程的任何控制点都可能产生输出，此输出就会成为另一过程的切入点，这就是过程的接口，所以过程的输出决定管理的接口。同时，过程是一个闭环，有起点和终点，闭环上的任何一个切入点都可追溯到起点或终点。图 2-12 是过程齿轮图，是三个过程联动和闭环的实例。

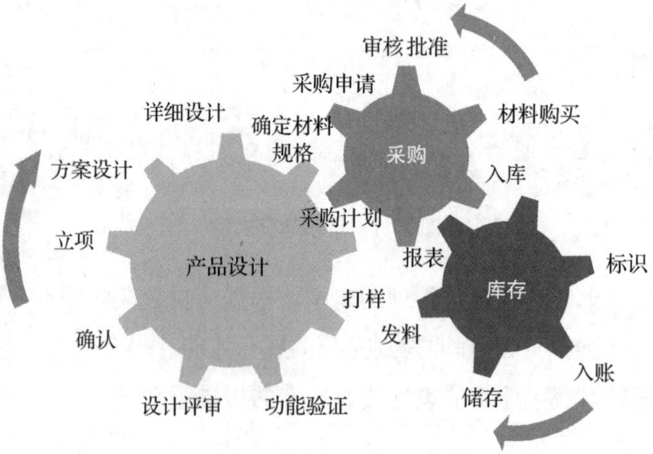

图 2-12 过程齿轮图

齿轮图实质就是过程间的联动图，是链的互动。

数字体系就要明确控制点的数量，并且要知道这些控制点的性质和分布。

城市供电公司的电网、供水公司的管网，铁路公司的铁路网的数字化控制就体现在它们的控制中心（CC）中，大屏幕上展示了网上全部的控制点及它们的实时状态。所以，就要识别关键控制点。通常，与顾客接触的地方、关键特性的地方都视为关键控制点。

不过，有些控制点在体系中是相对独立的，是一些条文性很强的制度，且大多不是业务性而是职能性的，里面的活动不存在顺序或逻辑关系，只有制约的条件，它们不在数字体系的三元素范畴里，这些点的控制比较简单。

点控制将是数字体系控制的最小单位，也是网络分散性操作控制的基础。

四、零点

“零点”即体系形成前的状态，也就是数字化的前身。新业务、公司并购、创新、颠覆性改变、重大变革、新的项目等任何新的事物都可看成是“零点”。任何体系的范围都是从零点开始并不断扩大的，数字化也因此而扩大，换句话说，体系的范围最后用数字去表达。

零点策划时先确定“单元素”，代表新体系的主体，它是带方向的，是0到1的转换，这时N＝1，即从无到有。这个单元素引导着体系层级的展开，然后按照三元素原理建立众多的链，最后找出众多的控制点。所有的链、控制端和控制点的综合就构成了网络体系。零点就开始数字化介入，尤其在确定组织新的战略后，很多的战略举措都可以定义为“零点”。好的开始就成功了一半！

如果零点变为常态，从无到有，就等于扩大体系的数字范围。与之相反，运行正常的体系也会归零，因为体系走到了尽头，业务结束了，即从有到无。

第三节　链

链在数字体系中意义重大。这里对链的定义是：三个以上元素的定向关联。

链的起步数是三个元素，即最短的链。在数字体系中，链可能是以下几种。

» 过程链；
» 活动链；
» 信息链；
» 数据链；
» 表格链；
» 资金链；
» 物流链；
» 失效链；
» 因果链；
» 风险链；
» ……

数字体系可以理解为是由链组成的，有链就有生态。在以上的所有链中，过程链（或者是活动链）是最基本的，很多链都是它派生出来的。链是去除数据鸿沟、信息鸿沟的前期策划，是所有软件系统设计和开发的基础，同时又属于体系碎片化的一个大类，自然也是数字化的重要部分。

一、三元素的识别

如何找三元素呢？首先，要锁定分析或控制的对象，这个对象称为“关注元素”，然后将被影响的元素看成是下一元素，将影响自己的元素看成是上一元素。也就是说，要找到两个相互影响的配对元素（两个二元素），这是上下求索的过程，如图 2-13 所示。

图 2-13　三元素链

图 2-14 是软件界面上的三元素实例。

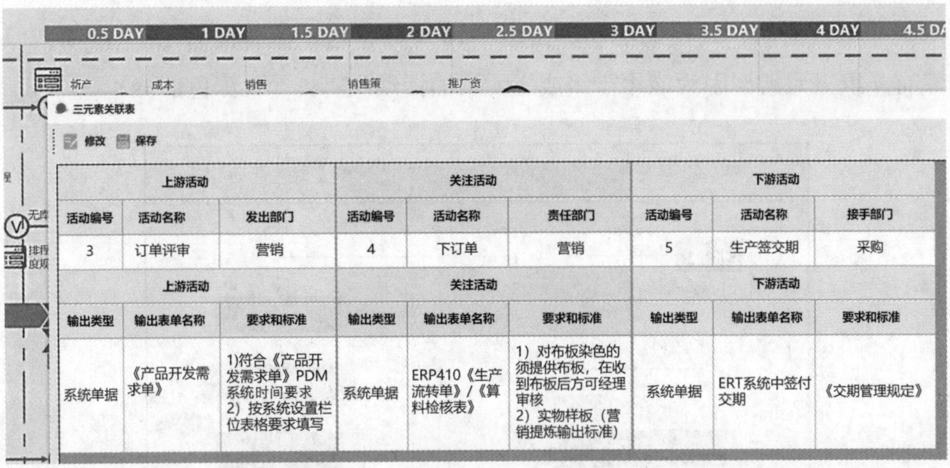

上游活动			关注活动			下游活动		
活动编号	活动名称	发出部门	活动编号	活动名称	责任部门	活动编号	活动名称	接手部门
3	订单评审	营销	4	下订单	营销	5	生产签交期	采购
上游活动			关注活动			下游活动		
输出类型	输出表单名称	要求和标准	输出类型	输出表单名称	要求和标准	输出类型	输出表单名称	要求和标准
系统单据	《产品开发需求单》	1)符合《产品开发需求单》PDM系统时间要求 2）按系统设置栏位表格要求填写	系统单据	ERP410《生产流转单》/《算料检核表》	1）对布板染色的须提供布板，在收到布板后方可经理审核 2）实物样板（营销提炼输出标准）	系统单据	ERT系统中签付交期	《交期管理规定》

图 2-14　软件界面上的三元素实例

三个元素都必须有自己的输入和输出，根据过程方法的原理：一个过程的输出是其他过程的输入，这称为“三元素分析法”。此分析法可以帮助完成以下数字化连接的设计。

（1）点对点连接设计。

（2）端对端连接设计。

（3）链对链连接设计。

（4）区域块接口设计。

（5）部门接口设计。

（6）与顾客接口设计。

（7）与供应商接口设计。

在实际操作中要找到体系的全部三元素是相当困难的，如图 2-15 所示。

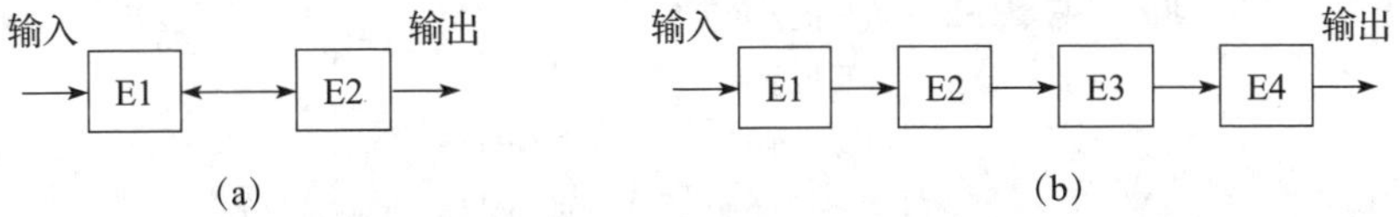

图 2-15　两个三元素视图

图 2-15（a）和（b）都有两组三元素，前者双箭头表示两个元素互为上下

游，后者是串联形成的三元素。

在过程中，有些活动可以不纳入三元素的分析中，如审批活动、确认活动、一些非增值活动、共性的活动。由图 2-16 可知，这个流程图有 12 个活动，但只有 4 组三元素，因为能用于组成三元素的活动只有 6 个（深色部分）。

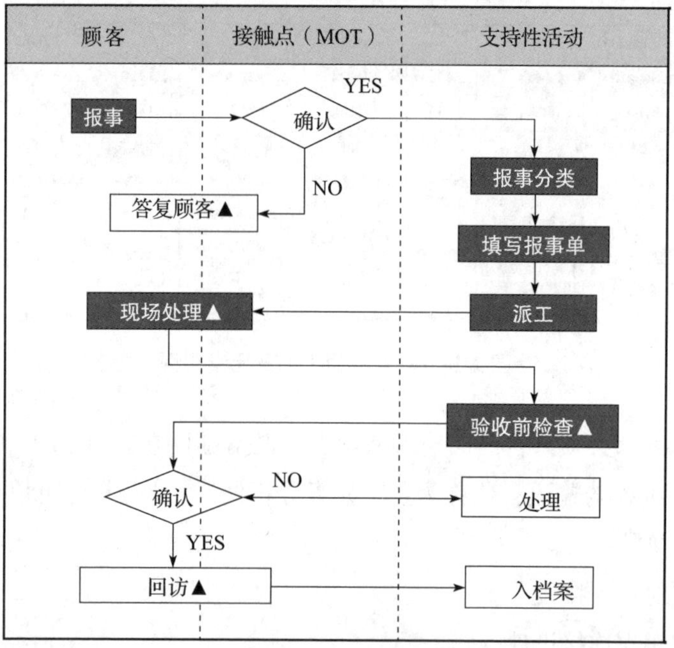

图 2-16　报事流程

从图 2-17 中可知，排除不在三元素范围的活动后，流程活动的数量减 2 就是三元素的数量；各组三元素首尾相连就成长链。三元素的控制为“链控制”，不能成为链控制的是“点控制”。同时，从图 2-16 中可知，“▲”符号表示关键元素（关键控制点），顾客接触点大部分是关键元素。含关键元素的“三元素”为“核心三元素”。

报事—**报事分类**—填写报事单

报事分类—**填写报事单**—派工

填写报事单—**派工**—现场处理

派工—**现场处理**—验收前检查

图 2-17　4 组三元素首尾相连组成的链

其实，在流行碎片化作业的今天，每组三元素都可以看成一个碎片。假如一份流程型的文件被碎片为n组三元素，并可以分配到各岗位作业端上，那么，各岗位就不需要这份文件了，这份文件只是后台的需要。同理，假如组织的管理体系有很多文件，用同样的方法就能减少各岗位的很多文件，管理也就变得简单了。

一部汽车有上万个零部件，在分析可能出现的故障时就是从物料组成表（BOM）中找三元素开始的。每组三元素之间环环相扣，形成"影响链"，从底层一直延伸到整车。将复杂的系统简化为n组三元素并转化为数字后放在系统上以帮助工程师完善汽车的整体结构，或者说，三元素是破解复杂系统的一种技术。六西格玛设计（DFSS）中也经常会用到三元素分析法。因此，"三元素的链结构"就成为体系数字化的基础性工作。

在具体操作中，寻找三元素可以发生在各个层面上，如价值链、过程、作业、职能分解、表单等。三元素不管发生在何处，表述的一致性是数字化的基础。

二、信息链

信息链与信息流不同，信息链是关联信息所构成的逻辑链，而信息流主要是指信息的定向流动，可能是单一信息的流动，也可能是同一个信息的多次转换，信息链是信息流的基础。

过程的输出大多不止一个，都会与其他过程接口。在表2-3的基础上建立信息三元素，形成信息链，如表2-5所示。

表2-5 信息链

工程合同评审 →		工程设计 →		工程预算	
输入	输出	输入	输出	输入	输出
1. 工程项目书 2. 顾客图纸和资料	1. 项目评审记录 2. 工程合同 3. 工程概算 4. 用户电脑编号		1. 工程施工图纸 2. 工程计算书 3. 工程施工方案		工程预算书

可见，信息链寄生在"过程链"或"活动链"上，过程的输出越多，构成三元素的信息链就越多。

最初，我们是采用下面的方法（见图 2-18）建立信息链的，但后来发现，此方法没有三元素方法科学。

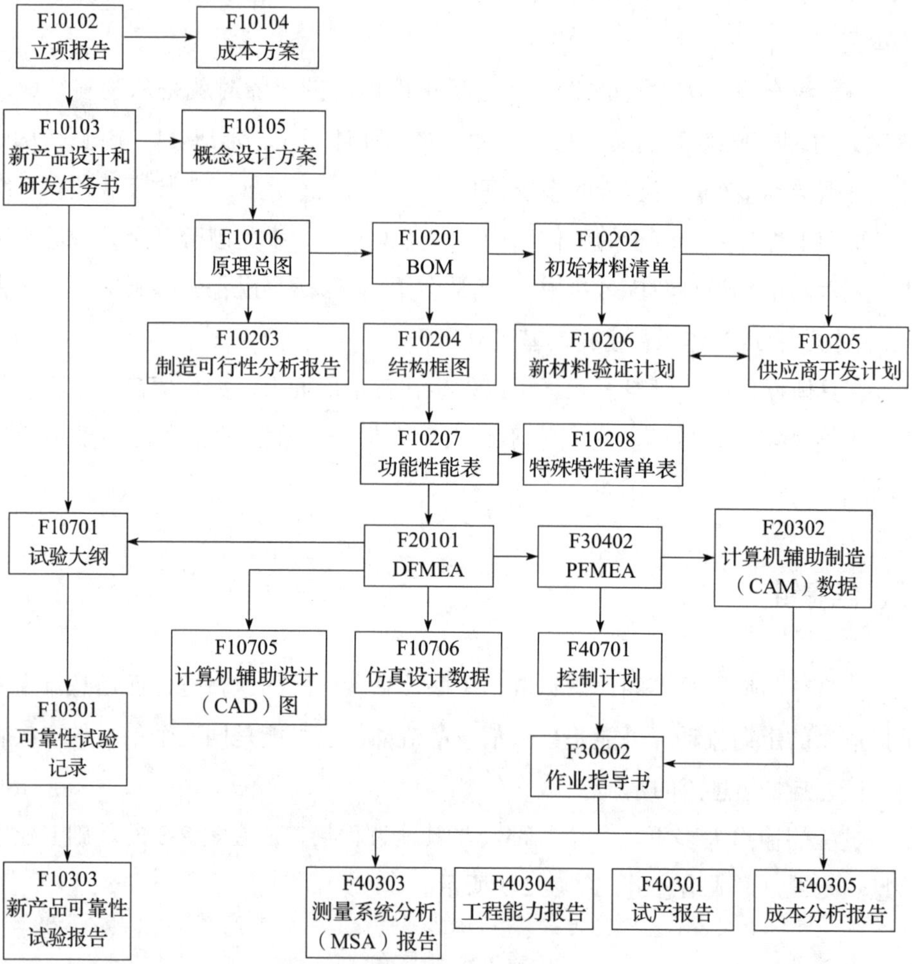

图 2-18 信息链示意图

任何信息都在过程（或活动）中产生，凭空想象的信息链最终都要回归到建立过程链的原点上，即三元素的基础上。因此，原则就是，要建立信息链（或信息流）首先就要建立过程链，这样信息链才有“根”。

表单电子化早已成为趋势，表单“一个流”设计也基于链的原理。本来信息链可以到此为止了，但是有了数字化技术后，就可以将链的颗粒度细化到表格栏目的连接上，如表 2-6、表 2-7、表 2-8、表 2-9 所示。

表 2-6　新产品设计和开发任务书

新产品设计和开发任务书（F10103）			
产品基本技术要求	功能要求		性能要求
	①主要功能：		②性能要求：
	③其他功能：		④性能要求：
	⑤其他技术要求：		
⑥产品工作环境和条件要求：			
⑦执行标准 / 规范：			
可靠性目标		成本目标	
⑧项目	⑨目标	⑩项目	⑪目标
预算费用：			
起始和完成时间：　年　月　——　年　月			
⑫产品图纸设计完成时间：　年　月　日		⑯工艺设计完成时间：　年　月　日	
⑬模具工装设计完成时间：　年　月　日		⑰试生产日期：　年　月　日	
⑭样件通过评审时间：　年　月　日		⑱上市日期：　年　月　日	
⑮可靠性试验完成时间　年　月　日		⑲量产日期：　年　月　日	
跨部门小组：			
项目组长：		技术副总：	

时间栏目与总计划 F0 接口

表 2-7　试验大纲

试验大纲（F10701）								
产品名称：			产品型号：			产品编号：		
编制：			审核：		批准：			
序号	可靠性试验项目	目标	试验设备	试验方法	试验条件	执行标准 / 规范	试验数量	完成时间
1	与 F10103 ⑧ 对接	与 F10103 ⑨ 对接	①	②	与 F10103 ⑥ 对接	与 F10103 ⑦ 对接	③	
2								
3								
4								
5								
6								

这些栏目与 F10103 接口

表 2-8 可靠性试验评审记录（**F10301**）

产品名称：		产品型号：		产品编号：
可靠性试验项目：■来自 F10701		目标：■来自 F10701		试验数量：■来自 F10701
执行标准 / 规范：■来自 F10701				
试验条件：■来自 F10701				试验设备：■来自 F10701
试验记录				
试验零件编号	试验次数	试验时间	试验数据	问题和措施记录
最终数据：■与 F10303 接口				
最终判定结果：□满足要求 □不符合要求 ■存在缺陷与 F10303 接口 □改变条件重新再试 □改变材料重新再试				
试验者：■来自 F10701，与 F10303 接口			日期：	
批准者：■与 F10303 接口			日期：	

这些栏目与 F10701 接口

表 2-9 新产品可靠性试验报告（**F10303**）

产品名称：		**产品型号：**		**产品编号：**
序号	可靠性试验项目	试验数据		最终判定结果
		目标	最终数据	
1	■来自 F10103	■来自 F10103	■来自 F10301	■来自 F10301
2				
3				
4				
5				
6				
试验者 ■来自 F10301	日期：	批准者： ■来自 F10301		日期：
评审成员：				
评审结论：				
支持性资料：可靠性试验记录				

这些栏目与 F10301 接口

信息链其实就是表格相关栏目的接口。

有了信息链的基础，就能做到资料的同步变更，如表 2-10 和表 2-11 所示。

表 2-10　关联资料横向同步更改

零件更改	设计图纸更改（F20601）	模具设计图纸更改（F20302）
		工装设计图纸更改（F20301）
		相关零件的配合尺寸更改
	DFMEA（F20101）	PFMEA 文件（F30402）

表 2-11　关联资料纵向同步更改

产品缺陷表更新（F2-1-2）	PFMEA（F30402）	控制计划（F40701）
		工艺卡（F30601）
		指导书（F30602）

体系在互联网环境下运行，需要同步作业、同步数据和同步文件，当一份文件的更改导致牵一发而动全身时就必须要求同步更改，否则所谓的点对点、端对端、链对链作业就是一句空话。过去要做到体系文件的同步更改是十分困难的，往往修改了一份文件，就不去管其他文件是否受到牵连，即便有心去做也容易挂万漏一，这种情况持续一段时间后整套文件就会“打架”。因此，很多组织认为，体系维护最大的痛点是很难做到相关文件和配套表格的同步更改，更不用说数据的同步更改了。“链”是同步更改的基础，并设在后台，专门的信息系统会自动完成同步更改。

三、数据链

数据链是由表单之间的连接、表单栏目的连接组成的。从以上的新产品设计和开发任务书、试验大纲、可靠性试验记录到新产品可靠性试验报告就可以看到数据链的设计过程，因而才有实际的数据链（证据链）。有数据的地方就可能存在数据链，表 2-6、表 2-7、表 2-8、表 2-9 所示的只不过列举了一个例子，其实还有设计成本、产品尺寸等的数据链设计。在数字体系中，70% 以上的作业都与数据有关，与此相关的表单的数据栏目就有很多，数据链的设计就显得尤为关键。

四、失效链

一个错误发生后会产生连锁错误，这叫失效链。失效链是工业的专业术语。对于高风险产品，从产品设计到工艺设计，组织必做的一件事就是对失效链进行识别和分析。这里将它的原理应用到风险管理的数字化上，下面通过一个钢笔的实例去解释。

首先，根据产品BOM绘制方块图（P图），以表达零部件之间的逻辑关系，如图2-19所示。

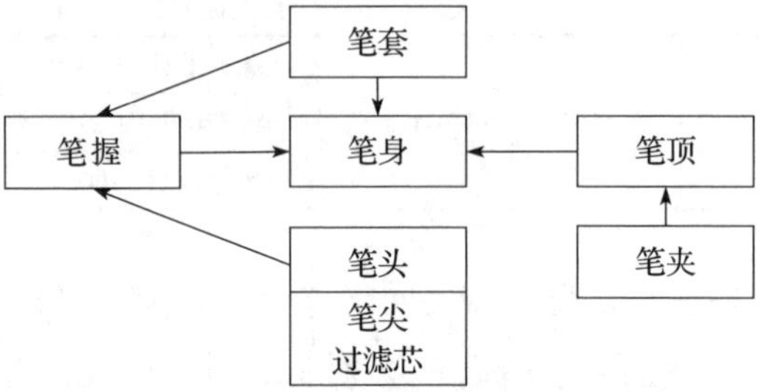

图2-19 钢笔总成框图

其次，在框图上找出全部的三元素。对于较复杂的系统由人去识别全部的三元素几乎是不可能的，专门的软件已经解决了这个问题。

最后，对每组三元素按下面的逻辑步骤建立失效链。

第一步：将识别的每一组三元素填写在表2-12中，中间的元素称为“关注元素”。

表2-12 结构分析

三元素（第一步）		
上一元素	关注要素	下一元素
笔套	笔身	笔总成

第二步：明确每个元素的功能或要求，这些要求是相互依赖的，形成“功能链”（或要求链），如表2-13所示。

表2-13 功能分析

三元素功能/要求（第二步）		
上一元素功能/要求	关注元素功能/要求	下一元素功能/要求
内径与笔身颈部尺寸配合，不能有松动	笔套套在笔身后不能有空气渗入	确保书写液体不被风干

用这种方式替代传统的功能展开（QFD）的方式。

第三步：将要求写成反面就能形成“失效链”，要求的反面就是潜在失效，如表 2-14 所示。

表 2-14　失效分析

元素失效模式（第三步）		
失效机理	失效模式	失效影响
内径过大，导致与笔身颈部出现松动	笔套套在笔身后有空气渗入	书写液体被风干

失效模式影响下元素叫“失效影响”。假设关注元素发生的失效一定是上一元素的失效造成的，同时又一定使下一元素出现失效时，那么就会出现三元素失效链。由于三元素的关系是“直接关系”，所造成的影响一定是直接影响，影响一定是直接原因造成的。这直接原因就称为“机理”。机理是指物理的、技术的和可还原的原因。所以，三元素的相互影响不能采用五层原因追问法（5Why），更不能用头脑风暴法，这是三元素原理的奥妙之处。

第四步：将以上三个步骤按一定的方式错开叠加起来就形成失效链和机理链，如图 2-20 所示。

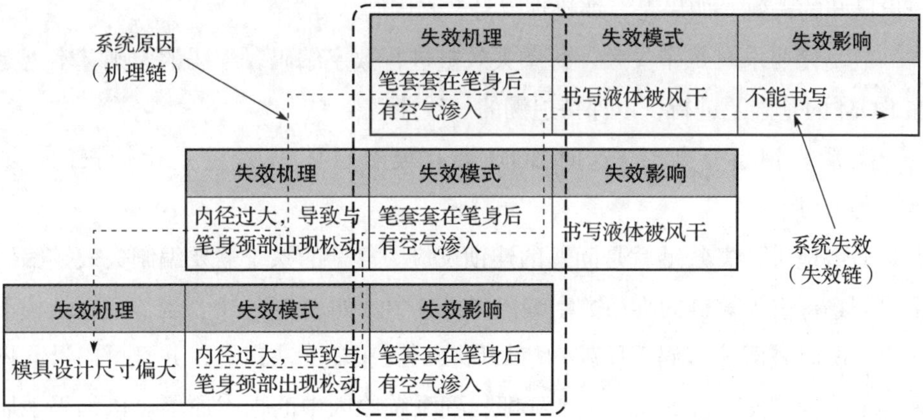

图 2-20　失效链和机理链

失效链的表述：上一元素的失效模式是关注元素失效模式的机理；关注元素的失效模式是下一元素的失效机理；关注元素的失效影响是下一元素的失效模式。

图 2-20 的失效链称为“系统失效”，或者叫“失效模型”。系统失效伴随着风险，这风险称为“系统风险”。沿着失效链的方向去追问就能知道最终的后

果是什么；机理链称为“系统原因”，或者叫“机理模型”，沿着机理的方向去追问就知道根本原因是什么。用系统原因去替代根本原因更为科学，因为系统原因包括了根本原因。很多组织遇到问题时马上启动 5Why 的追问模式（寻找根本原因）已成为固有思维。但我们发现，不同的人分析出来的结果大相径庭，不要说第五层原因了，分析到第二层原因就已经截然不同，那么就意味着得出的对策大部分是错的。这种情况不能发生在航空航天产品上，否则会带来灾难性后果。只有从机理的角度去分析才能确保一组原因的正确性和唯一性。我们多次做过这样的 5Why 试验，分组分析一个乞丐朝不保夕的原因。分析出来的原因不可思议。例如，扮相不够惨、选择讨饭的位置人流少、讨饭的时间不恰当、讨饭的告示不能打动人、讨饭的技巧不够绝……结论五花八门。第一个“Why”（第一层原因）就没有一组的结论是一致的，5Why 分析已经没有任何意义了。当从机理的角度去分析后，结果就不一样了：快要饿死的机理是没有饭吃，没有饭吃的机理是没有米下锅，没有米下锅的机理是没有钱买米，没有钱买米的机理是没有工作，没有工作的机理是没有一技之长。结论——要解决吃饭问题就要学一门技能。

如果机理不能确定，就要通过试错去验证，即将机理作为输入，看看是否得出已知的失效，如果是，那机理就是“真因”。

数字化要求对每个失效、每条失效链进行数字编码，编码的原则基本上是在 BOM 的基础上进行，以保持追溯的一致性。

当系统相当复杂时（这时 BOM 会有很多层），失效链是比较长的，如表 2-15 所示。

通俗地讲，失效链就是问题的连锁反应。复杂的系统需要编制失效链编码手册，将每组失效链的唯一数字编码列入其中。如表 2-15 中，当传动轴结构不适应工况时查阅该编码手册就知道最后会导致车辆无法运行，并且可以沿着机理链的方向（失效链的反方向）立即找到系统原因中的根本原因。该编码手册还可针对机理预先设计好处理措施或应急预案，以方便使用者快速排除故障。实际操作时，造成系统失效的路线可能有多条，但失效链的数字编码是唯一的，只要输入失效链的编码，系统屏幕上就会弹出失效链和机理链，就知道如何排除故障。这就是失效快速诊断和排除的原理。如果等问题发生后才去分析原因，采取纠正措施就可能来不及了。故障代码很早就用于汽车维修，专门有汽车故障代码速查手册，故障代码内置在汽车故障自诊断系统中，维修人员只要输入故障代码，就能迅速找出故障，及时排除。

表 2-15　失效链

	1					产品		
			失效链数字编码		S2-01-01	失效起因	失效模式	失效影响
	2				系统（传动系）			
				S2-02-01	失效机理	失效模式	失效影响	
BOM层次	3			子系统（传动轴系统）				
			S2-03-01	失效机理	失效模式	失效影响		
	4		部件（后桥传动轴）					
		S2-04-01	失效机理	失效模式	失效影响			
	5	零件及零件组（十字节等）						
		失效机理	失效模式	失效影响				
失效链			传动轴结构不适应工况	传动轴断裂	传动轴不能向后桥传递动力	传动轴系统无法运行	车辆传动系统无法运行	车辆无法运行
机理链								

在数字体系中，三元素原理主要应用在过程失效链的分析上。下面是物业服务的一个报事流程中某失效链分析的例子，如图 2-21 所示。

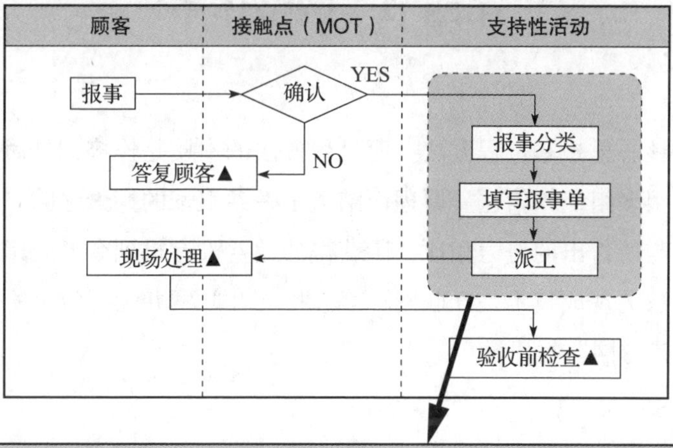

三元素		
上一元素	关注要素	下一元素
报事分类	填写报事单	派工

图 2-21　报事流程图

服务的失效链和机理链如图 2-22 所示。

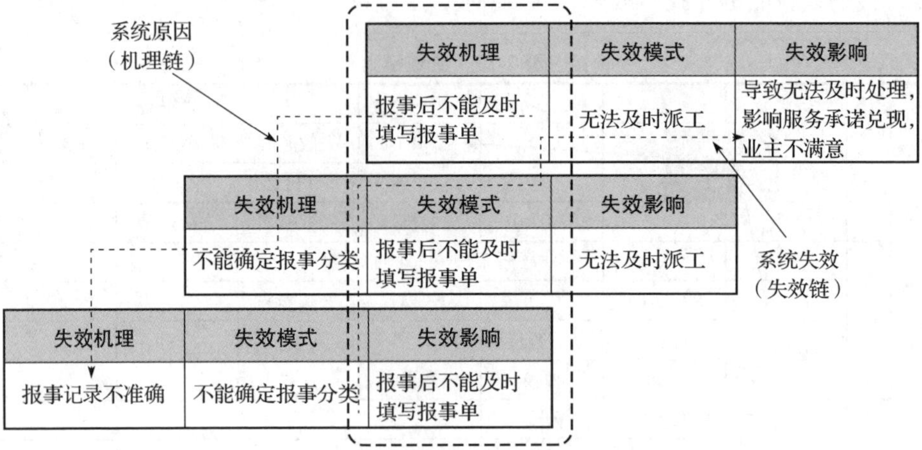

图 2-22　服务的失效链和机理链

我们知道，链一定存在最薄弱的一环，它决定了整条链的强度。数字化后，大数据可以测算它的强度。控制系统风险最有效的办法是控制失效链最弱的一环。

第四节　网络体系

体系的核心思想是过程方法，而过程方法的本质是连接，是通过过程去打通一切的。很多组织笃信这一原理而踏上了一条艰辛的探索之路，由于欠缺有效的工具，与所付出的努力相比，所获得的效益没有得到令人鼓舞的结果。而今，过程方法的现成技术是互联网，其连接与互联网并无二致，所以数字体系的建设最后是“网”的建设。

一、元素边界

一个元素的输出成为下一元素的输入就构成了元素边界，它既是上一元素的终点，又是下一元素的起点，这样，一个元素就有两个边界，一前一后，如

图 2-23 所示。

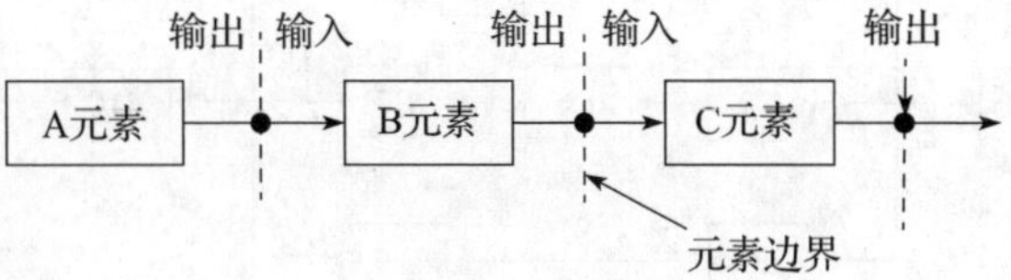

图 2-23　元素边界

显然，元素边界是以二元素为基础的，元素的输出成为下一元素运行的条件，这也是网络体系得以延续的条件，元素边界是体系的平衡点、网络的节点，如前文所述，过程边界的变化比过程内容的变化还重要。根据三元素原理，每个作业元素既是信息的生产者又是信息的使用者；既要向下一元素提供必要的信息，又要向上一元素发出需求信息，以保持运作的连贯性。

在体系中，所有元素的边界要么是物（如半成品、成品），要么是信息（如报表、数据、记录），将它们都抽出来就是信息和资源转化的总和，是输出运动的总体——信息流和物流，我们可以根据这些输出的流向来确定“外部顾客”和“内部顾客”的身份。

在体系中，元素边界也同时表现为元素的划分，这时元素的输入和输出就不能是任意的。在元素边界处，不是以元素的输出决定下一元素的输入，而是以下一元素的输入决定上一元素的输出。这就是以下一元素的需求为导向去设计过程及配置资源的观点，这样就避免了浪费时间去做别人不需要的东西。

当一个网络体系闭环的元素边界数量等于元素数量时，其就是串联的，如图 2-24 所示。

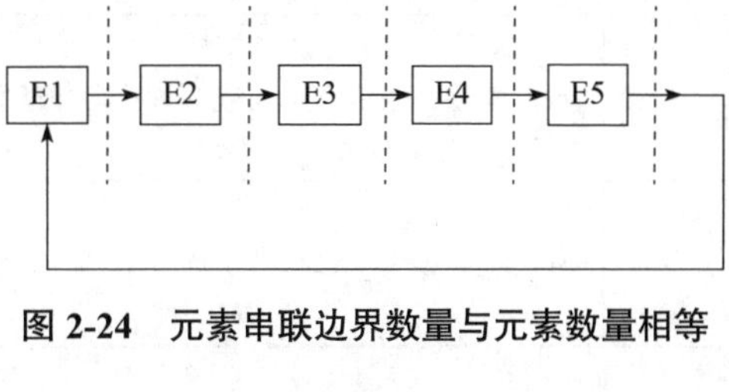

图 2-24　元素串联边界数量与元素数量相等

显然，串联的元素只能成链而不能成网，实际的体系一定存在并联的元素，如图 2-25 所示。

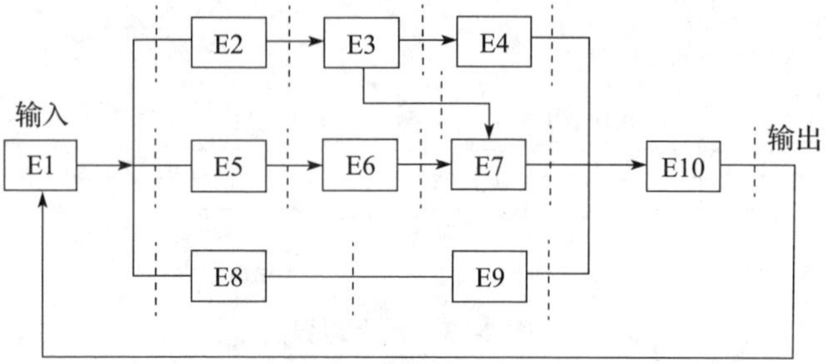

图 2-25　元素串联与并联

图 2-25 中，元素边界有 13 个，而元素却只有 10 个，边界数量是元素数量的 1.3 倍。边界数量大于元素数量就是串联加并联的结果，并联增多，就一定增加边界数（节点数）。在网络体系中，元素无论串联还是并联，最终都要闭环，且有多少个二元素就有多少个边界数。网络在运行中往往会有多个元素交替启动，每一个岗位或控制点都可能有高并发的输出，这时通过算法便能找到最佳途径。

由于二元素的连接构成一个边界，连线的符号可以参照一些通用的表达方式去定义连接的性质，如表 2-16 所示。

表 2-16　相互关联的表示方法

关联连线	表示的含义
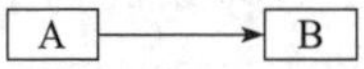	可表示因果、先后、顺序、增值、物流等关系，如果是粗实线则可表示为关键路线
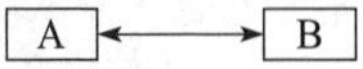	可表示互为因果、相互约束和影响关系
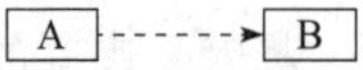	可表示信息流、次级流程、A 参照 B 等关系
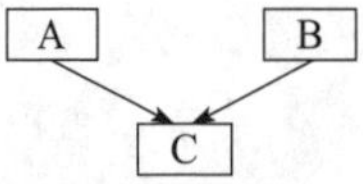	“与”关系，表示只有 A、B 同时发生，C 才发生
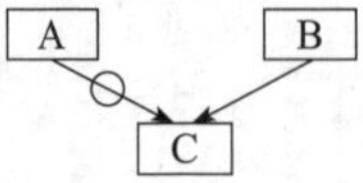	“或”关系，表示只要 A 或 B 发生，C 就发生
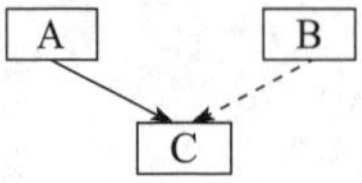	“序”关系，表示 C 依赖于 A、B，但首先 A 对 C 发生作用

通过连线符号的使用说明元素之间的逻辑关系和基本规律是最为普遍的方式。但在网络体系中不赞成使用太多的连接符号，免得复杂；单箭头符号若应

用得当，基本上就能满足 80% 的需求。

二、基于过程的网络体系

1. 网络体系的形成

将三个最小单元过程串在一起的关系视为链关系，这时，链都是线性运作。现在，将戴明博士的“SIPOC 模型”扩展一下，从单向链变为多向链，如图 2-26（a）所示。很多过程都存在这种情形，就会构成一个平面网络，如同捕鱼网那样。如果过程存在纵向连接，链就开始有分叉，就有交叉连接，如图 2-26（b）所示。

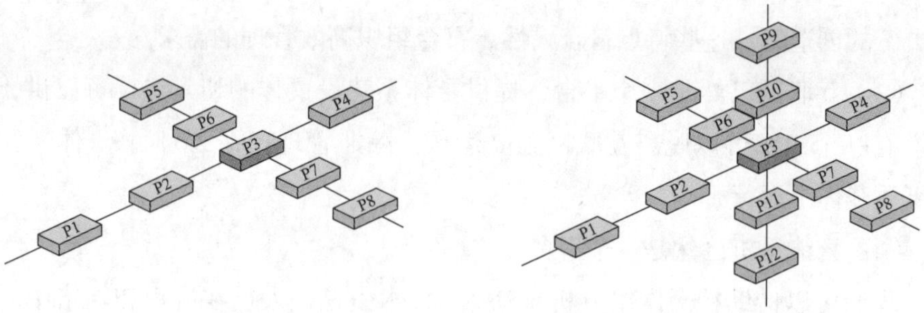

（a）过程横向接口　　　（b）过程纵向接口

图 2-26 “SIPOC 模型”扩展图

由图 2-26 可知，任何过程都可能存在横向和纵向的接口，上下贯通，就构成了由过程组成的立体网络——基于过程的网络体系，这时，平面运作就变成网络运作，如图 2-27（a）所示。

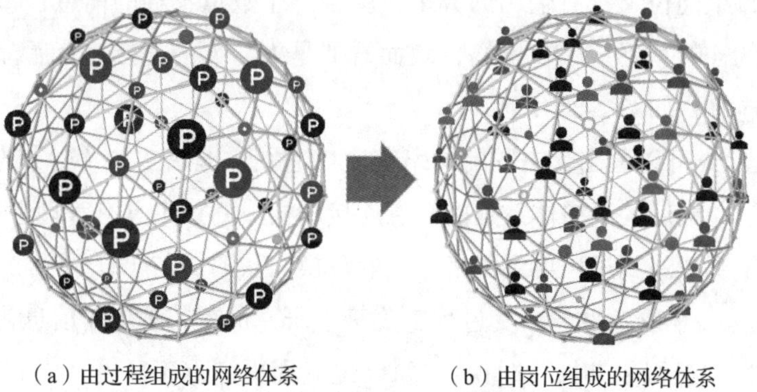

（a）由过程组成的网络体系　　　（b）由岗位组成的网络体系

图 2-27　从过程网络体系到岗位网络体系

若一个过程涉及几个岗位，就得到了由岗位组成的网络体系——一个由人组成的网络社会［见图 2-27（b）］，其密度比图 2-27（a）大，自然也变得复杂。

其实，提起“网络”很多人都已经不陌生了，人体经络是一个网络，城市道路是一个网络，组织也是一个网络。要将原来的体系变为一个网络，过程就要袖珍化、碎片化。这是因为，组织实际上已经在网络的环境下运行了，所谓的数字化转型只不过是一种回归而已，而现在则是将这种回归作为开始去策划，将体系当成网络去建设。理由包括以下几方面。

（1）互联网能使信息对称，这意味着建立新型的人与人对等的关系，弱化上下级的关系。

（2）利用网络开放、互动、便捷、低成本、快速、高效、自由的特点去发挥员工的创造力。这些特点符合人性、符合组织高效管理的需求。

（3）互联网已然是一个平台，提供了体系建设最佳的切入点。可以讲，当前没有一个组织可以脱离互联网独立运行，除非管理还在 2.0 阶段（体系完全在纸质载体上运行）。

（4）智能手机已然是一个平台。

我们可以借助社会网络分析（SNA）技术去挖掘人员在流程和网络中的合作关系，从中找到高效的协作模式，甚至会导致管理模式的改变，至少我们已经看到，组织面对员工和面对顾客时都是以网的形式存在的，是关系链的运作模式，抑或是人与人关系的数字化模式。组织要完成从“过程级”“数字级”到“网络级”的蜕变，这一步迟早要走。

2. 信息网络

由于每个岗位又都有输出的分工，就会产生数量不等的信息，每个信息与其他信息的连接就形成信息网络，表面看似是人与人的连接，背后却是岗位输出信息的连接，如图 2-28 所示。

从图 2-28 可以看出，右图的网络密度比左图［即图 2-27（b）］的要大，那就更复杂了。最后的网络体系是由信息连接所构成的一个具有管理性质的网络，完成了从组织战略到过程再到网络体系的转换。从图 2-27（a）到图 2-27（b）再到图 2-28 是一个复杂性的演变过程。姜奇平研究员在其著作《信息化与网络经济》中描述“组织复杂性”时说：“如果说流程更侧重于‘边’（相互连接）的话，组织则更侧重于网络结构，它反映的是边的交织方式。”这句话一语中的。

并说："复杂性组织在结构上是去中心化的、扁平化的、分形的结构。"网络体系的特点正是这样的。

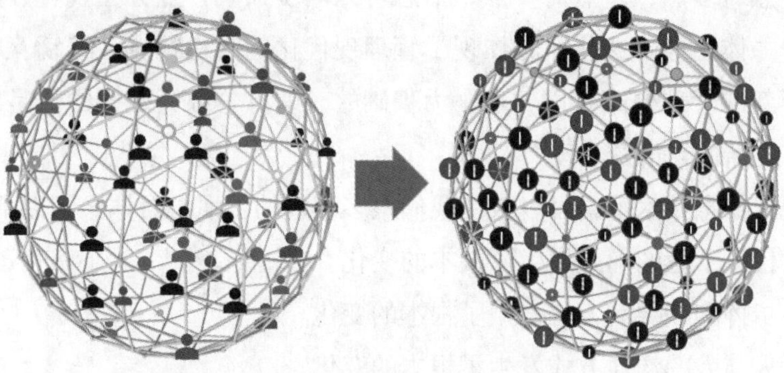

图 2-28　从岗位网络体系到信息网络体系

网络操作是分散性的，只能靠连接形成整体。美国科技先驱梅特卡夫有一个网络总连接数的定律：n（n−1）。n 是参与网络人数（或连接数）。但当 n 代表每个岗位的信息数时，网络连接的规模就大得多。当 n 足够大时，n（n−1）等于 n^2。假如，平均每个岗位输出的信息数量为 3，网络连接的规模则为 $(3n)^2$，放大了 9 倍。如此，网络连接规模实际计算的公式为

$$C_s = kn^2 \tag{2-1}$$

式中：C_s 表示网络连接规模；n 为信息数；k 为修正系数。k 需要大数据去调整，因为每个组织的性质不同，它受以下两个因素的影响。

（1）平均每个岗位拥有的常规输出信息的数量。

（2）平均每个常规输出的信息与接口岗位的数量。

不同的行业，以上两个因素是不同的，甚至差别还很大。k 可以大于 1，也可以小于 1。

图 2-28 是一个超级结构的大网络，实际就是点、线、面的关系图，是一个大千世界。当把它嫁接到颠覆世界的互联网后便是一个"暗网"，或者叫虚拟网、一个虚拟组织、一个大空间，也只有移动端与它连接后才能感觉到它的存在，在大连接中变为大体系，就能实现大数据管理和智能化管理，成为互联网下崭新的工作模式。

如果我们将每个人的移动端视为体系的组成部分，并且看成是物理载体，管理形式就会跟着发生变化，利用智能手机的便捷功能就能将管理变简单。例

如，组织内每个人都可以开设自己的网站，建立微体系；人与人的互联与协调，可以有效地解决复杂的人际关系，减少沟通成本；信息产生者与使用者互联，可以是一点对多点，多点对一点，信息可以同步知晓；业务在线化、网络协同化、服务一体化等。这些充分体现了管理现代化的时代特点。移动互联网的特性决定了新的管理模式是以“点”为基础的，即以分散为基础的，是以点带面的运作，是新的“群众运动”。

在现代信息技术下，可以改变我们很多管理的习惯，具体包括以下内容。

（1）任务下达的形式发生了根本的变化。

（2）指挥和领导的方式发生了根本的变化。

（3）人与人的沟通方式发生了根本的变化。

（4）文件的表达形式发生了根本的变化。

我们已习惯了服从新形式的引导，也愿意在互联网环境下去颠覆自己。

归纳起来，由链组成网的过程如图 2-29 所示。

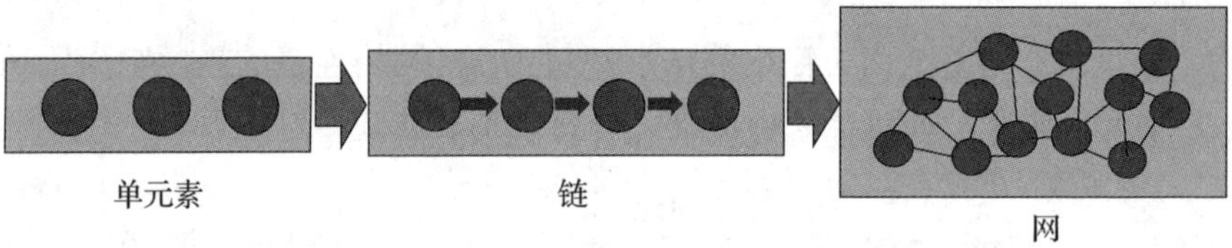

图 2-29　由链组成网的过程

链是由 n 组三元素组成的，而链又组成网络，是线性管理向网络管理的转变，也即流程型组织向网络型组织的转变。这样网络体系的规模就可以表述为：网络体系规模 = 三元素数量。也就是说，网络体系的三元素越多，规模就越大；网络密度取决于元素的数量，三元素越多，网点数也越多，网络密度越大，体系就越复杂。虽然，网点数越多就越复杂，但并不表示控制的难度就越大，到了一定规模后便会出现控制难度的拐点，就一定会产生数字模型和算法，使复杂性呈现有序性，将变数变为常数，便能化繁为简、以小见大，降低管理的难度。从简单到复杂，又从复杂到简单，循环往复，而每次循环都是一次升华。

数字是经济和管理的真正源头，是公认的基础性因素。它有一个很大的特点就是可以简化一切、抽象一切，将复杂性系统直观化——简洁是数字化的灵魂。当爱因斯坦仅用5个符号所构成的公式 $E = mc^2$ 就展示了物体质量与能量之间的等价关系时，其就被认为是这个宇宙上最迷人、最简单而又最深刻的原理，这引发了爱因斯坦的感叹：宇宙最不可理解之处，就是它居然可以被理解。其实，那些看似不可解释的万物背后，隐藏着一把开启揭示真理之门的金钥匙，这把钥匙，就是数字化和公式化。当事物趋向无限复杂的时候，最后一定是一个值、一个公式或是一个模型；越复杂的事情处理得越简单就越科学。

网络体系的概念可以发生在任何的管理模块中、跨部门的作业中。网络体系形成后，管理的层级关系、文件及过程的层级关系就可以变为网络关系，横到端、纵到底，这样，真正的管理扁平化才会出现。

元素在网络体系中可以是“网点”，即分散作业的控制点，这时，$C_s = kn^2$ 也可称为分散作业规模的梅特卡夫定律；元素的连线称为“网线”，即链。三环链最短，链的长度取决于实际的需要；网点的对接就是点对点的对接，长链与长链的对接就是端对端对接；链决定信息流、物流和资金流。数字体系的一个重要原则是：先建链后建网，网决定组织结构。网的强度由最薄弱的链决定。

在建网过程中会完成以下的工作。

（1）过程之间接口设计，将过程连贯起来，将职能型企业转为过程型企业。

（2）将系统所能产生的信息点进行梳理，去除冗余部分，并按逻辑关系建立信息链。

（3）将每个操作端看成网点，并关联起来，通过线上监管系统平衡整体能力和效率，通过运行大数据优化网络体系。

（4）对每个网点赋予唯一的数字编码，包括对应网点所需的信息编码，以便在数字版图中展示网点的分布和密度。

在实际操作中，当点击某个网点时，信息系统就会展现该网点的全部信息，展现上下元素之间的连接关系和更细的颗粒度。

三、网络体系复杂度

引入过程边界的概念后，网络体系的复杂度计算会变得简单。在网络体系中，当元素串联时，边界数减2就是三元素的个数，即节点数（连接数）为

n-2。在几何学里也有相似的原理，最小的多边形就是三角形，任何一个多边形都可以用 n-2 个三角形来进化划分。但当两个元素双向影响（即互为输入和输出）时，三元素的个数就会多于边界数，如图 2-30 所示。

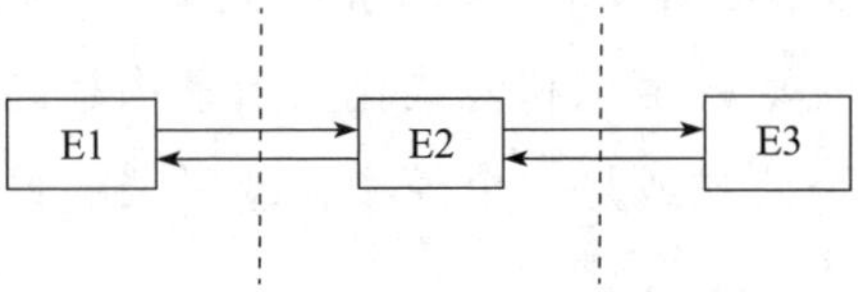

图 2-30　边界数与元素连线的关系

这里就有 5 组三元素：E1-E2-E3、E2-E1-E2、E1-E2-E1、E3-E2-E3、E2-E3-E2。而边界数却只有 2 个。以我们的经验，连线符号的复杂性会给三元素的识别带来困难，自然给网络建设带来困难。为此，在遇到双向影响的二元素时，连线不再使用双箭头，改为单箭头。为便于系统的识别，就要将 E1 拆分多一个 E1-1，作为 E2 的下一元素；同样，将 E2 拆分多两个过程 E2-1 和 E2-2；将 E3 拆分多一个 E3-1。这样，就由原来的 3 个过程变为 7 个了，图 2-28 的结构就变为图 2-31 的结构。

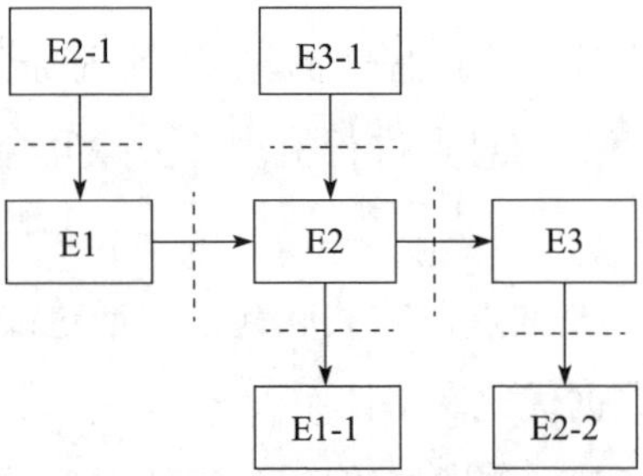

图 2-31　边界数与三元素的关系

三元素的数量仍然是 5 个，但过程边界就变成 6 个。这样构成的三元素连线全部都是单箭头，虽然网络的边界数比原来多了，但是三元素的识别更为直观。这是出于数字化系统设计的需要，网络体系的端部操作与图 2-29 的逻辑是一致的。

一般而言，网络体系的三元素会数量大于网络元素的数量。由于三元素至少包含两个二元素边界，那么，就可以采用元素边界数与元素数量之比去计算网络体系复杂度，其公式为

$$C_{ns}=\frac{\text{元素边界数}}{\text{元素数量}} \tag{2-2}$$

式中：C_{ns} 表示网络体系复杂度。

通过式（2-2），我们至少可以得到以下的结论。

（1）如果体系复杂度小于 1，网络断裂，很多地方没有闭环或者没有连接。同时还表明一定存在人为造成的效率低下，就需要进行体系优化。

（2）体系复杂度越大，表示体系效率越高，说明并行作业多于串行，接口的数量多，运行周期短，但驾驭难度大，需要开发新的数字模型和算法。

过去，受限于控制技术的不足，在复杂与效率的取舍中，往往被引导到复杂中。根据经验，体系复杂度大于 1.33 倍，体系就很难控制了，这时复杂的代价就是效率低下。而现在，网络技术已经具备了同步作业、横向作业、去中间化、一点对多点的操作条件，我们无须担心复杂性问题，技术最终会将复杂变简单，所有的复杂性数字化后就不复杂了。数字体系就是复杂的后台，简单的前端，是数字效率代替了复杂性。

为提高整体的运行效率，以下是网络体系建设的原则。

- ✧ 在体系效率上，在网络和价值链中寻找并行或半并行过程，以缩短整体周期
- ✧ 过程只是网络体系的一个“点”，其效率需要服从体系，首先考虑的是边界效率，而不是步骤
- ✧ 过程要袖珍化，以增加并行的可能

为了互联网的应用，网络体系中每个网点都将会与恰当的载体（如手持移动端、PC 端）相连，都要进行数字编码，并与操作者一一对应，操作端只管输出，接口由系统去负责。后台只认编码不认人，大数据将会考察这些网点的变化和运行效率。

理解元素边界有助于以下几个方面。

（1）确定系统的复杂性。

（2）确定元素的相互关联或相互作用。

（3）确定系统总输出（或系统的制约条件）与元素输出的关系。

（4）确定应用何种手段处理输出，或与其他系统（如软件）的接口。

（5）通过优化边界使系统变得更有效率。

四、网络数字化

体系数字化转型突出的地方是层级运作转化为网络运作，特点是大量的活动、控制点在网络上的分布，如同人体经络有其自身的分布那样。在互联网环境下的终端设备使每一个人处在泛在的环境之中充分体现个体的价值。沙滩的整体性在于沙的分散性，越想抓住沙子越抓不住。但是，数字化可以给每一粒沙子编上一个地址，如同《互联网协议（第六版）》（IPv6）替代其第四版后，其地址数量可以为全世界的每一粒沙子编上一个地址那样。这就是数字控制的力量！

网络体系是采用过程方法创建的，来自“经营路线”和“价值链”这两条主动脉的展开。当过程分解到岗位时，就产生了控制点（网点）的分布。这样的分布，已经看不到部门的踪影了。确实，在网络中，部门已经不重要了，这一点正符合现代去部门化、去中间化的体系建设的需求，也是数字体系想要达到的目的。

网络数字化就要对每个控制点（网点）进行数字化编码，当输入这些编码时会与职能、岗位、活动、输出、文件碎片等的数字编码联动，就可以通过后台展示以下的分布。

（1）不同类别活动的分布，尤其是关键控制点、顾客接触点及增值活动的分布。

（2）岗位的分布，尤其是关键岗位的分布，包括分布的密度，以判定岗位的价值。

（3）同步或半同步活动的分布，包括同步输出的分布。

要想网络可视化更直观，可以采用不同的颜色显示分布，如同在地图上看到销售网点的分布那样。网络数字化后就可以实施动态的跟进，观察每个网点的运行状态，每个网点的数据就构成了数据版图，并基于运行数据做出调整。

五、网络体系的支持

构成网络体系的过程主要是业务过程，而与业务无关的管理模块很多都是相对独立的，不在网络体系中，但却是网络运行的支持，如数据管理、数据安全、绩效管理、成本管理等。这意味着每个职能、岗位的信息都含了一些通用性的信息，这部分称为“网络体系支持”。

网络体系支持要考虑以下几方面。

（1）对于共享的信息就必须统一名称、统一用词、统一数字符号、统一表格、统一单元。

（2）将管理过程融入各个网点中。

（3）共享知识库和经验库。

（4）共享数据库和信息库。

它们是网络运作支持平台的组成部分。

六、网络体系能力

网络体系的各个网点是由自治的个体掌控的，而每一个个体本身就是一个能力点，其强弱很大程度上取决于数字体系的赋能技术。

网络体系是组织能力的一个框架，其能力是个体能力、链能力的组合，整体能力应大于个体能力之和，总体表现应优于个体表现之和，整体效率大于个体效率。网络运行的基本特点是：分散作业、信息和资源共享。个体即单元素，而三元素是单元素能量的聚合，那么，基于网络运行的基本特点，由 n 组三元素组成的网络就能产生规模效应、产生能量的裂变。例如，点对面的连接、信息的多点群发、信息互动的毫秒级传播、信息的杠杆效应等。当网络体系运行顺畅时就一定会出现网络效率的峰值，这不是“1 + 1 > 2”的效率，而是指数级的网络倍增效应。体系中的每一个个体如果不是与网络一体化建设，使每个作业端既独立又关联的话，就很难将个体、团队及组织的能力有机地、柔性地整合在一起，形成综合的能力；再加上互联网和数字的赋能技术，如网速赋能、数据赋能、设施计算能力赋能、算法赋能，就能产生高效能的个体、团队和组织。图 2-32 是被赋能的个体能力的网络组合。

网络扩展到组织外甚至还能产生生态级的能量。市场的竞争就是体系之间的大博弈，是数字实力的比拼，而体系的整体能力就体现在网络体系的能力上。

图 2-33 是网络能力组合的范式。

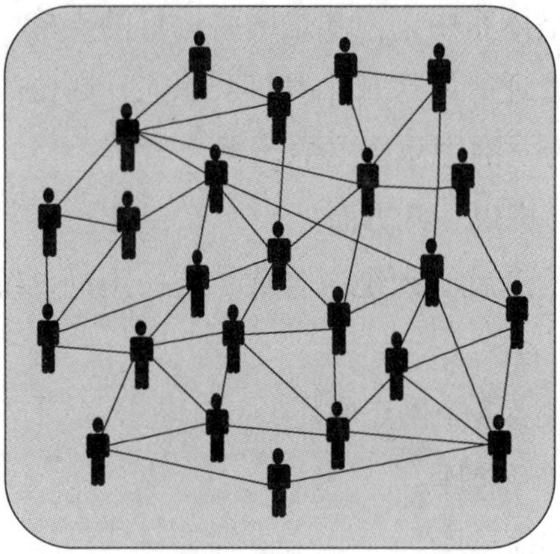

图 2-32 被赋能的个体能力的网络组合

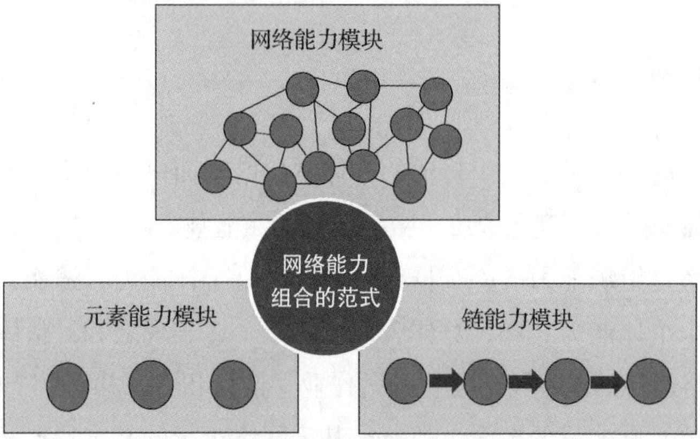

图 2-33 网络能力组合的范式

因此，建立网络体系应视为组织能力的重组，如图 2-34 所示。

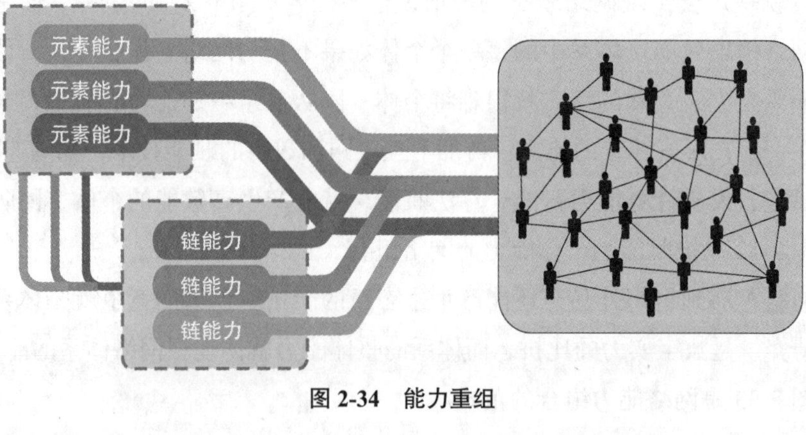

图 2-34 能力重组

当组织的能力通过网络能力得到倍增后，网络体系的价值也随之产生。根据梅特卡夫定律，网络的价值为 $V = kn^2$（k 为价值系数，n 为用户数量）。这个定律告诉我们：网络体系的价值与网络的参与方（终端数）成正比，即网络体系的参与方越多，每人获得的价值效益越高，整体能力就越强。这时，网络价值的定律也可视为网络能力的定律，原理与 $V = kn^2$ 一样，记为 $C = kn^2$（C 为网络能力，k 为能力系数，n 为个体数量），若与爱因斯坦的能量公式 $E = mc^2$ 比较，$C = kn^2$ 也可理解为网络的能量公式，若是网络的数字连接就是数字能量公式。对应公式的网络能力曲线如图 2-35 所示。

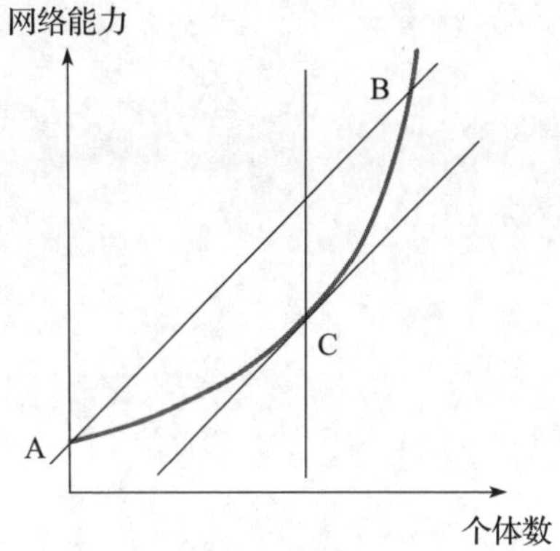

图 2-35　网络能力曲线

AB 线是网络能力的线性提升；若是曲线提升，C 拐点后，随着网络参与人数的增加，网络能力显著提升。

网络体系的优势也代表了组织优势，在某种意义上讲，这正是组织真正需要的一个吸取能量和释放能量的最高组织形态。

网络体系除了有连接的功能外，还会产生以下的功能。

（1）聚合功能——信息的聚合、能力的聚合。

（2）增值功能——从单元素的增值、链的增值到网的增值。

（3）放大功能——能力放大、效率放大。

（4）外延功能——与外部体系、供应链、其他业态的连接。

当这些功能呈现一种生态时，组织自然就处在趋势上了。

第三章 数字体系的过程设计

过程也是生产力，按过程六要素的逻辑顺序建立了『过程设计模型』，并提倡过程袖珍化。同时，将预防措施设计到过程中去，这是确保一次做好、减少过程风险的最佳办法。

第一节　效率倍增的过程方法

传统管理体系大多是以职能为中心的，在数字化时代，这样的管理对组织的发展所造成的障碍日益显著。国际标准化组织提倡的“过程方法”可以打破这种局面。

完成了经营路线（见图 1-7）和新型价值链（见图 1-16）后，决定组织属性的常规过程就已经确定，接下来就是过程的设计，体系建设就要聚焦到过程上。经营路线和价值链是宏观控制，过程是微观控制。

一、过程方法

过程方法，又称为过程管理方法或流程式管理，其形成过程如图 3-1 所示。

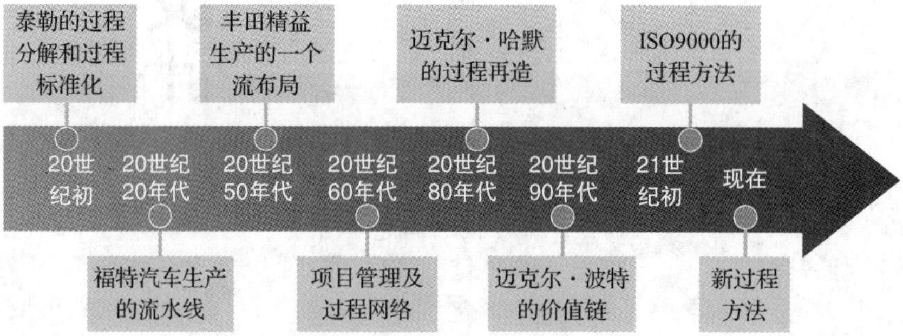

图 3-1　过程方法的形成过程

过程方法理论的形成是管理史上的一大成就。自从福特汽车公司发明了世界上汽车生产的第一条生产流水线后，生产效率倍增，被誉为工业革命的创举，是划时代的生产模式，是过程方法的里程碑。流水线讲究两点：一是平衡，二是同步。流程式管理就是从这里得到启发的。直到 2000 年这种方法被写入 ISO9000 国际标准中，命名为“过程方法”。标准不仅规定了过程方法的基本概念，还规定其为体系建设的“七大基本原则”之一。

标准对“过程方法”的表述是：将活动作为相互关联、功能连贯的过程组成的体系来理解和管理时，可更加有效和高效地得到一致的、可预知的结果。

这个表述在生产流水线就相当于“将各工位放在流水线上进行管理时，可更加有效和高效地得到一致的、可预期的生产效率”。

我们经常用这样一个案例去说明过程方法的效率。有1000块砖头，要从A点搬到B点，距离为10米，5个人各自去搬，规定每人每次只搬两块，来回所需时间是20秒，很容易便算出5个人共需10000秒。如果改用过程方法去搬砖：5个人从A点到B点排成一行，将砖递到B点，这时只需5000秒就够了。可见，同步作业和一致的节奏可以大幅提升效率，这在管理上称为“管理流水线”“活动流水线”“岗位流水线”，在网络体系中就是“链化”。

某医院无意间将过程方法应用到了体检作业上，取得了意外的成效。正常情况下，医院有眼、耳、口、鼻、肺等不同的科室，体检者每检查一个项目就要到相关科室排一次队，要花很多时间。后来该医院在体检高峰时，将眼、耳、口、鼻、肺等科室的医生安排在一处开展一条龙服务，体检者只需排一次队就可以了，节省了很多时间，效率非常明显。

过程与职能不同，职能往往描述的是这个部门或机构是干什么的，主要是静态的概念，而过程则是动态的。以职能为中心的管理会将过程放在最后，如图3-2所示。

图3-2 以职能为中心的管理路线图

若以过程为中心，则强调为了实现战略、达成目标，过程应该做什么，会将职能融入过程中，使管理扁平化。而今是新的过程方法，它面对的是过程组成的网络，是新的效率模式，管理会更加扁平化，如图3-3所示。

图3-3 以过程为中心的管理路线图

21世纪，现代组织管理正逐步从职能时代进化到流程时代，以价值链为核心构建业务流程的管理体系日趋成为组织经营和管理的主线。数字体系的使命就是努力将传统组织改造为以过程为中心的新型组织。

二、过程相互作用

“一个过程的输出通常是其他过程的输入”就形成了系统，所以，过程方法实质就是“系统方法”。系统的定义是：相互关联或相互作用的一组要素。相互关联是指一个要素对另一个要素产生依赖或影响，可以不问因果，在大数据中叫“相关性”；相互作用是指一个要素的变化会引起另一个要素的变化，有因果关系和顺序关系。相互作用包含了相互关联，相互关联不一定有相互作用。当将要素比为过程时，过程的相互关联与相互作用如图3-4所示。

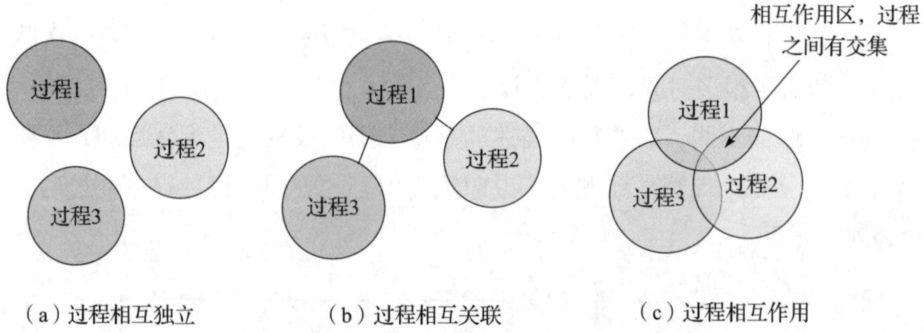

图3-4　过程的相互关联与相互作用

第二节　过程设计模型

在数字体系中，过程设计不仅是创作过程，更重要的是为数字化奠定基础，它需要遵循固定的设计范式，本节开发的“过程设计模型”便是这样的一个范式。

一、过程六要素模型

在第二章中介绍了过程三要素模型（见图 2-8），图 3-5 为过程三要素模型应用到人员招聘流程的实例。

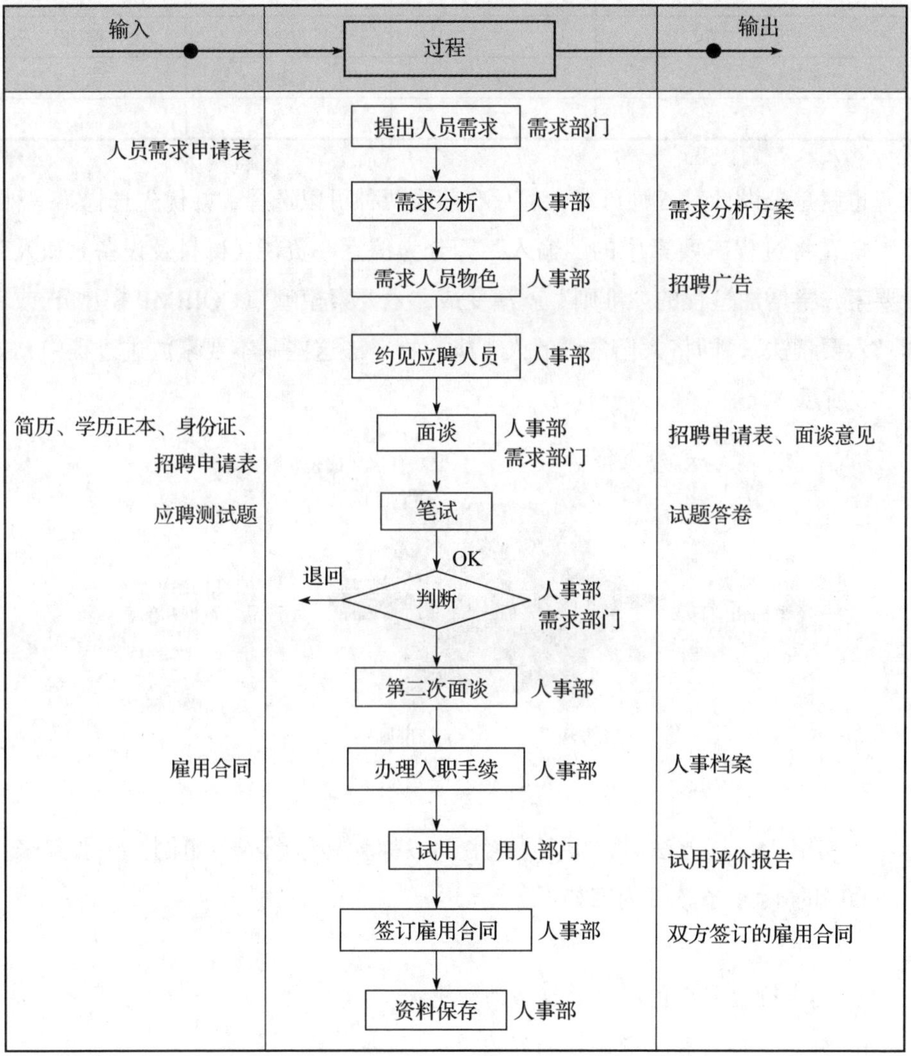

图 3-5 人员招聘流程

如果将过程三要素（输入、方法和输出）进行组合，那么过程设计就有 6 种顺序，如表 3-1 所示。

表 3-1 过程设计的 6 种顺序

组合情形 \ 重要性顺序	1	2	3
1	输出	输入	方法
2	输出	方法	输入
3	输入	输出	方法
4	输入	方法	输出
5	方法	输出	输入
6	方法	输入	输出

也就是，设计有 6 种可能，但只有前面两种可以选择，并优先选择第一种。

现在将过程三要素中的“输入”拆分为信息、资源（材料及设备）和人三个要素，再增加过程的“准则”就演变成“六要素模型”(COIRMP 模型)，或者叫“六要素法”，即将人们常说的人、机、物、法这些基本要素放进过程中，如图 3-6 所示。

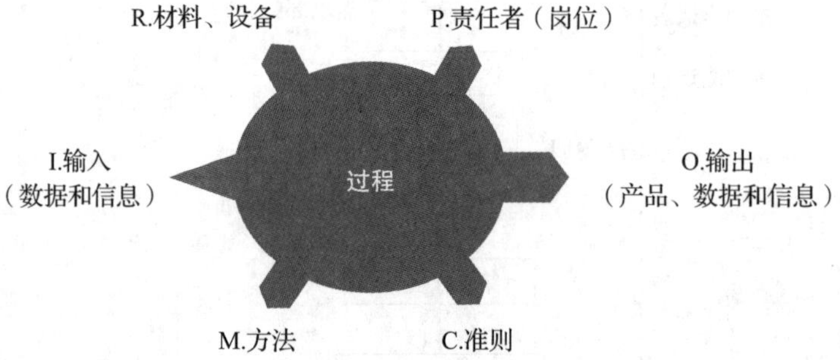

图 3-6 金龟图

当初引入过程方法时，很多人将图 3-6 称为乌龟图或金龟图。六要素来自 ISO9001 的 4.4.1 条款，内容如下。

a）确定过程所需的输入和期望的输出；

b）确定这些过程的顺序和相互作用；

c）确定和应用所需的准则和方法（包括监视、测量和相关绩效指标），以确保这些过程的有效运行和控制；

d）确定这些过程所需的资源并确保其可获得；

e）分配这些过程的职责和权限。

金龟图的 6 个要素的集合可以看成一个作业场景，其中每一个要素又都可以单独看成是一个“子集”，也有自己的场景和内在结构，即“输出场景”“输入场景”“材料、设备场景”“一组活动的场景”和“人员场景”，都是为过程业绩（过程准则）服务的。六要素模型用公式表示为

$$C = \sum (O + I + R + M + P) \quad (3\text{-}1)$$

式中：C 表示过程业绩；O、I、R、M、P 分别代表输出、输入、资源、活动和人员的子集，这个模型对任何过程都有代表性。

二、过程设计模型

基于追求过程结果，以绩效为目的的过程设计得出了过程 6 个要素的逻辑顺序——过程设计模型，如图 3-7 所示。

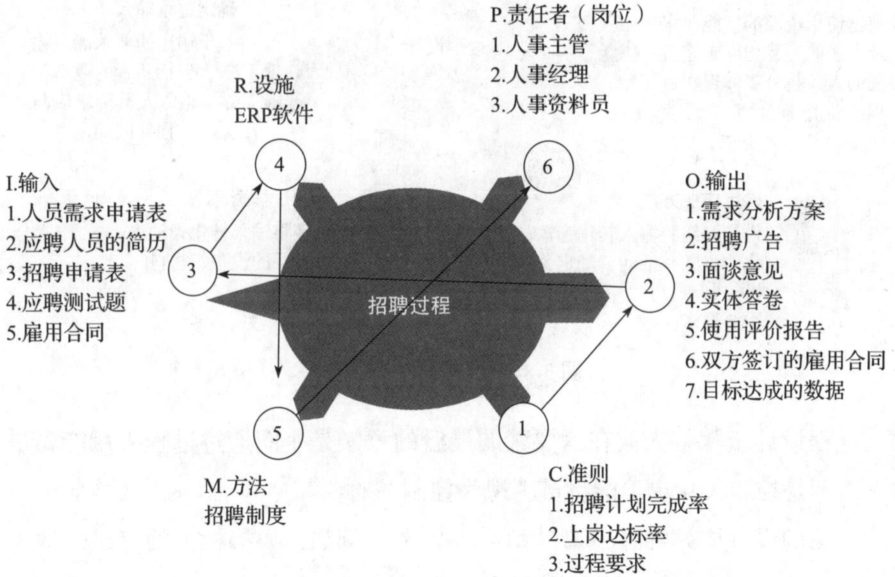

图 3-7　过程设计模型

当将 SIPOC 模型（见图 2-10）的顺序变为 COIRMP 顺序时，就是以结果为导向的设计模型，是逆向思维的设计方法。过程设计步骤原理如图 3-8 所示。

该步骤原理表明了一个重要的管理原则就是“以预期结果决定资源和方

法”，或者称“结果导向原则”。也就是说，资源和方法都是为预期结果服务的，是追求结果的策划，以促使组织成长。没有目标就没有激情，过程目标是过程所有活动（方法）的缘起，它与过程活动的关联性设计就是过程设计，是过程求解的专业设计。过程设计模型就是寻找实现目标的规律，确保可重复地实现既定的目标，用一句话概括就是：站在终点去考虑起点，并为到达终点进行细节的设计和做足充分的准备。过程的一个重要功能是赋予人的行为逻辑，减少人的差别，确保结果的一致性。归纳地说是：结果第一，方法第二；目标第一，重复第二。

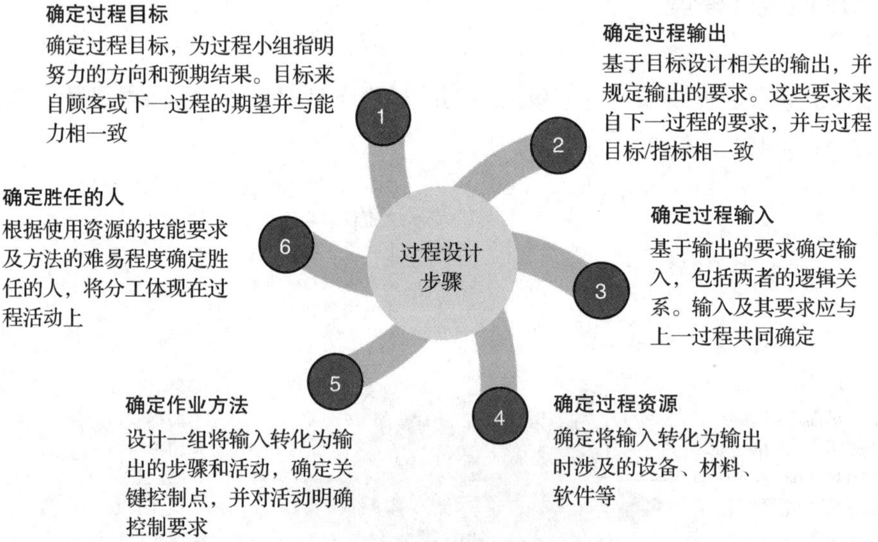

图 3-8　过程设计步骤原理

过程设计步骤将人放在六要素的最后的意义是企图通过过程去赋能，是帮助人而不是控制人，更不能将员工视为控制的对象。

方法的设计应站在作业者的角度去思考。例如，要摘树上的苹果，猴子用爬树的方法，熊用摇树的方法，大象用鼻子去摘。如果让猴子写爬树程序让大象去执行那显然是荒谬的，可是在组织中这种现象很多。

“过程”与“结果”的辩证关系是：过程策划以结果为导向，策划做正确的事；过程为结果服务，策划将事做正确；一旦过程固定下来，过程就是结果的保证，有好的过程才能有好的结果。

此外，过程设计还需要遵循以下的原则。

- ✧ 先设计输出和输入的关系或关联表单同步设计，再设计方法
- ✧ 输入与输出不是转化关系而是导出关系（直接得到结果）时就可省去方法，如软件、操作自动化
- ✧ 如果输入转化为输出时非常简单、直接，通常可以省略方法，如报表制作、资料汇总
- ✧ 如果输出与输入相似就可以简化方法，或者合并成一张表格
- ✧ 在输入上直接增加内容成为输出，可以简化或取消方法，如方案的审批、报告的流转

习惯上，过程设计时还会有资料收集、初稿拟定、讨论、定稿的过程，表示过程小组对当前过程的最佳解读。为了有效执行，还要对新人进行培训。

不要期望首次过程就做到完美、面面俱到，要跳出“极致”的魔圈，要放在实践中做修正，这是一个不断解困和获取效益最大化的过程。对于业务类的首次过程，在激烈竞争的环境下不一定需要试用期或暖身期，可采用类似于产品快速投入市场，通过试错迭代的方式替代产品生命周期比较现实。过程不是写出来的，而是实践出来的。试错方能求证，试错后就迭代，在迭代中走向卓越。所谓的最佳实践就是经历了 n 次迭代后与组织行为的完美匹配，也就是十年磨一剑的方式发生了变化。例如，迈克尔·哈默在其《端对端流程》一书中所说：要想完全实现一个流程，不只会花费几周时间，而是需要耗费几个月甚至几年。为了保持跟踪，流程所有者必须对流程有远景设想，以及实现该远景的计划。

不过，需要说明一下，对于要求稳定性较高的技术类文件（如产品标准、工艺文件）、管理类文件（如战略管理、绩效管理）和通用性文件（如信息编号规则、财务报销规定）还是需要试用期的，以确保其严谨性和精准性。

表 3-2 的员工招聘流程是从图 3-5 中演变过来的，就是将金龟图转换为金龟表后的文件方式。

从表 3-2 的流程中看到，过程设计通俗地讲就是策划一个解决现实问题的现成方案，通过结构化设计将各种要素进行整合，创建一个符合逻辑的作业场景，表明对过程规律的一种理解，这时很大程度上就已经决定了过程的有效性和效率。过程设计其实是在问道求法，是过程的修炼，虽为小道，却见微知著。

表 3-2　员工招聘流程

过程指标：新员工及时到岗率				
输入	流程	输出	要求	责任人
人员需求申请表	提出人员需求		1. 每半年最后一个月上旬填写人员需求申请表，说明需求原因 2. 需求部门经理审核 3. 总经理批准	需求岗位上司 需求部门经理 总经理
	需求分析	需求汇总表 招聘计划	1. 分析人员需求，形成需求汇总表 2. 每月 25 号前对人员需求汇总，并附招聘计划 3. 呈交审核和批准	人事主管 人事主管 人事经理、总经理
	需求人员物色	招聘广告	1. 招聘途径包括人才市场、招聘广告、内部物色或推荐和现存资料库寻找。原则是先在现有资料库寻找，再考虑其他途径。对于广告，应物色和确定适合的广告单位，确定广告日期，起草招聘广告稿 2. 广告稿审定	人事主管 人事经理
	约见应聘人员		1. 核实被物色人员的简历，并交需求部门 2. 审阅应聘者资料，确定约见人员 3. 确定约见时间，并向被招聘者说明至少应带资料（如简历、学历正本、身份证），将约见的人员和时间书面通知需求人员上司 4. 约见安排	人事主管 需求岗位上司 人事主管 人事主管
简历、学历正本、身份证、招聘申请表	面谈	招聘申请表 面谈意见	1. 面谈前让应聘者填写招聘申请表，在招聘申请表上编号 2. 面谈时对照各级人员招聘要求判断应聘者是否符合要求。若应聘者有特长，可作为判断的参考。面谈后填写意见	人事资料员 需求岗位上司
应聘测试题	笔试	试题答卷	1. 对合适者要求现场完成应聘测试题，时间不超过 30 分钟 2. 试题的笔试仅作参考。60 分才算合格。部门经理 70 分才算合格	人事资料员
	判断（退回；OK）		1. 综合应聘者条件、面试、笔试的情况决定是否录取 2. 适合者通知进行第二次面谈	人事主管
	第二次面谈		1. 向应聘者交代本公司的工作要求、工资待遇，征询其要求 2. 与其上司交换意见 3. 若双方同意合作，将合适者资料交人事部资料员备案	人事主管
	办理入职手续		1. 通知录取人员，确定上班日期 2. 按入职办理程序办理入职手续	人事资料员
	试用	试用评价报告	1. 试用期为 3 个月 2. 试用期即将结束时填写评价报告 3. 评价报告交人事部备案	该职位的上司 该职位的上司 人事主管
	签订雇用合同	双方签订的雇用合同	1. 双方确认雇用合同后签名认可 2. 合同提交资料室	人事主管
雇用合同	资料保存		1. 不被录取人员的资料保存至少一年，被录取人员的资料保存至少在其离职后三年 2. 每年对这些资料进行统计分析	人事资料员

三、单一过程结构

这里的“单一过程结构”针对的是“最小单元过程”。复杂的东西受众少，简单的东西易理解。为了将一线的操作难度降到最低，过程结构就不能复杂，这里规定统一的结构，如图 3-9 所示。

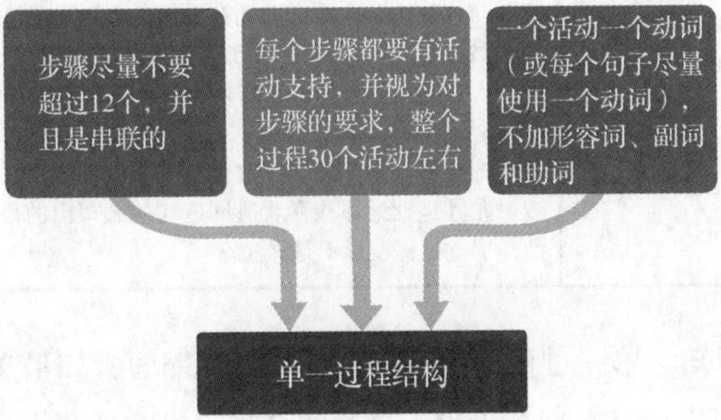

图 3-9　单一过程结构

这是过程简单化设计的一种方法，特点是结构简单、过程简短、句子简化。数字体系不赞成所有的细节都写进过程中（技术过程、工艺过程除外），以保留其敏捷性。表 3-3 是图 3-9 的说明。

表 3-3　单一过程结构的说明

结构	说明
步骤尽量不要超过 12 个，并且是串联的	过程步骤尽量不要超过 12 个的目的是使过程变短，且串联最简单。移动端需要这种界面，过程太长、环节太多、折返复杂不适宜终端作业。若过程在 12 个步骤内遇到并联则要另起一个过程，运行时系统会自动将并联的过程嫁接起来，体系的大结构会专门负责短过程的并联或分支的连接，并内置到平台上 如果过程长，更改的频率就高，就不稳定。“3 × 30”和“30 × 3”的意义是不同的，前者是 3 份很大的文件，后者是 30 份很短的文件，但分摊到每份文件的修改次数差别就很大了。袖珍流程兼顾了灵活性和稳定性，至少感觉上流程变快了，这是互联网环境下的操作特点所决定的
每个步骤都要有活动支持，并视为对步骤的要求，整个过程 30 个活动左右	一个步骤大概有 2 个以上的活动支持，但整个过程控制在 30 个活动左右，是“过程袖珍化”和“过程扁平化”的意思。这就迫使过程设计时以增值活动为主线，将非增值活动减少到最低的限度。总之，短句比长句有效；短文比长篇大论有效

续表

结构	说明
一个活动一个动词（或每个句子尽量使用一个动词），不加形容词、副词和助词	当前文件采用长句的现象非常普遍，“一个活动一个动词（或每个句子尽量使用一个动词）”是采用短句的意思，使其简洁、精确和高效。例如，“收集和分析市场需求信息”的句子中有两个动词，这种写法再正常不过了。但按新的结构去写就要分成两个句子：“收集市场需求信息”和“分析市场需求信息”。在大数据思维下，“收集”与“分析”这两个动词在系统的自动分类功能中就会产生各自的大数据，就知道哪些地方哪些人在进行信息收集，内容是什么；哪些人在进行信息分析，结果如何，哪些地方需要改善 “不加形容词、副词和助词”是不想影响系统对过程的识别，过度的修饰会影响阅读效果，这是“素文”的要求。同时，还能杜绝啰唆，尤其是杜绝那些喜欢遣词造句的人写出的很多无限正确的那些话，毕竟过程设计不是做文章

由表 3-2 可知，单一过程结构其实就是将文件缩短，如果文件篇幅很长或者很多输出就可以将其分成若干份，最怕的是将一份文件写得又长又复杂，输出却只有一两个，这些文件的效率是最低的，更要避免高大上和刻意的高深莫测。

四、过程能力设计

在汽车制造业，先期产品质量策划要求设备的精度要高于产品精度的 1.33 倍以上，以确保质量先天条件的充分性，而不是等不合格品出来后再去做大量的纠正工作。这里将这一概念应用于业务类的过程能力设计上。当过程指标确定后，确定步骤要求时就当作是指标的分解，如表 3-4 所示。

表 3-4 中，过程指标是“10 天内安装完毕”，过程设计的总天数为 8 天，留有余地，这叫“过程能力”设计。这时，过程也可以理解为实现指标的方案，是过程设计的主要内容。过程能力指数习惯上用“Cp”表示，计算公式为

$$Cp=\frac{过程指标}{过程能力} \tag{3-2}$$

在表 3-4 的例子中，用 10 天除以 8 天，Cp 就是 1.25，这是过程指标分解到步骤要求上和岗位上的结果。过程能力设计就是集体能力的预先设定，是过

程结构化的策划，合理的 Cp 为 1.2 ～ 1.33。如果说过程也是生产力，那么，生产力是可以预先策划出来的。

表 3-4　车架报装程序

过程指标：①10 天内安装完毕　②报装满意度 95%　③承诺兑现率 98%				
输入 / 资源	步骤	输出	要求	责任者
1. 顾客资料 2. 报装申请表	1. 资料核对，并录入电脑	1. 合同 2. 合同评审记录	1. 合同填写范本 2. 资料核对无误	营业员
用户编号规则	2. 给顾客编号	用户编号	符合用户编号规则	
	3. 将当日受理合同资料发至设计部		每日 16：30 发送至设计部	
顾客车辆型号	4. 车辆现场测量	车辆测量数据	2 天内完成	工程师
铝材、锯床	5. 材料加工	材料报表	工程完成后上报	材料加工员
车架定位装置	6. 现场车架安装	1. 合格的工程 2. 施工成本	1. 5 天内完成 2. 符合《车架安装工程规范》 3. 施工成本占比不超过总成本的 65%	安装工
	7. 安装验收	验收记录和报告	符合《车架安装验收规范》	检验员 顾客
	8. 收费计算	安装费用	符合收费标准	营业员

第三节　数字体系的文件格式

在现有体系中，流行的文件格式很多，如管理类的、作业类的、技术类的、标准类的。传统的文件格式已经不适合现代环境下的操作，在互联网时代，数字体系有其独特的格式。

一、新业务的文件格式

面对新业务，如果没有现成文件参考，就拿不出具体的作业方法，这时就需要开发个性化的文件，表 3-5 对此会有所帮助。

表 3-5　新业务文件格式

过程名称：ⓐ		编制：	日期：
过程目标：ⓑ			
输入 / 资源ⓓ	输出ⓒ	责任者ⓔ	备注ⓕ

该文件格式的意思很清楚，是基于场景的初始假设，首先确定过程目标、输出和输入，即过程的一头一尾，先不管过程步骤，就是从外部思维（即从系统的角度）去策划过程。在业务初始阶段，关心的内容基本上是输入和输出的问题。表 3-5 填写说明如表 3-6 所示。

表 3-6　表 3-5 填写说明

表格符号	填写说明
ⓐ	填写新业务或新过程名称
ⓑ	确定过程预期结果——目标，这是以结果（业绩）为导向的策划
ⓒ	输出与目标最接近，所以基于目标策划输出，包括输出的顺序和初步的表格设计，同时以后的过程步骤要随输出的顺序走
ⓓ	根据输出策划所需的输入，输出所依赖的输入是一个组合，形成联动。经历几次运行后，输入和输出就会形成标准搭配。例如，有必要填写所需的设备、工具等资源
ⓔ	每个输出都要确定责任者，以便进行跟进
ⓕ	将要求或特别说明填写在“备注”栏上，并在过程执行中不断补充，经历几次运行后，就固定为作业内容，确定关键控制点。这时就开始开发标准单元，且侧重在关键步骤上，标准单元一定要从实践中来

对于新业务，只要过程之间的输入和输出确定了，过程方法就可以自选和多选。如果每个输出涉及不同的岗位，可按表 3-7 进行补充。

表 3-7　输出与岗位关联矩阵表

过程名称：				
输出	责任者			
	责任者 1	责任者 2	责任者 3	责任者 n

当表 3-5“备注ⓕ”充实内容后就转化为“要求”，这时表 3-8 可作为简单的文件格式。

表 3-8　以结果为导向的文件格式

过程名称：		编制：	日期：
过程目标：			
输入 / 资源	输出	责任者	要求

表 3-8 只关心过程的结果，只写要求不写步骤，尤其对步骤非常复杂而结果并不复杂或那些具有灵活性的过程给作业者保留弹性和个性化空间是必要的。只要输出和要求得到控制就有 80% 的把握获得预期的结果。当过程只使用一次的时候，表 3-8 即为控制策划的格式。

二、金龟表文件格式

表 3-5、表 3-7 和表 3-8 是正式作业文件的前身，经过了几番运作后，就过渡到正式文件的格式——金龟表文件格式，如表 3-9 所示。

表 3-9　金龟表文件格式

过程指标：				
输入 / 资源	步骤	输出	要求	责任者

此格式又称为“过程作业票”，具体例子见表 3-4。在我们的实践中，当组织将传统文件套在此格式后会发现很多的先天不足，例如，输入对应不上输出，

输出和步骤没有对应的要求，活动没有对应的责任者等，便能帮助组织进行改善。

三、文件网格格式

在效率上，纯文字的文本是最笨的方式，数字体系的作业文件需要采用“网格格式”。现在，体系建设的先进性不在文件编写的水平上，更不在语文的水平上，而在于合适的数字方式上、在于数字化的程度上。所以，数字体系的建设就要忘记传统，转移到数字化上来。总之，抓住数字化就抓住了体系建设的未来！

数字体系除开发了“金龟表文件格式”外，还开发了适合于互联网下运行的新型文件格式——网格格式，这是对传统文件格式的重大变革，是数字体系的一个显著特色，如表 3-10 所示。

表 3-10 文件网格格式

<table>
<tr><td colspan="11">过程名称：</td></tr>
<tr><td colspan="11">过程指标：</td></tr>
<tr><td rowspan="2">一级活动</td><td rowspan="2">二级活动</td><td rowspan="2">三级活动</td><td rowspan="2">部门</td><td rowspan="2">责任人</td><td rowspan="2">活动类型</td><td colspan="3">输入 / 输出</td><td rowspan="2">周期</td><td rowspan="2">要求</td></tr>
<tr><td>类别</td><td>接口过程</td><td>表格名称</td></tr>
<tr><td rowspan="4"></td><td rowspan="2"></td><td></td><td></td><td></td><td></td><td></td><td></td><td></td><td></td><td></td></tr>
<tr><td></td><td></td><td></td><td></td><td></td><td></td><td></td><td></td><td></td></tr>
<tr><td rowspan="2"></td><td></td><td></td><td></td><td></td><td></td><td></td><td></td><td></td><td></td></tr>
<tr><td></td><td></td><td></td><td></td><td></td><td></td><td></td><td></td><td></td></tr>
<tr><td rowspan="4"></td><td rowspan="2"></td><td></td><td></td><td></td><td></td><td></td><td></td><td></td><td></td><td></td></tr>
<tr><td></td><td></td><td></td><td></td><td></td><td></td><td></td><td></td><td></td></tr>
<tr><td rowspan="2"></td><td></td><td></td><td></td><td></td><td></td><td></td><td></td><td></td><td></td></tr>
<tr><td></td><td></td><td></td><td></td><td></td><td></td><td></td><td></td><td></td></tr>
</table>

下面的截图是软件界面的实例，如图 3-10 所示。

图 3-10 就是用网格格式编制出来的“网格文件”。其实，网格格式是金龟表格式的细化，它不再适合纸张载体，是立足于体系的数字化和碎片化的考虑。之所以称之为文件网格格式，是因为将一个操作文件表达为数行和数列，这意

味着每一行和每一列都可以成为文件的切片被分离出来，成为网络操作下的控制点，包括点对点的对接。在数字体系下，作业者只需要看每个控制点的操作要求就行，所有过程的连接由后台去完成。这样的设计与文件落地设计是同步的，以适应数字时代体系运行的特点。同时，网格文件也为以后体系自动化和无纸化打下基础。

新增　修改　删除　刷新　关闭

当前总行数：27　　占比：0

程序文件	活动分解			责任单位	责任人	活动类型	输入输出	相关记录	周期	标准
	一级分解	二级分解	三级分解	部门			类别			
员工招聘流程	提出人员需求	批准			总经理	A4		人员需求申请	Y	
		将《人员需求申请表》呈交给人事部主管		需求部门	需求部门文员	A6			Y	
	人员需求分析	汇总当月人员需求		人力资源部	人事主管		O1	招聘计划	M	每月25日前完成
		审核			人事经理	A4		招聘计划	M	
		批准			总经理	A4		招聘计划	M	
	需求人员物色	人员物色				A3			R	
		登出招聘广告	确定招聘途径		人事主管	A3			R	原则：先在现有资料库中寻找，再考虑其他途径
			起草广告稿	人力资源部			O6	广告稿	R	
			广告稿审定		人事经理	A4		广告稿	R	
	约见应聘者	核实被物色人员简历			人事主管	A4		求职者资料	R	
		审阅应聘者资料		需求部门	需求岗位上司	A6			R	
		确定约见人员				A2		约定人员名单	R	
		与求职者约见安排			人事主管	A2	O6	约见清单	R	书面通知约见时间及应带资料：简历、学历正本、身份证
	面谈	让应聘者填写《招聘申请表》		人力资源部			I5	招聘申请表	R	面谈前填写完毕，并在《招聘申请表》上编号
		与应聘者面谈			人事资料员	A2	O5	面谈意见	R	具有特长，可作为判断的参考条件
		安排应聘者笔试				A3	I5	试题答卷	R	30分钟

图 3-10　网格文件软件界面实例

采用了文件网格格式后，所有的文件都取消“目的”“范围”“职责”“定义”“附录”“相关文件”“相关记录”这些条目，因为在网格化的文件中，这些内容毫无意义。

四、两种格式的比较

“金龟表文件格式”与“文件网格格式”的用途不同，前者是数字体系前的过渡，可存在于纸张和电子化两种载体中；后者是数字化的正式格式，只能适合电子化和网络化的运作。

在文件编写上，金龟表文件格式较传统文件格式容易，能节省很多时间，编写人员只要经过简单的训练就能掌握，但日后还需要靠人去维护。文件网格格式文件在首次编写时会比较费时，主要的困难点不在于程序的三级分解，而在于分解后的活动数字代码的准确确定，以及用词的准确表达，要求前后之间、系统内不能有矛盾，这是信息系统的属性所决定的。但当完成第一稿后，日后基本上就不需要人去维护了，依靠的是智能维护。

在阅读上，金龟表文件格式比较简洁，而文件网格格式不在于阅读，而在于后台对活动的分配和各种筛选上。我们鼓励文件编写人员从传统格式文件直接过渡到文件网格格式，或者从零开始就直接采用文件网格格式编写。

不过，需要说明一下，不是所有的文件都适合“金龟表文件格式”和“文件网格格式”的，如那些纯技术性的操作文件。

五、过程基本轮廓

过程的基本轮廓不是步骤，而是过程六要素的提炼。很多组织都有现成的作业文件，可以通过表 3-11 去提炼。

表 3-11　招聘过程金龟表

<table>
<tr><td colspan="2">过程名称：招聘过程</td><td>编制：</td><td>日期：</td></tr>
<tr><td colspan="4">1. 过程指标：（1）招聘计划完成率；（2）上岗达标率</td></tr>
<tr><th>输入 / 资源</th><th>方法</th><th>输出</th><th>责任者</th></tr>
<tr><td>1. 人员需求申请表
2. 应聘人员的简历
3. 招聘申请表
4. 应聘测试题
5. 雇用合同

ERP 软件（资源）</td><td>招聘流程</td><td>1. 需求分析方案
2. 招聘广告
3. 面谈意见
4. 试题答卷
5. 使用评价报告
6. 双方签订的雇用合同
7. 指标达成数据</td><td>1. 人事主管
2. 人事经理
3. 人事资料员
4. 技术部技术员</td></tr>
</table>

这时的金龟表就是还原出过程的基本轮廓，其实就是首先检讨过程的输出是什么，是下游过程需要的吗？本过程需要哪些输入？就是关注和检讨过程的边界——输出和输入。在体系中，过程即便没有步骤，只剩下输入和输出，体系也能保持运行，尤其在互联网讲究对接的环境下，这点更为明显。这就是过程的外部思维，边界条件决定过程内容，由外部引导内部。

金龟表填写说明如表 3-12 所示。

表 3-12　金龟表填写说明

过程 5 要素	填写要求
准则（Criterion）	• 填写过程目标或指标
输出（Output）	• 按过程的顺序列出所有的输出，这些输出一定是该过程产生的，如计划、报表、报告、记录、文件等 • 如果直接在输入上增加内容所产生的输出，则输入和输出会出现相同的名称
输入 / 资源（Input/Resources）	• 按过程的输出顺序列出所有的输入，这些输入一定是其他过程或组织外的输出，如法律法规、顾客要求、计划、报表、报告、要求等 • 过程的中间输出成为过程下一活动的输入时，该输入可以不填写 • 资源只有动用到特别的转换工具或设备时才填写，如软硬件、数据中心、租用的平台
方法（Method）	• 填写作业文件名称 • 若所填写作业文件还有支持性文件，可以不填写
责任者（People）	• 过程的每个活动和输出都要填写责任者，不填写责任部门，以便能追溯到唯一的责任人 • 主要的责任者要用特别的字体（如加粗）或其他适宜的方式表示

第四节　数字词典

组成体系是过程，组成过程最小的颗粒度是“词”，过程数字化就要细化到这个层面上。细化是标准化的基础，标准化是数字化的基础，数字化是数据化的基础，数据化是智能化的基础。在数字体系中所有的用词都看成“符号”。根据“一切皆可数字”的原理，所有符号都可数字化。大哲学家亚里士多德曾经说过：语言是思想的符号，文字是语言的符号。当前人类的思想是在符号系统上运行的。符号创造了语言，语言创造了思维。符号数字化必然导致标准化，且是零级标准化——根标准。

一、统一用词和术语

“词”分“常规用词”和“专业用词”。常规用词在词典中可以查到；专业用词叫“术语”，由专门机构去定义，如果是组织自创的则由组织定义。

为了确保语义的唯一性，对同义词、近义词只能采用一个，如“公司、组织、单位、企业”，“上级、上司、领导、直接上司、主管领导”，“供应方、供方、材料方、分供方、承包方”等。统一用词，就是我们常说的口径一致，这样才能给予唯一的数字编码。所以，体系数字化首先就要完成这个基础性工作：用词标准化，建立组织的“数字词典”。在词典中，统一术语，给出定义，将体系涉及的所有用词包括用词的标准搭配进行数字编码。

统一术语须考虑以下几点。

» 专业用词的定义。
» 简写、缩写的含义或解释。
» 意义不明确或容易产生异议的用语的解释。
» 不是众所周知的用语的解释。
» 不同领域可能有不同含义的用语的解释。
» 对外业务用语的统一。
» 术语定义不能与公认的概念或惯例相冲突。
» 术语不宜采用俗称。
» 国际标准化组织已有定义的术语就不再去产生自己的定义。

二、术语的数字编码

国际标准化组织在对术语进行定义时都有术语的数字编号。当术语的定义涉及其他术语时就会显示这些术语的数字编号。例如，以下术语的定义。

3.3.4　管理体系（Management System）——组织（3.2.1）建立方针（3.5.8）和目标（3.7.1）以及实现这些目标的过程（3.4.1）的相互关联或相互作用的一组要素。

3.7.1　目标（Objective）——要实现的结果。

可见，有编号的术语插入到另一个术语的定义后，被定义的术语仍然是完整的，语句是通顺的，相互代入就避免了相互定义的现象，确保了定义的唯一性。所以，所有国际标准体系都有它们的母本——术语。

用词的数字编码比较简单，码长是最短的。只要确保用词的唯一性，那么就能做到数字化，文件就变为数字语言、数字文本，就是数字的排序，就像电报文本那样，大数据将会协助我们进行词、句、段的匹配，就能够给出很多的数字答案。唯一性是数字化有效性最基础的工作，也是体系智能化的基础，尤其面临数个不同信息系统的开发、整合和运行时，此基础性的作用尤为明显。

有一个程序员为了搞清楚民谣歌手在唱些什么，就利用爬虫技术爬到大约42万字的民谣歌曲的歌词，再解析出每个词出现的频率，最后得出民谣歌手情绪的发力点、喜爱的城市、不同季节喜欢的歌曲等。歌词的大数据还会知道各地区不同的人的情感认知。这对于词作者创作歌词、歌手和听众选择歌曲都具有非凡的指导意义，并且十分有趣。

数字词典的范围除了体系用词外，还可以涉及数据规范，如数据定义、数据单位、数据编码、数据的交换格式、数据同源规则、计算公式、算法等。表3-13是数据资产编码规范，是华为的参考例子。

表3-13　数据资产编码规范

数据资产大类	数据资产子类	定义 / 描述
业务元数据	主题域分组	公司顶层信息分类，通过数据视角体现公司最高层面关注的业务领域
	主题域	互不重叠数据的高层面的分类，用于管理其下一级的业务对象
	业务对象	业务领域重要的人、事和物，承载了业务运作和管理涉及的重要信息
	逻辑实体	描述业务对象的某种业务特征的集合
	属性	描述所属业务对象的性质和特征，反映信息管理最小粒度
	数据标准	用于描述公司层面需共同遵守的属性层数据的含义和业务规则，相关标准一旦确定且发布，全公司范围内需严格遵守
技术元数据	数据库	按照数据结构来组织、存储和管理数据仓库
	Schema	数据库对象的集合，一个用户一般对应一个Schema
	表	分为物理表和虚拟表，物理表为数据库的核心组件，由行和列组成。行包括若干列信息项，行数据称为一个或一条记录；列又称为字段，用于描述相关数据的特征 虚拟表基于物理表进行定义，用于提供数据服务，但不实际存储数据，其数据使用方式和物理表一致
	字段	表中的列信息

数字可以再生自己，体系数字化后在系统中的文件就能原装再生、自翻译、自还原和自恢复；同时，系统的记忆功能会对具有数字编码的活动进行运行记忆，一旦有异常进入便会自动地通过校验、预警、提示、预防等手段加以排斥，或者叫“数字拦截”。

三、词组、句子与连接

“词组”在数字体系中是两个或更多词的固定搭配，当然还要遵守构词法则，比如动宾结构之类。一组词和词组依语法结构又组成“句子”，一组句子按顺序关系又组成“文件”，一组文件按逻辑结构又组成“体系”。体系就是将我们的管理意图、想法固化在载体上。

关于句子，数字化的文件会将“段”分解成句子，当文件之间相互引用时就可以直接连接到被引用的句子上了，要将一个文件看成具有内在和外在联系的数字文本，或者是作业内容具有数字序列的超级文本，程序就变为动作的数字指令。

当将每一个词用数字符号表示后（类似于电报的密码本），信息系统的自动识别功能就会形成大数据，同时，这也是实现搜索功能的基础。当前，尽管我们经常在公开的搜索引擎上或者专门的搜索系统上搜索我们想要的信息，但最大的痛点是很难做到精准搜索和推送，所声称的智慧搜索仅停留在功能上而不是在精准上，导致大数据被基准引导错了。但是对于一个组织而言，用词唯一性将涉及一个系统的完整性及其执行效率，而组织内部是完全可以做到这一点的。

在网站营销的操作中，SEO 排名就是通过关键词的连接找到目标顾客的一种技术。在数字体系中则要开发类似的技术，以适合于文件之间、点对点之间、移动端之间的连接。由于分散性操作的原因，不可否认的现实是，直接进入段落级、语句级、关键词级的操作的频率越来越高，故此，词、句子的连接及这方面规则的标准化，包括标准符号、文字符号、通用性符号就成为数字体系设计的重要内容，这将会大大降低执行和理解的成本。当搜索作业可以自动完成这方面的连接或匹配时，工作效率就会大幅提升，就体现出数字标准化的巨大优势来。

数字文件是互联程度很高的文件。名称、词和词组标准化和数字化后，最后会反映在作业文件的设计上。词、词语连接到搜索引擎上，而句子则连接到文件之间的接口上，在文件范围内产生的知识又连接到知识平台上，这个知识平台又与外部搜索引擎连接。这样就完成了整个体系文件的数字化连接。此原理可以通过超链接方式延伸到体系其他方面的数字化，如法规条文数字化、图片数字化、常用符号数字化、格式数字化、管理单元数字化上、文件碎片数字化、活动数字化等。其实这项工作已经有现成的数字化工具，如二维码技术、编码和解码技术、编译器等。还有一种工具是专门处理日志的，为 ELK（Elasticsearch Logstash Kibana），其具有文本索引、文字处理、节点信息访问、日志传输等功能，是分布式的架构，处理的信息量非常大。管理体系常用词经过整理和精简后，不过在 3500 个左右，加上组织专业用词通常也很少超过 5000 个。处理这样的词量相对于 ELK 的分词、数字词典、全文检索等强大功能而言就轻而易举了，所需的功能也简单许多，毕竟数字体系所要求的数字词典的用途不同于 ELK。

第五节　过程风险数字化

数字经济，机会当前，更加凸显了变幻莫测的时代特征——VUCA［V 代表 Volatility（易变性），U 代表 Uncertainty（不确定性），C 代表 Complexity（复杂性），A 代表 Ambiguity（模糊性）］。数字体系需要建立“风险思维”，以确保在数字化转型中守住基本盘。《周易・既济》说：“君子以思患而豫防之。”孙子也说：“未虑胜，先虑败。”《墨子・七患》又说：“心无备虑，不可以应卒。”可见，风险思维早在春秋战国时期就提出来了。任正非说，华为一直致力于思考应对失败的办法；张瑞敏要求海尔要注重“问题管理”，把企业出现的任何危机消灭在萌芽阶段。很多商界领袖都遵循着古训。

风险是不确定性的影响，而过程风险是不确定性对过程的影响。这里的“影响”是指对偏离预期结果所产生的影响。“不确定性”是对某个事件的结果因缺乏认知而无法掌握的状态。对于不确定性，正面是机遇，负面是风险，风险思维就是宁可十防九控。德鲁克认为，应该专注于“风险”并非“机遇”。

既然，做任何事情都是通过过程去完成的，那么防风险的能力就集中在过程上了。有一个原理：任何过程都可能会出错，那么任何过程都会有风险，任何过程都要控制。新过程方法认为，要确保稳健经营，就要在过程设计时将风险一并考虑，从源头上采取预防措施，使错误止于未发之前，也就是说，过程设计的核心在于事前预防而非控制。这就是基于风险思维的过程策划，只有这样才能确保管理体系的有效运行。如管理大师德鲁克所说，管理得好的组织总是很单调的，没有激动人心的事，那是因为那些可能发生的危机都被预知了并转化为例行的作业了。

一、过程风险识别及其数字代码

过程风险源于出错、漏洞或脆弱点，但我们预先不知道何时犯错，也不知道漏洞和脆弱点在哪里，这就是风险不确定性。过程风险识别和预测的实质就是企图确定风险不确定性，预测工具主要有概率计算、故障树分析等。

不过，这里采用的是“逆向思维法”。所谓逆向思维法就是过程初始设计时，向可能犯错的而不是理想的方向去思考的方法，即从坏处考虑才能争取到最好的结果。为使不确定性可预知，就预先将过程可能发生的错误或漏洞识别出来，不管它发生过还是未发生过，先假定会发生，并称为“风险点”。为避免做过多无谓的工作，采用逆向思维法时，最有可能存在的风险点（潜在错误）大都可以从经验和常识中去识别，然后给出数字代码，如表 3-14 所示。

表 3-14　文件管理潜在风险

过程功能	潜在风险点	风险数字代码
让使用者及时得到所需的文件	新文件没有完成备案	753-1
	没有及时发布文件	753-2
	略	略
确保文件得到正确使用	技术文件没有保密标识	753-3
	越权操作	753-4
	文件没有分类	753-5
	略	略

这是防止风险出现的第一步。如果风险点很多，就要抓重点，尽管人们不可能将过程错误或漏洞全部都找出来，但这种方法可大幅度降低犯错的机会。表中每一个风险点都有对应的一个风险数字代码。以后，管理中出现的任何错误，信息系统都会显示错误代码，遇到高风险级时就自动关闭操作或者亮出红灯。用错误代码去进行风险控制在航天航空、军工产品、高科技产品及安全产品上已经得到广泛的应用。

然后，设计阻止风险点出现的措施，事前就将漏洞堵住，如果没有把握能堵住就要提前设计好应急预案。出现意外纯属正常，因为人不是神仙，对事物的发展不可能未卜先知，只能根据经验和知识对事物进行当前的分析和判断，这过程难免有错，但人的能力可以做到不犯第二次同样的错误。

其实就是预先排除通往成功路上的障碍，这样反而容易达到预期的目的。过去的习惯都是想当然的过程设计，等发生问题后再去修改文件。当然，从不确定性去考虑过程设计，就一定会增加难度，但如果不这样做，组织承受风险的代价就会很高，就要等风险出现后再去做补救。现代组织很难承受高风险的代价，可能连倒下了爬起来再战的机会都没有，这就需要组织在过程设计时规避风险，这才是真正的源头管理。

过程风险识别后，就要在相应活动上进行风险标注，这样就能通过信息系统对风险进行实时监控，知道过程错误发生的概率，并可设定风险阈值。当过程的风险序数值（RPN）超出阈值时，相关人员就获得通知，提前启动预先设计好的风险预防措施，从而实现过程风险的实时自动监控，进一步还可以建立过程异常模型。

二、过程风险的预防措施设计

以前，进入高速公路的引道是直的，由于很多司机进入时不减速，就频频发生交通事故。于是交通部门就在引道前放置减速的警示牌，但还是有事故发生。后来就把直的引道改为弯道，迫使汽车减速，事故就杜绝了。这个弯道的设计就是防错设计，从源头杜绝问题发生。高速公路有很多类似这样的防错设计，所以交通事故是很少的，即便出了事故，也不是路的问题，而是司机或者是车本身的问题。这个道理说明依赖自觉性、人性去约束行为会有很大的风险，即便只有很少一部分人不自觉，事故数量的印象也会被放大，所以道路设计是约束行为而不是思想。如果在道路的某个地方频繁地发生交通事故，那一定是道路设计有问题。同理，如果作业经常出现问题，那一定是作业的设计有问题，过程设计不好是问题经常发生的源头。所以，过程设计的出发点是预防错误，是预防措施的设计，且是决定过程有效性的设计。如果将高速公路比喻为业务过程，在过程设计时将防错措施也设计进去，那么我们的体系就具备了预防风险的功能。这是应对未来风险的最好方法。将预防措施引入到过程设计中是ISO9001：2015标准提出的观点，是国际标准化组织经过多年的探索后对过程技术的又一贡献。一个强健的体系应该是具有预防功能和免疫功能的。詹姆斯·哈林顿也认为，流程改进（BPI）是一种以预防为导向，从源头上防止错误产生的方法。所以，风险管理不是要牺牲效率，不是增很多的监控环节。

体系失效是由多个局部失效引起的，而建立一个具有预防问题发生的体系就要从组成体系的过程入手，只有每个过程都稳健和可靠、不出错，体系才能起到保驾护航的作用。

所以，防止错误在过程运行时出现就成为过程设计的重点。表3-14的风险点识别出来后，相应的预防措施的设计如表3-15所示。

表3-15 文件控制过程潜在风险点和预防措施

序号	潜在风险点	风险数字代码	预防措施
1	新文件没有完成备案	753-1	下班前检查新文件是否备案
2	没有及时发布文件	753-2	在网上审批和发布文件，并设置各种文件审批期限
3	技术文件没有保密标识	753-3	对技术文件的机密性定义“绝密”“机密”和“公开”3个等级，按3个等级进行标识
4	越权操作	753-4	设定文件阅读、编制和审批权限，并设置个人权限密码
5	文件没有分类	753-5	按文件的性质进行分类，并编制《文件分类等级》

这些预防措施将成为过程的组成部分，编制的文件就是防错文件，就能确保过程有效，这就是基于风险思维的过程设计，是逆向思维的文件编写方法。

预防措施设计还须考虑以下原则，如表 3-16 所示。

表 3-16　预防措施的设计原则

规避风险设计原则	说明
制衡原则	在互不隶属且权限等级一样的各方，当存在工作关系又没有制约时就存在风险，这时就要将彼此的部分工作进行交叉设计，使之互相牵制
分权原则	在一连串的活动中，权力高度集中在一个岗位上时就会产生风险，就要进行分权设计
分散原则	当在封闭的环境下，信息集中在一个人手上的时候就存在风险，就要进行分散的设计，分担风险
专业与行政分离原则	行政职权不能干预专业分工；行政职责不能审批专业内容，即行政职责与专业职责分离原则
保守原则	当预知的风险有几种可能时，以最坏的情况去设计应对措施
从严原则	当没有判定标准或标准不明确时，可放可不放，就不放；当不知道风险后果，可以有多种预防措施时，应采取最严厉的预防措施
输出把关原则	过程的输出，只要是接口的都要经过核对、审阅、评审、审核等把关后才能发出，尤其是关键输出更要规定审批的层级

三、过程要求的开发

很多组织在设计过程时都只专注于步骤的设计，忽略了过程要求的开发。这是普遍现象。没有过程要求就不能称为标准化，开发过程要求的目的是使过程有个符合性的判定依据。

对于新开发的过程，过程要求是根据控制的需要策划出来的，针对的对象是过程要素。所以，先填写过程要素，再填写过程要求，如表 3-17 所示。

表 3-17　过程要素与过程要求

过程要素	过程要求	风险点
文件发放	新文件当天完成备案	当天未完成新文件备案
	按《文件编号规则》编号	没有按《文件编号规则》进行编号
	管理文件 4 小时发布，技术文件 2 小时发布	没有在规定时间内及时发布文件
文件保密	技术文件按“绝密”“机密”和“公开”三级进行标识	技术文件没有按“绝密”“机密”和“公开”3 个等级进行标识
	不许越权操作	越权操作

续表

过程要素	过程要求	风险点
编制文件清单	文件清单要有版本、文件编号	文件清单没有版本、文件编号
	每月更新文件清单	每月没有更新文件清单

过程要求的反面就是风险点（潜在错误）。什么是错误？国际标准化组织（ISO）的定义是：不符合规定要求。既然这样，我们就可以对过程的要素预先规定要求，“要求的反面”就能推导出潜在的错误，这是一种识别风险点比较简便的方法。

对于现有的过程，可以通过表 3-18 去检讨过程要求的充分性，潜在错误（风险点）的正面就能开发出过程要求来，即逆向推导出过程要求，同时开发出预防措施。

表 3-18　潜在过程错误与过程要求

序号	过程要求	风险点	预防措施
1	新文件当天完成备案	新文件没有完成备案	下班前检查新文件是否备案
2	管理文件 4 小时发布，技术文件 2 小时发布	没有在规定时间内及时发布文件	在网上审批和发布文件，并设置各种文件审批期限
3	技术文件要有保密标识	技术文件没有保密标识	对技术文件的机密性定义“绝密”“机密”和“公开”3 个等级，按 3 个等级进行标识
4	不许越权操作	越权操作	设定文件阅读、编制和审批权限，并设置个人权限密码
5	对文件进行等级分类	文件没有按等级进行分类	按文件的性质进行分类，并编制《文件分类等级》

我们假设表 3-18 中风险点的两边最初都是空白的，那就以风险点为关注要素，向左边延伸是开发过程要求，向右边延伸是开发预防措施，如图 3-11 所示。

图 3-11　基于风险点的过程要求和预防措施的开发

这时，表 3-17 就具有检讨、补充和完善过程要求和增加预防措施的功能。前文讲过，过程有 6 个要素，每个要素都可以分解出很多内容，如果都一一分析风险显然是不可能的，也没有这个必要，但涉及重要输出、重要活动和关键设施的分析是必不可少的。分析如果不想用复杂的技术，可参照表 3-19 的参考准则。

表 3-19 重要的输出、活动和设施判断参考准则

重要输出判断准则	重要活动判断准则	重要设施判断
1. 涉及顾客的重要信息 2. 方案、计划 3. 合同、协议 4. 影响经营的报表 5. 机密资料	1. 涉及违反法律法规的活动 2. 涉及安全事故的活动 3. 影响目标指标实现的活动 4. 重要的输出所对应的活动	1. 影响顾客感受的设施 2. 影响业务连续性的设施 3. 瓶颈设备

四、过程失效数字化

过程失效即过程错误。有一种有效的风险分析工具叫“失效模式和后果分析”（FMEA），其原理其实就是将总结出来的经验通过数字化的方法对风险进行分析。这一工具在工业上已被广泛应用，这里也尝试将它的原理应用于过程设计。表 3-20 就是应用 FMEA 原理的案例。

从表 3-20 中看到，“预防措施”一栏有很多地方是空白的，说明有些风险点未得到预防，过程有漏洞，这时就要在表 3-20 的“过程优化措施”栏处设计应对措施。措施经验证后重新打分，使风险措施优先级（AP）能接受，确保漏洞被堵住，这时就将它们移到“预防措施”栏处，成为过程操作的一部分。

过程失效数字化是通过失效后果严重度（Severity，S）、失效频度（Occurrence，O）、失效控制度（Controllability，C）以及风险措施优先级（AP）的评定准则去实现的。

表 3-21 是过程失效后果严重度的评定准则。

表 3-20 过程风险分析案例

过程名称：文件管理过程				目标：①文件及时发放率 99% ②文件受控率 99.5%				编制：				编制日期：				
过程要素	过程要求	风险点	风险代码	风险后果	严重度(S)	级别	犯错机理	频度(O)	预防措施	控制度(C)	AP级别	过程优化措施	措施结果			
													S	O	C	AP
文件发放	新文件当天完成备案	当天未完成新文件备案	753-1	急需文件时影响查阅	3		新文件集中在下班前送到	3		10		• 外来文件下班前半小时停止接收，除非紧急文件 • 各部门电脑录入新文件替代登记，并联网查阅	3	3	2	18
	按《文件编号规则》编号	没有按《文件编号规则》进行编号	753-5	造成查找文件困难	4		不理解文件编号的含义	3	文件发布前由发文单位检查编号是否正确	3	L					
	管理文件 4 小时发布，技术文件 2 小时内发布	没有按规定时间及时发布文件	753-2	造成现场使用过时文件，耽误生产	7	▼	文件审批时间过长	4		10	H	网上审批和发布文件	7	2	2	L
文件保密	技术文件按“绝密”“机密”和“公开”3 个等级进行标识	技术文件没有按“绝密”“机密”和“公开”3 个等级进行标识	753-3	公司机密泄露，会造成重大事件	9	▼	有些文件在发放前不易界定是否属于技术文件	3		10	H	由专业人员界定各类技术文件的定义	9	2	3	L
	不许越权操作	越权操作	753-4	造成文件内容泄露	8	▼	岗位调动后没有及时更新权限设置	3	定期检查权限设置	3	L					

7 分以上为关键控制点，并且要用“▼”符号表示。打分准则见表 3-21

针对失效起因的频次打分，打分准则见表 3-23

AP 级别的确定见表 3-25

打分准则见表 3-24

表 3-21　过程失效后果严重度的评定准则

后果	过程失效后果评定准则	严重度（S）
过程完全失效	• 违反安全法律法规并危及安全行为	10
	• 违反不涉及安全的法律法规 • 导致严重事件（如群诉、赔偿、违约、重大经济损失）	9
过程基本失效	• 导致不能满足顾客的重要要求、无法提供产品（或服务中断）、顾客非常不满意 • 导致目标、指标、承诺无法实现 • 导致下一过程停止运作 • 导致较严重事件	8
	• 导致不能满足顾客的重要要求、严重影响产品提供、顾客不满意 • 影响目标、指标、承诺的实现 • 严重影响下一过程运作	7
过程局部失效	• 导致没有满足顾客次要要求、影响产品提供、对顾客满意造成一定影响 • 严重影响效率	6
	• 过程存在明显缺陷 • 影响效率，增加成本，影响下一过程运作	5
过程轻微失效	• 过程存在缺陷、运作不畅顺，或造成麻烦	4
	• 过程有所不便	3
很轻微的失效	• 主观感受不如意	2
无影响的失效	• 无可辨别的后果	1

表 3-22 是设备失效后果严重度的评定准则。

表 3-22　设备失效后果严重度的评定准则

后果	设备失效后果评定准则	严重度（S）
不符合安全或法规要求	影响安全和不符合安全法律法规。失效发生时无警告	10
	影响安全和不符合安全法律法规。失效发生时有警告	9
主要功能丧失或降级	设备的主要功能丧失，无法服务提供	8
	设备的主要功能降低，严重影响服务提供	7
次要功能丧失或降级	设备的次要功能丧失，影响服务提供	6
	设备的次要功能降低，造成服务不便	5
烦扰的问题	噪声、耗能、污染、增加成本等	4
	运行信号不好，感觉不舒服等	3
	外观不良、污垢、异味等	2
没有影响	影响可以忽略	1

表 3-23 是失效发生频度的评定准则。

表 3-23 失效发生频度的评定准则

失效发生的可能性	可能的失效率		频度（O）
很高：持续性失效	每 1 个月发生 1 次	每 5 次≥1 次	10
	每 3 个月发生 1 次	每 10 次 1 次	9
高：经常性失效	每 6 个月发生 1 次	每 20 次 1 次	8
	每 9 个月发生 1 次	每 50 次 1 次	7
中等：偶然性失效	1 年发生 1 次	每 100 次 1 次	6
	2 年发生 1 次	每 200 次 1 次	5
	3 年发生 1 次	每 500 次 1 次	4
低：很少发生失效	4 年发生 1 次	每 1000 次 1 次	3
	5 年发生 1 次	每 2000 次 1 次	2
极低：没有发生失效	未发生	通过防错消除失效	1

表 3-23 有两种评分依据，“可能的失效率”一栏的左边分栏是针对新过程，根据经验打分；右边分栏是针对现有过程，在数据基础上打分。

控制措施是否能将风险点控制住，即措施的可靠性程度，表 3-24 给出了失效控制度的评定准则。

表 3-24 失效控制度的评定准则

控制能力	控制方法成熟度	控制度（C）
极低	没有预防或监视方法，无法控制或发现犯错	10
非常低	凭经验发现犯错	9
低	行为控制，成熟的经验发现犯错	8
	行为控制，成熟的经验发现犯错起因	7
中	以行为控制为主兼技术控制发现错误	6
	以行为控制为主兼技术控制发现错误起因	5
高	以技术控制为主兼行为控制，可靠地发现犯错	4
	以技术控制为主兼行为控制，可靠地发现犯错起因	3
非常高	最佳实践，应用了防错技术，或有组织标准控制犯错或犯错起因	2
极高	防错技术可靠，或有国家标准控制犯错或犯错起因	1

对于过程失效的评分准则，每个组织可以根据自己的需要而定。

风险措施优先级（AP）是 S、O、C 的组合，如表 3-25 所示。

表 3-25　风险措施优先级（AP）

影响	S	对犯错机理发生的预测	O	控制能力	C	AP 等级
影响度非常高	9～10	非常高	8～10	低—非常低	7～10	H
				中	5～6	H
				高	2～4	H
				非常高	1	H
		高	6～7	低—非常低	7～10	H
				中	5～6	H
				高	2～4	H
				非常高	1	H
		中	4～5	低—非常低	7～10	H
				中	5～6	H
				高	2～4	H
				非常高	1	M
		低	2～3	低—非常低	7～10	H
				中	5～6	M
				高	2～4	L
				非常高	1	L
		非常低	1	非常高—非常低	1～10	L
影响度高	7～8	非常高	8～10	低—非常低	7～10	H
				中	5～6	H
				高	2～4	H
				非常高	1	H
		高	6～7	低—非常低	7～10	H
				中	5～6	H
				高	2～4	H
				非常高	1	M
		中	4～5	低—非常低	7～10	H
				中	5～6	M
				高	2～4	M
				非常高	1	M

续表

影响	S	对犯错机理发生的预测	O	控制能力	C	AP 等级
影响度高	7～8	低	2～3	低—非常低	7～10	M
				中	5～6	M
				高	2～4	L
				非常高	1	L
		非常低	1	非常高—非常低	1～10	L
影响度中等	4～6	非常高	8～10	低—非常低	7～10	H
				中	5～6	H
				高	2～4	M
				非常高	1	M
		高	6～7	低—非常低	7～10	M
				中	5～6	M
				高	2～4	M
				非常高	1	L
		中	4～5	低—非常低	7～10	M
				中	5～6	L
				高	2～4	L
				非常高	1	L
		低	2～3	低—非常低	7～10	L
				中	5～6	L
				高	2～4	L
				非常高	1	L
		非常低	1	非常高—非常低	1～10	L
影响度低	2～3	非常高	8～10	低—非常低	7～10	M
				中	5～6	M
				高	2～4	L
				非常高	1	L
		高	6～7	低—非常低	7～10	L
				中	5～6	L
				高	2～4	L
				非常高	1	L

续表

影响	S	对犯错机理发生的预测	O	控制能力	C	AP 等级
影响度低	2～3	中	4～5	低—非常低	7～10	L
				中	5～6	L
				高	2～4	L
				非常高	1	L
		低	2～3	低—非常低	7～10	L
				中	5～6	L
				高	2～4	L
				非常高	1	L
		非常低	1	非常高—非常低	1～10	L
没有可觉察的影响	1					

在表 3-25 中，“H”级别的就要采取过程优化措施以降低风险；“M”级别的建议采取优化措施；“L”级别的不去考虑措施。严重度（S）达到 7 分以上的就是过程的关键控制点；9 分以上的，只要技术条件许可，不管 AP 级别如何都要采取优化措施。

根据表 3-25 对严重度（S）的划分，共有 4 个等级：9～10、7～8、4～6 和 2～3。这可定义为过程缺陷的 4 个等级，分别用 A、B、C、D 去代表。A 类过程缺陷是不能出现的，因为涉及法规和安全；B 类过程缺陷会严重影响顾客满意度，也不应该出现。

AP 表的组合原理首先是基于 S、O 的组合，此组合称为“漏洞”或“隐患”，说明过程有崩溃的可能；其次是 S、C 的组合，称为“牛鞭效应”，说明错误被放大后过程有失控的可能。这两个组合的特点见表 3-26。

表 3-26　S、O 组合与 S、C 组合的特点

单位：分

S	O	C	说明
9～10	4～5	1～10	这样的组合的结构都是 H，表示可以不去管 C
7～8	4～5	1～10	这样的组合的结构大部分是 H，基本不会去管 C
7～8	2～10	7～10	这样的组合的结构都是 H，表示基本可以不去管 O

当遇到表 3-27 这样的组合时，就要预先设计好应急措施或补救措施。

表 3-27 S、O 组合与 S、C 组合要采取措施的临界点

单位：分

S	O	C	说明
9 ~ 10	—	—	只要技术条件许可就要采取改进措施，而不管 AP 值是什么
7 ~ 8	≥ 5	—	如果技术条件不许可，则预设应急措施
7 ~ 8	—	≥ 5	准备好补救措施

如果不具备消除临界风险或风险的技术条件，则要考虑风险隔离或转移。

过去是通过计算风险系数（RPN）值去评价失效风险的，因为其存在评价的缺陷，就被表 3-25 替代了。这里也提供表 3-28 作为参考。

表 3-28 风险系数（RPN）值计算

严重度（S） 1 ~ 10 分	频度（O） 1 ~ 10 分	控制度（C） 1 ~ 10 分
5 分为中等风险	5 分为中等风险	5 分为中等风险
RPN 的风险范围［1，1000］ 中等风险为：RPN = S × O × C = 5 × 5 × 5 = 125。超过这个值要采取优化措施		
通常都采取保守原则，严重度（S）取 4 分，则： RPN = S × O × C = 4 × 5 × 5 = 100 这时超过这个值要采取优化措施 如果严重度（S）是 7 分，保守原则扩展到频度（O），也取 4 分，则： RPN = S × O × C = 4 × 4 × 5 = 80 超过这个值要采取优化措施 如果严重度（S）是 9 ~ 10 分，保守原则扩展到控制度（C），也取 4 分，则： RPN = S × O × C = 4 × 4 × 4 = 64 超过这个值要采取优化措施		

一个组织有很多过程，不提倡所有的过程都进行风险分析，针对顾客导向过程、关键过程的分析是必要的，并且也不是所有的步骤都分析。从原理上讲，任何过程都存在风险，但不等于不去执行，吃饭也有可能被噎着，但不能因噎废食，关键是要知道失效发生的可能性、严重性及可控性。

表 3-21 ～表 3-24 的过程风险数字化方法是借鉴了 FMEA 技术开发出来的。

服务过程也可应用 FMEA 原理，我们叫“一次做好”技术，下面给出一个服务过程风险分析的案例，如表 3-29 所示。

表 3-29　报事处理过程风险分析

单位：分

过程名称：报事处理				编制：					日期：				编号：						
过程功能：确保客户报事及时和有效得到处理								过程目标或指标：1. 户内 1 天内处理完毕　2. 户外 3 天内处理完毕　3. 处理满意度 95%　4. 及时结案率 98%											
过程要素	服务要求	风险点	风险代码	风险后果	严重度(S)	级别	犯错机理	频度(O)	预防和监控		控制度(C)	AP	建议措施	完成日期	措施结果				
									预防措施	监控措施					措施验证	S	O	C	AP
业主报事	按《窗口服务标准》接待顾客	没有按《窗口服务标准》接待顾客	B-201	业主感受不好，影响顾客满意程度	5	—	《窗口服务标准》不清晰，不容易熟悉和记忆	4	每半年修改一次《窗口服务标准》	修改后的评审	3	L	—	—	—	—	—	—	—
报事单	接到报事后，同时填写《报事单》，并明确服务时间	接到报事后，没有及时填写《报事单》	B-202	影响承诺达成	7	▼	接报事时，同时处理其他事情	3	—	—	10	H	接报事时严禁同时处理其他事情	4 月 10 日	基本消除填写《报事单》滞后现象	7	3	4	L
		预约服务时间不明确	B-203	顾客非常不满	8	▼	很难明确责任部门，不能及时给出服务时间，导致值班员随意答复	4	报事分类，接到报事后按报事分类联系责任部门，明确服务时间	—	3	M	—	—	—	—	—	—	—
							时间紧时，口头预约时间太随意	5	—	—	10	H	不管什么情况，严禁随意承诺服务时间	4 月 10 日	基本没有随意承诺服务时间	8	3	2	L
	20 分钟内将《报事单》通知责任部门	超过 20 分钟还没有通知责任部门处理	B-204	延误报事处理，影响承诺达成	7	—	恰巧遇到业主询问其他事情时超过 20 分钟	4	—	—	10	H	在软件上设置 2 分钟触发警示	5 月 10 日	基本不会出现 20 分钟内不转发的现象	7	2	2	L
客服空调	室温 26℃	室温小于 26℃	B-205	耗电，导致成本增加	4	—	温度设定错误	2	预先将温度设置好，并贴上封条，提前 15 分钟开机	每月巡检一次	2	L	—	—	—	—	—	—	—
	室内通风 $45m^3/h$	通风不够 $45m^3/h$	B-206	通风不够，导致业主感觉不适	4	—	隔尘栅被堵塞	3	每 3 个月清洗一次隔尘栅	—	3	L	—	—	—	—	—	—	—

第六节　数字体系赋能

如果我们将过程看成是生产力，那么数字体系的过程设计将提升这个生产力，因而组织通过过程去表现组织能力的愿望就成为建立数字体系的动力。最后数字体系将有什么作用呢？用最简单的话概括就是：聚能和赋能。当前还找不到比这个概括更贴切的表达。

一、体系聚能

毫无疑问，人是自身能力的载体，如果将这个载体变为文件，便能将自身的能力变为大家的能力，这是能力转换的最好办法。在体系初建时，组织都希望将梦想、价值观、初衷注入其中，为体系赋予灵魂，这是一方面。另一方面，当人们将作业文件化（有些组织叫固化）时会倾向于表达当前最佳做法，不断地将个人的智慧贡献到文件中去，将知识运用到文件中去，将最好的经验沉淀到文件中去，在取得共识的基础上转化为当下解决问题的最佳答案，是组织智慧的总和。这时文件就积蓄了能量，就具有能力和智慧，就会形成组织的“能力池”，这个过程就叫“聚能”。导航系统之所以能给司机赋能，是因为这个系统汇聚了地图、交通和道路的所有信息；称为“设计助手”的专业设计软件之所以能给设计师赋能，一键出图，一键算量，是因为这个软件将制图原理、设计公式、模型、标准等内容形成逻辑关系，变成了一个“聚能包”；麦当劳一个新员工之所以很快就能做出与老员工一样水平的食品来，是因为作业手册沉淀几十年的操作经验。聚能是一个增值过程，所产生的体系就是能力叠加的产物，是组织共同的产品。这个产品代表了组织现阶段的最高管理水平和最佳实践，它将成为组织发展的基础和取得预期成果的基本保障。

二、体系赋能

体系储备了能量之后，就能对企业、对人赋能。当企业要开创新事业时，它会帮助拓荒者劈山开道；当经营环境恶化时，它会让企业从容应对；当人的经验和能力不足时，体系会赋予他能力，只要他按照规定的方法去做便能做出自己从未做过的事情，做出超出自己能力的事情，可使新手很快就成为高手。体系释放能量的过程就是它赋能的过程，人们可以从各种规范和现代手段中无成本地借智、借能、借答案，现在更是进入了数字赋能时代。这就是说，一流的制度可以辅助二流的管理者、三流的员工做出一流的事情来，可以把平凡人变成天才，可以让粗人做细活。体系会拉高所有人员的整体水平，这就叫体系的保证能力，或者叫保证体系，一句话，组织的能力就是体系的能力。

既然体系是一个能量池，可以赋能，体系就具有价值，它就是组织拥有的一种特殊资源，就必定能给组织带来经济效益。客观事实是，任何一个经济实体所产生的经济效益的背后都需要一个稳定和可靠的体系支持。这样，只要众多组织的管理体系都能确保产生经济效益，从而导致 GDP 有显著的提升，那么由此所产生的原理和方法或许有一天会形成“管理体系经济学”这门学科。

第四章 过程数字化

过程分解和分工是过程数字化的基础，借助专业的信息系统便能将细分后的工作精准地推送到各作业端上，就可以利用移动设备进行实时管理，就能为体系的优化提供运行大数据。

第一节　过程准则数字化

衡量过程业绩的依据叫“准则”，这是遵循国际标准化组织的叫法。首先，过程数字化从准则开始，即源头数字化。准则包括以下内容。

（1）目标——过程首次产生时的预期结果。

（2）指标——过程常态时的规定结果。

（3）要求——过程活动或步骤的结果。

一、过程准则的数字符号

过程准则用符号 C（Criterion）表示，然后分类，给予数字符号，如表 4-1 所示。

表 4-1　准则数字表

数字符号	准则类型	说明	
C1	过程目标	过程要实现的预期结果，要努力争取才能达到，通常需要提高过程能力、追加资源	定量或定性
C2	过程指标	过程要实现的规定结果，必须要达到，是当前过程能力的反映	定量
C3	输出要求	过程的输出或活动合格的判断准则，来自下一过程的期望或要求，必须要做到	定量或定性
C4	活动要求		

要求是目标或指标的细化和分解，要求做不到，目标或指标就无法达到。分解绝大部分都不是算术分解，而是逻辑分解。前者直接将数值分解下去就能形成因果关系；而后者是数据之间的相关关系，求解性较弱，需要建模，要用数据去校准，最后才能找到最优解。

二、两个维度的要求

其实，用一个指标去了结复杂性是组织高层最朴素的想法，但对于操作层，则需要考虑指标的连带关系。根据过程六要素法，过程就有 6 个维度的要求，这里将“过程输出要求”和“过程活动要求”这两个最关键的维度分别与过程指标进行搭配。如果将“Y_{C2}”设定为过程指标，“X_{C3n}”“X_{C4n}”分别设定为输出要求和活动要求，则在过程设计时会有一组输出要求和一组活动要求与 Y_{C2} 对应，用公式表达为

$$Y_{C2}=\begin{cases}f(X_{C31},\ X_{C32},\ X_{C33},\ \cdots,\ X_{C3n})\\ f(X_{C41},\ X_{C42},\ X_{C43},\ \cdots,\ X_{C4n})\end{cases} \tag{4-1}$$

也就是说，有两个维度的要求（变量）影响同一个指标 Y_{C2}（自变量）的实现，即指标与要求的函数模型，如表 4-2 和表 4-3 所示的例子。

表 4-2　过程指标与输出要求

$Y_{C2}=f(X_{C31},\ X_{C32},\ X_{C33},\ \cdots,\ X_{C3n})$	
Y_{C2}＝生产计划完成率 98%	
输出	输出要求：X_{C31}，X_{C32}，X_{C33}，…，X_{C3n}
月生产计划	1. 更新后的产能表、库存信息 25 小时内录入 2. 下月生产计划当月 28 号前完成 3. 生产计划变更信息 1 小时内发出 4. 物料、工装的齐备提前两小时确认
生产日报表	1. 生产日报表截止时间为 16：30 2. 每两小时上报生产数量

表 4-3　过程指标与活动要求

$Y_{C2}=f(X_{C41},\ X_{C42},\ X_{C43},\ \cdots,\ X_{C4n})$	
Y_{C2}＝生产计划完成率 98%	
活动	活动要求：X_{C41}，X_{C42}，X_{C43}，…，X_{C4n}
生产能力的确定	1. 新产品生产能力 10 天内确认，3 个月再确认 2. 各工序标准时间调整后当天提交 3. 各工序标准时间误差不超过 5%
生产计划跟进	1. 每星期二上午 10：00 召开生产例会 2. 生产准备会议、生产例会提出影响生产计划实施的事项在生产前全部解决 3. 生产进度每 10 分钟显示在车间显示屏上

由表 4-2 和表 4-3 可知，过程指标求对应 6 个输出要求和对应 6 个活动要求，是一个经验模型，即在确定变量时经验起决定作用。假如指标对应的一组要求是未知数，那式（4-1）可以理解成一个线性回归函数模型，如果指标没有

把握确定对应的变量，那这个模型就是一个预测模型。该模型要做到最佳适配比较现实的做法就只能寄望在体系运行的大数据上了。

仔细观察这两个模型，指标与要求数量是一个结构，要求是被指标引导着去拆分的，本质上存在一定规律。不赞同使用过度的数学模型的组织认为，用经验去搭建数据结构，等运行数据出来后让其自匹配，从而获得正解，这比此刻花大量时间去做精确的分析要实际得多，这种想法和做法不在少数。所以，过程开始时，都不要求指标与要求的搭配很完美，都寄希望用运行数据去揭开秘密。可是，如果这个周期很长，如一年或更长，总想靠滞后的数据去修正设定的指标，就失去了指标规划的指导意义。如果组织要兑现业绩，这种做法显然是不可取的，因为预测的指标能有少部分达成就算不错了，并且很多是耦合的结果。故此，大多数组织就干脆将在正常情况下曾经实现过的指标定为“硬指标”，并作为业绩衡量依据，超出指标的就叫“目标”。这样虽然问题变得简单了，但代价是让整个组织都倾向于做容易做的事情，向难度和困难让步。在获取数据和借鉴行业数据变得容易的今天，在讲求算力的今天，建立数字模型也变得容易了，如多元线性回归、自相关模型、极大似然估计等，或许能做到精准的预测。

一个过程可能会有几个指标，要求跟着指标走；对应指标的要求越多，说明指标越不容易实现。一个体系有 n 个过程，则可以计算出体系的以下三个参数。

（1）指标总数。

（2）要求总数。

（3）指标总数与要求总数之比。

指标总数及其指标值表示组织当前的能力总体水平，要求总数表示能力点的数量；指标值有几十个，能力点就可能有几千个，也即能力的分解。能力点的数量越多，表示组织越成熟。

不同的指标用数字符号代表后，同样，每个要求都可以用数字符号去代表，就相当于所有的能力点都用数字去表达，即能力数字化。式（4-1）就可以理解为能力模型。

三、体系成熟度

过程有步骤，有要求；步骤属于过程控制，要求属于结果控制。比方说，轴的直径要求，不管加工方法有多少种、有多少个步骤，最终要满足尺寸要求。所以，要使作业文件成为规范，重点是“要求”的规定。ISO 对规范的定义是：阐明要求的文件。未来，只要满足要求，步骤越少就越科学、越有效。可是，客观现实是，大多组织将过程设计的重点放在步骤上，尤其是步骤的延展上，导致过程越来越长、越来越复杂。

要求被公认便成为标准，专业标准叫规范。国家颁布的法律法规、标准和规范都只提要求，是没有步骤的。为满足法规的要求而制定的作业步骤则是应用组织自己的事。法规的要求越多、越详细表示它越成熟。所以，一个管治成熟的国家的法规是越来越多、要求越来越细的。要使组织取得话语权、领先于同行，就要成为标准的制定者，就像华为成为 5G 的领先者那样。

在过程成熟度方面，赵卫东的《智能化的流程管理》一书提供了一些计算方法。本书则是从过程操作及其他不同的角度去思考，计算方式则有所不同，会简单很多，又因为考虑到软件的普及性，成熟度等很多的计算都是自动完成的。

1. 过程成熟度

表 4-2 和表 4-3 除了表达指标与要求的逻辑关系外，还表达了要求最终要对应到输出和活动上。这样，过程就有以下两组数据。

（1）输出要求的数量。

（2）活动要求的数量。

例如，“编制年度培训计划”与“每年 12 月中旬前提交年度培训计划”，这两句话的区别在于，前者是一个输出活动，后者是一个输出要求；又如，“进行培训有效性评估”与“培训完成后一个月内完成有效性评估”这两句话，前者是一个活动，后者是一个活动要求。明显地，“有要求的输出”和“有要求的活动”才具有更强的操作性，信息系统将对此进行有区别的统计。

过程成熟度的评价公式为

$$\mathrm{Mp}=\frac{\text{输出要求数量}+\text{活动要求数量}}{\text{输出数量}+\text{活动数量}} \tag{4-2}$$

式中：Mp 表示过程成熟度。成熟度“1”是最基础的，表示一个输出或活动至少有一个要求对应。这个值越高，过程便越成熟。同时也表示过程的复杂性，要求越多，当然过程就越复杂，且是合理的复杂。将表 4-2 和表 4-3 的要求数量套到式（4-2）上就计算出成熟度是3。

当然，还可以进一步计算出“单位输出要求数量”和“单位活动要求数量”，如式（4-3）和式（4-4）。

$$\text{UNor} = \frac{\text{输出要求数量}}{\text{输出数量}} \tag{4-3}$$

式中：UNor表示单位输出要求数量。输出的要求越多，表明输出的作业难度越大。

$$\text{UNar} = \frac{\text{活动要求数量}}{\text{输出数量}} \tag{4-4}$$

式中：UNar表示单位活动要求数量。活动的要求越多，也表明活动的作业难度越大。

2. 体系成熟度

一个管理体系有成千上万的输出和成千上万的活动，在式（4-4）的基础上，体系也有一个成熟度，计算公式为

$$\text{Ms} = \frac{\text{体系要求总数}}{\text{体系输出总数} + \text{体系活动总数}} \tag{4-5}$$

式中：Ms表示体系成熟度。“体系要求总数”等于所有过程的要求之和；“体系输出总数”等于所有过程输出之和；“体系活动总数”等于所有过程活动之和。

体系成熟度也可以用式（4-6）表示，同时其也表示所有过程成熟度之和。

$$\text{Ms} = \sum_{i=1}^{n} \text{Mp}_i \tag{4-6}$$

一个要求，一个能力点。岗位拥有的要求数量就等于岗位能力点的数量，要求越多，要求人的能力就越高；当将体系要求的总数平均到每个岗位时，就可以评估组织满足要求所需的整体能力。

基于过程和体系成熟度的计算得到以下的推论。

（1）一个过程，要求越多越成熟，越重要，难度越大；反之亦然。

（2）一个模块，要求越多越成熟，越重要，难度越大；反之亦然。

（3）整个体系，要求越多越成熟；反之亦然。

成熟度很高的体系多半是卓越的，且都不是与生俱来的，但却能让新来者觉得与生俱来。

第二节 输出数字化

在规定的作业中，有什么输出是规定的。对于有规律的输出，组织通常都会设计好固定的格式，虽然输出的内容每次都不一样，但格式是一样的。过程输出有输出类型、输出周期和输出权限，输出数字化是对输出规律和输出格式的数字化。

一、输出的数字符号

对于有固定表格的输出，通常都当作证据去保存，是为追溯用的。当前，认知已然不同。首先，所有的输出都受需求的牵引，可以理解为满足需求证据的总和；其次，它属于信息的范畴，信息安全管理标准（ISO27001）将其定义为组织的资产——信息资产，那么，就要像设备资产那样进行分类和编码。

输出的分类较为复杂，因为表格名称最多。分类前首先要对表格进行盘点，凡可有可无的就取消。其次，对各种表格名称进行梳理，对一样的或相似的叫法而内容不一样的就要统一叫法，尽量减少和简化表格的名称。最后，再根据分类原理进行分类。在我们的实践中，梳理表格时会发现有很多是可以取消、合并和简化的，尤其是具有相关性和连贯性的表格。

福耀集团是全球规模最大的汽车玻璃专业供应商，是中国制造业一颗耀眼的明星，每一次转型升级都吸睛无数。随着国家智能制造政策的提出与普及，福耀集团又一次站在了数字变革的前列。近几年，为打好数字化工厂的基础，完成了管理系统的组织流程再造、业务流程再造、组织门户再造。其中，针对单据类型不统一问题，集团所有单据按部门进行梳理、整合或删除后，表格数量缩减了30%，正常审批流程3～4步就可完成，效率提升了50%以上。笔者对福耀集团的成效颇有感受，很多组织梳理表单后通常都会减少1/3。

完成表单梳理和分类后，输出就用符号 O（Output）表示，分类后的数字符号即输出数字化如表 4-4 所示。

表 4-4 输出数字化

<table>
<tr><th>数字符号</th><th>输出类型</th><th>说明</th></tr>
<tr><td>O1</td><td>方案</td><td>策划的输出。若与顾客有关，则在编号前加一个字母“C”(Customer) 成为 CO1。凡带“C”字母的输出都是外部输出</td></tr>
<tr><td>O2</td><td>计划</td><td>策划的输出。若与顾客有关，则在编号前加一个字母“C”(Customer) 成为 CO2</td></tr>
<tr><td>O3</td><td>合同、协议</td><td>业务涉及的合同和协议，包括相关方的合同和协议。若与顾客有关，则在编号前加一个字母“C”(Customer) 成为 CO3</td></tr>
<tr><td>O4</td><td>附件、要求</td><td>例如，说明书、收费标准、报价单</td></tr>
<tr><td>O5</td><td>报告、报表</td><td rowspan="2">主要是指从有规律的输入中产生的信息，有归纳、分析和结论之类的信息</td></tr>
<tr><td>O6</td><td>档案、清单、跟踪表</td></tr>
<tr><td>O7</td><td>记录、单据、数据</td><td>常规记录、单据，包括手工和电子的。信息载体上的各种数据资料、数据库数据、日常体系运行数据等</td></tr>
<tr><td>O8</td><td>其他</td><td>没有规律的、也很难有固定的输出形式，如会议纪要、评选结果、函件、意见等的信息</td></tr>
</table>

表 4-4 中的每一类都可以再进行细分，如房地产的合同类就可以再分为基础建设类合同、工程类合同、设备设施类合同、商业运营合同等。在大数据时代，分得越细越好，技术手段不是问题。

分类可以有多种形式，这与组织的性质和规模有关，如专业分类法、重要性分类法、模块分类法、分类组合法等。表 4-4 是按照信息的重要性分类的，涉及前三类信息的岗位都比较重要。基于输出重要性的顺序，作业原则如下所述。

✧ 先项目后方案

✧ 先方案后计划

✧ 先方案后合同

✧ 先合同后报表

✧ 先计划后报告

二、输出频率的数字符号

在常规过程中，输出会周期性地重复出现，称为“输出频率”，输出频率数字化如表 4-5 所示。

表 4-5 输出频率数字化

数字符号	频率类型	说明
OD	日信息	每天的输出，如原始记录、日报表
OW	周信息	每周的输出，如每周日报表的汇总
OM	月信息	每月的输出，如周报表的汇总
OS	季度信息	每季的输出，如每季业绩报表
OY	年度信息	每年的输出，如年度方案、年度报告、年度业绩报表
OR	随机信息	根据当时的情况而随时产生的输出，没有固定的形式

输出频率是工作量的一个衡量指标，直接影响工作效率和人员的配置，所以，有以下的设计原则。

- ✧ 如果输出需要评审，最好设计成选择项和（或）判断项
- ✧ 合并和简化频率高的输出，并考虑无纸化操作
- ✧ 减少非必要输出
- ✧ 减少或改造频率高的输出，或采用自动化操作
- ✧ 减少随机输出或改为周期输出
- ✧ 管理层次越高，高频率的输出就要越少

可以将表 4-4 中的“输出类型”和表 4-5 中的“频率类型”进行组合，如“月计划”“周报表”，那么数据符号就可分别表示为“O2M”和“O5W”。

表 4-4 的输出编码都是针对常规输出，而对于柔性体系而言，有很多的输出是非常规的和不可预知的。有了常规性输出的编码后，在系统中，就能区分出常规性和非常规性输出的大数据。当然，非常规性输出越多，岗位技能的要求就越高，灵活性也越高。

第三节　表格栏目数字化

作业输出表面上看是一些日常记录、报表之类，而实际上表格栏目的设计就预先规定了要填写的内容。输出内容决定输出形式，即不同的表格形式。在现代信息时代，表格栏目内容的设计有时甚至比文件正文还重要，往往就是那些不起眼的栏目设计才是建立数据链和活动链的关键。有过实践经验的人对这一点体会颇为深刻。所以，表格的数字化主要表现为表格栏目的数字化，这样就能将大数据深入到操作层最为细节的地方上去，就能做到栏目级的控制。当前，大多管理软件只能做到各表单输出的控制，要做到栏目级的控制，只有表格数字化后这一难题才能轻松破解。所以，表格数字化首先就要对所有表格的所有栏目，包括通用性栏目进行统计，得出总数，然后进行数字编码。

其实，市场上已经有专门针对表单配置的软件，如“百宝云”“轻流”“氚云”等，组织可以在上面进行表单的制定设计、表单栏目的组合、结合流程的报表显示等。不过，数字化表单的设计强调的是“栏目链”“栏目流”“数据链”的设计，重点不同于市场的软件系统。

一、数据布局路线图

表格设计时要将文件中“带有数据特性的要求”转移到表单栏目上，如数量、参数、费用、时间、比例等，成为数据统计的基础。数据布局路线图如图4-1所示。

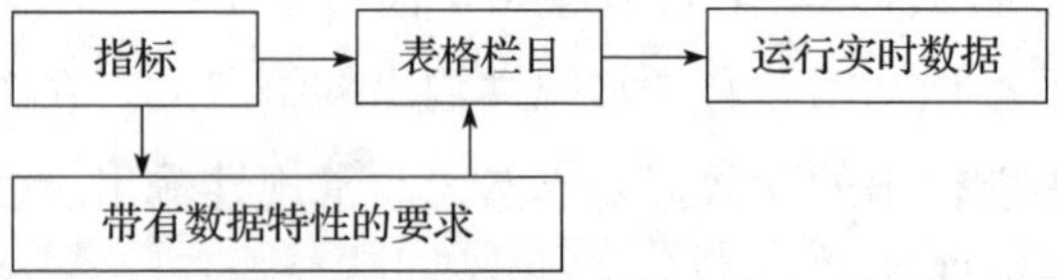

图 4-1　数据布局路线图

以表 4-6 车架报装程序为例，根据数据布局路线图设计的表格栏目，如表 4-7 所示。

表 4-6　车架报装程序

过程指标：① 10 天内安装完毕　②报装满意度 95%　③承诺兑现率 98%				
输入 / 资源	步骤	输出	要求	责任者
3. 顾客资料 4. 报装申请表	2. 资料核对，并录入电脑	合同 合同评审记录	1. 合同填写范本 2. 资料核对无误	
用户编号规则	3. 给顾客编号	用户编号	符合用户编号规则	营业员
	4. 将当日受理合同资料发至设计部		每日 16：30 发送至设计部	
顾客车辆型号	9. 车辆现场测量	车辆测量数据	2 天内完成	工程师
铝材、锯床	10. 材料加工	材料报表	工程完成后上报	材料加工员
1. 车架定位装置	11. 现场车架安装	3. 合格的工程 4. 施工成本	1. 5 天内完成 2. 符合《车架安装工程规范》 3. 安装成本占比不超过总成本的 65%	安装工
	12. 安装验收	验收记录和报告	符合《车架安装验收规范》	检验员、顾客
	13. 收费计算	安装费用	符合收费标准	营业员

表 4-7　车架报装记录

用户名：		用户编号：		合同编号：
安装地址：				车型：
工程指标：10 天内安装完毕				
记录要项			记录者	要求
合同送交时间：　月　日　　时				每日 16：30 发送至设计部
安装费用：				符合收费标准
现场测量日期：　月　日—　月　日				2 天内完成
现场安装时间：　月　日—　月　日				5 天内完成
施工成本				安装成本占比不超过总成本的 65%
材料：	人工：			
验收员：	验收日期：			符合《车架安装验收规范》

国家规范规定的验收表格基本上就是这个思路。例如，工程施工及验收规范中的验收表格就是将工程的所有要求直接转化为表格栏目，以保证质量检查或统计时没有漏项。当前，大多企业的质量表格也是这样做的。这叫“数据定向设计”。一个体系的所有表格的数据栏目加起来就是数据的范围和内容，等于锁定了需要收集的有效数据范围，即“范围数据”。

这是体系数字化其中的主要抓手，核心就是从每个表格的数据栏目上去策划数字化。数据栏目是数据的末梢，是操作最细节的地方。“魔鬼”在细节上，“真相”在细节上，也只有在表单栏目上才能真正建立数据链。

为此，数字体系表格设计的要求如下所述。

（1）凡数据栏目定义为必填写栏目。

（2）关键数据、前置性数据规定为关键栏目。

（3）规定表格栏目的唯一性，即便在不同的表格中重复出现。

（4）关联的日输出、周输出、月输出的表格要同时设计，最好是一个输出自动生成另一个输出。

（5）有因果关系的数据就一个流设计，形成数据链。

（6）定性的栏目往往需要数据去做统计，需要定义必填项和勾选项。

另外，在移动端，是无纸化作业，一表、一图的操作最简单。表格的填写是指尖上的作业，表格设计等于操作界面的设计，布局要友好，与书面形式不一样，需要照顾视觉和手指的操作，如一键多选、全选、一键通等。

我们注意到，基于表 4-6 设计出来的表 4-7 是“表格—作业步骤—要求”的一体化设计。当文件的内容被表单内容覆盖时，表单即操作文件，原来的文件便可取消。数字体系鼓励这种做法，尽量少文件，由表单去驱动运作。当这样的表单都放到移动端后，不仅能实现无纸化管理，还能使作业简单许多。

二、表格通用性栏目的数字化

本来，每个表格都有唯一编号，这些编号都遵循着组织的编码规则，从表格的编码就知道它的属性。不过，编码最初的功能只是用于识别和归类管理而已，不算数字化。若要将表格数字化就要考虑以下几点。

（1）对于组织范围的通用性栏目，如公司名称、审批、日期等，要定义一个数字化符号。

（2）对于跨模块的通用性栏目，如顾客名称、产品名称、产品型号等，要定义一个数字化符号。

（3）对于模块范围内的通用性栏目，如材料名称、时间要求、数量要求等，要定义一个数字化符号。

虽然这些数字化符号很简单，但由此获取体系的大数据就变得不简单。

通常，通用性栏目都是必填栏目，栏目的数字化符号可以理解成栏目的代码。通用性栏目占组织所有表格栏目的30%左右，所以需要标准化，并将《表格栏目代码列表》放置于信息系统中。新表格设计时只要输入栏目代码，标准栏目或图形化组件就显示出来，就可采用拖拽式技术快速完成表格的组合，类似于搭积木的方式。由于以后是无纸化操作，且每人都被视为端部操作，每次使用表格时就无须重复填写通用性的栏目或者是被默认的，但后台大数据会知道同一个栏目代码出现的次数，等同于知道了栏目和表格使用的次数。

确实，在表格的填写上至今还有不少组织都在做着没有必要的重复输入工作，这是当初表格设计时各自为政造成的，出现重复的或是近似的栏目就是司空见惯的事了。

三、数据链数字化

当表格的数据栏目的设计涉及相同数据属性（如数量、参数、费用、成本、时间等）且前后存在计算关系时就要同步设计，即数据链设计。

数据链数字化就是将每条数据链给予数字编码。数据链是跨职能的，这个编码就要以指标的属性去归类，如销售数据链、生产数据链、成本数据链、工艺数据链等。围绕着一个指标去设计数据栏目所形成的数据链，它的呈现方式是数据栏目之间的对接，而不是各个表格的对接，而这才是真正意义上的点对点对接。当将这个结构内置到平台后，就能自动对接，如表2-6、表2-7、表2-8、表2-9所示。

等所有的表格的数量出来后，首先就要统计“数据栏目”的数量，然后将它们串在一起进行分析和检讨，看看是否形成数据链，是否可以流转，包括晒数据时可视化的可能性。接着才从指标源头对数据链进行编码，最后按数据顺序对数据栏目进行编码，如表 2-6 的“F10103 ①”、表 2-7 的“F10103 ⑧”。

这时，数据链就可以从相关表格的相同数据属性的栏目中单独分离出来，形成体系的一个“数据单元”，实质上就是表格碎片化。数据栏目主要是服从数据链的，其次才是服从表格本身。在进行数据分析时，后台只要输入数据链的编码，相关数据栏目就可以串成整体，就不存在数据孤岛问题了。数据链本身既是点对点作业的结果，同时又是数据共享的过程。

四、表格关联栏目的数字化

就整个体系而言，有很多表格输出的信息看似是离散的、随机的，使管理增加了难度。要使它们呈规律性，就要在体系策划时规定信息源、输出的时间及它们的关联性。其实，每个管理模块都有一定数量的表格支持，表格之间就一定存在关联性，并主要体现在栏目的关联性上，而这些栏目内容的填写往往就是各岗位的工作内容，要是将这些内容连贯起来并将其数字化，则每一个数字符号就可代表一个“工作流”，即在表格的关联栏目中内置的工作流（或叫“栏目流”），数据链编码就是最典型的例子。信息系统识别出数字符号后就能知道每个工作流的效率。

第四节 输入数字化

过程输入是作业的依据，输入用“I”（Input）符号表示，输入数字化如表 4-8 所示。

表 4-8 输入数字化

数字符号	输入类型	说明
I1	法规、政府文件	是指与行业有关的国家和地方法规、地方政府需要组织执行的文件、指令、条例等，属于外部输入

续表

数字符号	输入类型	说明
I2	顾客的要求、市场信息	主要是指订单、图纸、技术协议、质量协议、对组织的一些约束性文件、通过正规文件的投诉、有据可查的市场信息等，属于外部输入
I3	上级文件	组织必须遵守的上级发布的文件、指令、条例等，属于外部输入
I4	组织规范、要求、文件	组织现成信息或文件，如标准、规范、细则、要求、制度、技术文件、附件等。这些文件经常作为输入被引用到作业文件中，属于内部输入
I5	内部信息	在设计好的表单上填写的信息，如申请表、需求表等，属于内部输入
I6	其他	没有规律的、没有固定形式的输入，如口头投诉、信件、意见反馈、考察报告、访问资料、样品、实物等

在以上的分类中，用于启动过程的输入才会被纳入统计的范畴，I2 类和 I5 类的输入基本上属于这个范畴。不能启动过程的输入不去统计，如以下几种情况。

（1）空白的表格和范本。

（2）可重复引用的信息或固定的内容，如 I1、I3 和 I4 类的输入。

（3）过程所依赖的资源部分，如工具、设备等。

I6 类的输入是有待规范的，只有在统计后才会知道体系中存在多少这些不确定性的输入。但是，来自过程内活动的输入不纳入统计的范畴。

输入从 I1 到 I6 的分类表示了重要性的顺序。最重要的当然是 I1 类输入（法规、政府文件），是作业的底线（红线）；其次是 I2 类输入（顾客的要求、市场信息）。

输入有“外部输入”和“内部输入”。凡依赖外部输入去驱动的过程，如顾客订单、政府法规、上级的要求等，称为“前端过程”，它作为过程引擎推动着组织的经营活动，大部分的“顾客导向过程”都属于这一类；凡依赖内部输入去驱动的过程，就称为“后端过程”，大部分的“支持性过程”都属于这类。只要前端过程一启动，相关的后端过程就能主动跟进，这时，一个过程的输出会成为下一过程的输入。组织无法左右前端过程的输入，但对于后端过程的输入却可以做主。

第五节 输入与输出杠杆比

本节提到的输入和输出都是数据、信息、文件之类，都是非实物的，即与材料、成品无关，关注的是工作效率而非生产效率。在管理上，输出比输入更受关注，因为输出是工作的成果，输出越多表示成果越多。基于这一倾向，数据体系提出“输入与输出杠杆比”的概念，这无非想说明，利用了多少输入产出了多少输出。

一、过程输入与输出杠杆比

过程有输入就一定有输出，否则过程毫无意义。一个输入能产生多少输出通过以下的公式表示。

$$\mathrm{Lrp}=\frac{\text{过程输出总数}}{\text{过程输入总数}} \tag{4-7}$$

式中：Lrp 表示过程输入与输出杠杆比。

这里假定输出会多于输入，这样比较符合人们的期待，这样杠杆比会大于1，它与效率计算公式（输出放在分母）相反。表 4-6 车架报装程序的非实物的输出是 8 个，非实物的输入有 5 个，杠杆比为 1.6。

这个杠杆比越大表示产出越多。当然，有些过程会存在几个输入才能产生一个输出的情况，这时杠杆比会小于 1。“一个输入能产出多少个输出”与“一个输出需要多少个输入支持”是两个完全不同的设计思路，前者依赖输入产生输出，后者以输出去确定输入，最后的杠杆比是两者综合的计算。

在体系中，组织会有一个常规表格的清单，就在这些表格中产生输出。但问题是，同一个表格可能产生多次的输出，如《用工申请表》要经过几层的审核、批准，若每个人都添加了自己的意见，就可视为输出，但表格名称是一样的，这种现象非常普遍。所以，在过程内不能用表格的名称去判断输入还是输出。过程输入与输出杠杆比的计算规定：过程内的输入和输出不纳入统计的范畴，或过程中上一个步骤的输出成为下一步骤的输入也不纳入统计的范畴，只有过程外的输入和流转到其他过程的输出才纳入统计的范畴。

是不是输出越多越好、效率越高呢？恰恰相反，如果一个输出就能满足需要那效率才是最高的，输出也是最有价值的，即输出在满足需求的前提下越少越好。输入与输出杠杆比是过程设计的一个思路。

如果这个杠杆比算到人头上，杠杆比越大，说明数据包越大，大家对他的依赖就越大，这个人的“贡献度”越高，这多半是一人为多人服务。另一种相反的情况是，个人的杠杆比很低，一组输入才产生一个输出，这多半是多人为一人服务，这人可能就是领导。一般而言，领导的层级越高杠杆比就越低。应用这一原理同样可以计算出部门、项目的杠杆比。这个杠杆比可以作为作业层工作量的参考。通过数据统计，式（4-7）会反映出一个规律：职位越高，杠杆比越低；中层管理人员杠杆比最高；职位越低，杠杆比越低，因此，呈现两头低中间高的峰状形态。

一个过程有好几个输入和输出，那么每个输入对应的输出就定义为“一组输入和输出”，称为“一个信息单元”，在碎片化后就被定义为“一个任务单元”，即输入所引发的输出都完成了，该任务就算完成了。这是数字体系关于完成任务的概念。每个信息单元都有各自的杠杆比。

当过程跨岗位时，每一个岗位就有自己的杠杆比和信息单元。如果一个岗位同时兼着几个过程的角色，就有不同的杠杆比和任务单元，承担输出最多的岗位自然就被认为是过程的关键角色，工作量就会比其他岗位大。站在体系的角度上看，由于输出的格式是预先设计好的，并且在运行中为下一过程提供输入，因而，我们看到的连锁反应其实就是预先设计好的，故此，完成每个任务单元的能力的标准应该是：在正确的时间上将正确的信息给到正确的人。

每个过程都有无形的价值，并都体现在输出的价值及其效率上，所以，价值如果不考虑输出的耗时就变得毫无意义。这样，杠杆比除以时间就是过程效率的计算，其公式为

$$\mathrm{Ep} = \frac{\mathrm{Lrp}}{\text{过程耗时}} \tag{4-8}$$

式中：Ep 表示过程效率；Lrp 表示过程输入与输出杠杆比。这是从另一个角度去考察过程效率问题。如果杠杆比很小且耗时多，可能会出现瓶颈流程。

假设，过程的所有输出都是正确的，但效率很低，可能导致所有的输出都失去价值，那么，从某种意义上讲，式（4-8）所定义的过程效率则是兼顾了价值的效率，或者是效能的计算。同时从式（4-8）可知，信息输出的速度决定了能力的大小。

二、体系输入与输出杠杆比

体系由过程组成，体系输入与输出杠杆比可按式（4-9）计算，或者按式（4-10）计算。式中：Lrs 表示体系输入与输出杠杆比；Lrp 表示过程输入与输出杠杆比。

$$\mathrm{Lrs}=\frac{1}{n}\sum_{i=1}^{n}\mathrm{Lrp}_i \tag{4-9}$$

$$\mathrm{Lrs}=\frac{体系输出总数}{体系输入总数} \tag{4-10}$$

在整个体系中，通常输出总数会大于输入总数，所以杠杆比会大于 1，否则体系是负效率。

三、效率与有效性

以信息单元为基础定义的任务单元，用多少时间才能完成？这涉及效率和有效性问题。当将输入看成资源、输出看成成果的时候，就可以引入“效率”和“有效性”的概念了。效率（Efficiency）是指得到的结果与所使用的资源之间的关系。有效性（Effectiveness）是指完成策划的活动并得到策划结果的程度。

这是国际标准化组织的定义。过程效率直接的提法是投入与产出的关系。效率的概念告诉我们一个基本原理：偏离结果的效率等于零；背离结果的效率是负效率。有效性的概念还告诉我们一个基本原理，即效率为有效性服务，做事无结果即无效。

就过程效率而言，就是过程的输入与输出的关系，但起决定性作用的却是方法，不同的方法得到不同的效率，如同证明一道复杂的数学命题一样，理论上是存在一种最简便、最合理的方法的，能用 5 个步骤当然就不会用 10 个步骤，但总有人用了10个步骤，所以只有通过计算或比较才能证明哪种方法更有效率。效率是一个技术性问题。从这一意义上说，过程属于技术范畴。

不过，“高效”不一定“有效”，有效性针对的是结果，如果方法不是促使结果朝着预期目标走的话则无效，这时高效反而起反作用，效率越高，破坏力就越大。所以效率必须与有效性联系在一起才算是真正的效率，确切地说，首先确保过程的有效性，再确保过程效率，即有效性第一，效率第二，这是过程设计的重要原则。

就有效性而言，获得预期结果可以采用多种不同的途径，但“程度”有所不同。如图4-2所示，从A点出发到达B点应存在一条最佳的路线，过程设计就是试图找到这条路线，而实际上走了路线3。当发现低效时，迟早会发现路线2，并逐步逼近最佳路线。只要目标不变，剩下的就是效率问题了。

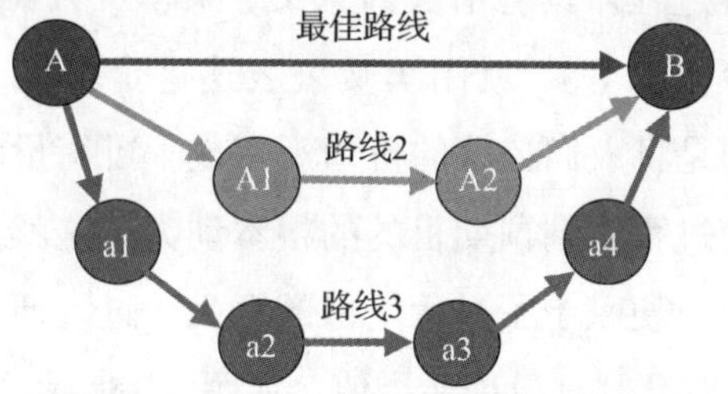

图4-2　过程有效性与效率关系示意图

蚂蚁发现食物后，回去蚁穴求援所走的路线是最短的，这是天生的本事。人类没有蚂蚁的那种本事，就只能靠持续改进了！其实，有效性就是效率的持续改进。从现代技术上讲，跟踪效率只是键盘的事，只要动作一启动，时间就开始自动计算，任务单元一结束总耗时就自动出来了，效率就有了。大数据会将效率的极端情况抹平，就得出标准效率。

过程效率也可以体现在过程能力的指标上，如以下几个方面。

（1）实现目标的速度。

（2）消化输入的速度。

（3）将输入转化为输出的速度（输出率）。

（4）资源利用的程度。

不过，如果效率使投入大于输出时，过程就变为负增值。有效性强调的是达到结果的程度，而效率强调的是达到结果的速度，两者结合统称为有效产出。

通俗地讲，有效性就是做正确的事，而效率就是在将事做正确的前提下，追求速度。不管是“过程效率”还是“过程有效性”，能得到预期的结果，过程才是增值的，这时的效率和有效性才有意义，否则输出再多都是徒劳。提高效率无非就是让愿意做事的人做更多的事，让懒人有效率地做事，并且持久地将事做正确。

那么，什么是增值？通常的解释是：输入转化为输出后发生了一个增量。所谓增值，其实就是输入被放大，从经济的角度讲，用最小的输入（资源最小化）换取最大的输出（效益最大化）。问题是，过程是无形的，用什么方式才能合理表达过程增量，且又如何衡量呢？电视输入的是信号，输出的是图像和声音，这是我们真正需要的东西，而非表面上需要的电视机，图像和声音就是增值的表达方式，也是电视机的价值。当我们愿意付钱购买电视机时，围绕实现这一产品发生的所有过程才具有增值的意义。乘车从 A 站到 B 站发生了位移，耗用了资源（汽油、人工等），就用车费去表达这个增量，B 站就是乘客的需要，就愿意付费。这是将人们公认的价值观变成了可衡量的准则——过程的价值尺度，并成为促使过程达到预期目的的根本动力。这就是说，只要将价值准则规定在过程的输出上便赋予了过程增值的意义，过程便具有价值，一旦过程的输出被证实符合这些准则，过程便增值，如图 4-3 所示。

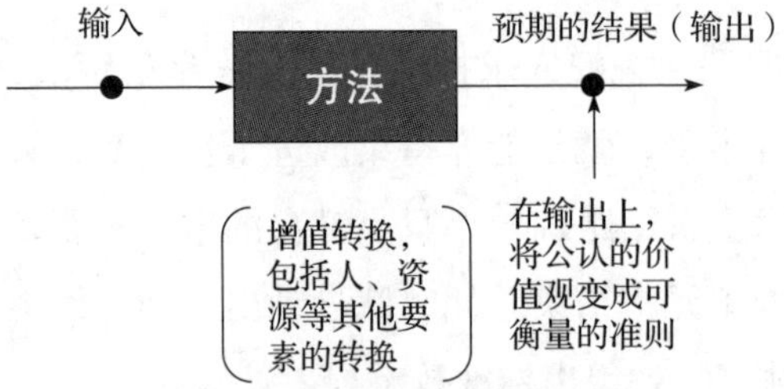

图 4-3　过程增值的表示

每一次过程的组织便是经营活动的一次组织。国际标准化组织说：过程输出就是产品。也就是说，过程输出一个方案、一个计划都可视为产品。那么，评价增值的唯一准则就是输出符合期望，只要做到这一点，那么，任何过程都是增值的。显然，过程增值要等输出完成后才能被证实，所以增值的前提是以下几点。

（1）输入已经转化为输出。

（2）结果是别人需要的（或是下一过程需要的）。

（3）结果得到承认。

（4）在受控条件下完成。

因此，过程策划就必须以顾客或下一过程的需求为导向。现代的讲法就是为顾客创造价值，帮助顾客成功。既然如此，那么增值就不能以凝聚了多少劳动时间来计算，而是以满足需求的程度来计算。过程具有时间性，增值是一个渐进和叠加的过程，并与时间成正比，时间越长越有价值，否则过程一定有问题。为了不浪费资源，过程增值前还要解决以下两个基本问题。

（1）过程为谁服务。

（2）明确服务对象的需求。

同时，要使过程能为顾客创造价值，过程设计就必须是价值驱动的，在确保过程增值的同时，还须考虑以下几点。

（1）识别和超出顾客的需求或期待，并转化为具体可落实的过程要求。

（2）提高顾客的竞争力。

（3）顾客可以将自己增值部分直接承接在组织的输出上，成为顾客的支持点或者顾客的依赖。

（4）顾客获得超预期的效果。

（5）具有创意的输出，使顾客获得精神价值。

（6）能为顾客带来价值创造或附加价值。

表 4-9 是与过程业绩有关的几个概念的比较。

表 4-9　与过程业绩有关的几个概念的比较

	过程增值	过程效率	过程有效性	过程业绩
性质	输入与输出的价值的比较。过程结束后可得出结论	投入与产出的关系。过程结束后可得出结论	实际结果与预期结果的比较。过程经过一段时间后才能得出结论	不断与上次结果的比较，所以需要一组结果，过程经过一段时间后才能得出结论
特点	定量的计量	定量的计量	定性和定量的计量	定性和定量的计量
	针对方法	针对方法	针对方法和结果	针对结果
		包括过程增值	包括过程增值和过程效率	包括过程增值、过程效率和过程有效性

第六节 过程活动数字化

过程活动数字化也即体系活动数字化，用数字去优化流程，这将改变过往流程优化的概念。

一、过程活动的数字符号

过程由一组活动组成。活动用“A”（Activity）符号表示，活动数字化如表4-10所示。

表 4-10 活动数字化

数字符号	活动类型	说明
A1	关键活动	对实现目标、指标影响较大，出错会导致过程失效或重大影响的活动。若与顾客有关的活动，则在编号前加一个字母“C”（Customer）成为CA1
A2	增值活动	输入转化为输出的活动，且输出为过程必需的或下一过程必需的。若A2与A1重叠，则归入A1。若A2与O重叠则归入O。若与顾客有关的活动，则在编号前加一个字母“C”(Customer) 成为CA2
A3	非增值活动	辅助活动、过渡性活动、存档活动、移交活动、测量活动、预防性活动、信息传递活动等
A4	把关活动	审核、批准、审批（审核、批准为同一个人使用时）、审定、审查、评审、评估、检查、抽查、检验、试验、监视、考核、确认、验证、判定、核准、选定等涉及权限的活动
A5	沟通、协调活动	没有任何客观证据的活动。这些活动同时也是非增值活动，可变性大

在表4-10的活动类型中，A1、A2类活动是组织重点控制的活动，其中会涉及顾客接触点（MOT）。数字化体系转型的一个显著特点是将内向型组织转为外向型组织，不仅是卖产品，还要卖服务、卖过程。所以，组织必须从价值链和所有的作业程序中识别、挖掘和创造MOT，然后有针对性地制定服务标准，以提高顾客黏性和满意度，最后产生经济效益。组织的MOT是一个分布，构

成一个服务的网络，形成一个为顾客创造价值的体系。过去这项工作主要由对外部门去完成，如销售部门。在互联网时代，是整个组织面向顾客，与顾客互动，如顾客参与的产品设计、生产调度、产品质量提升、成本降低等。只要找到顾客的关注点、痛点及提升竞争力的角力点，各个业务板块就会有不同的解决方案。

综合表 4-4、表 4-8 和表 4-10 各种分类后，就能得出以下的过程设计原则。

- ✧ 凡记录、单据和数据（O7 类）就要考虑是否要形成报告报表或报告（O5 类）
- ✧ 凡关键活动（A1 类）、增值活动（A2 类）就要考虑是否有输入（I 类）和输出（O 类）
- ✧ 凡输入（I 类）或输出（O 类）就要考虑是否需要把关（A4 类），重要的输出（O 类）就要有一层以上的把关（A4 类）
- ✧ 凡输出（O 类）就要明确它的接口
- ✧ 凡沟通、协调活动（A5 类）就要考虑是否要形成输出（O 类）

二、活动频率的数字符号

在活动分类的基础上再按活动的频率进行分类，活动频率数字化如表 4-11 所示。

表 4-11 活动频率数字化

数字符号	频率类型	说明
D	日活动	每天的活动，如每天巡查
W	周活动	每周的活动，如每周巡查、每周的例会
M	月活动	每月的活动，如每月巡查、每月的例会
S	季度活动	每季的活动，如每季顾客的拜访、每季度的评审
Y	年度活动	每年的活动，如每年的顾客满意度调查、每年的培训、每年的总结
R	随机活动	随机的活动，没有规律和周期的活动，根据当时的情况而产生的活动

将表 4-10“活动类型”和表 4-11“频率类型”组合时就产生组合的符号，如“每周一次的增值活动”就可表示为“A2W”。

总之，活动数字化后，每个数字都是活动的标签，就等于行为数字化了。

第七节 过程分工模型

关于分工，最初有亚当·斯密的社会分工论、泰勒的生产作业分工论，后来又有法约尔的“一个下属人员只应接受一个领导的命令”及韦伯关于“组织结构是从上到下逐层控制的体系”的观点。这些大师的观点产生于第一次工业革命正由小规模生产向大规模生产转变的关键时期，都是企图解决分工彻底性和精准性的问题，并因分工产生了“计划、组织、领导、控制和协调”的五大管理职能，即基于分工理论的管理体系。可以讲，分工是管理的本质。可是，以前的分工论都没能解决分工的全面性、彻底性和精准性的问题，因而更不能解决网络作业环境下的分散性问题。

一、过程分工模型

基于图 3-6 就得出过程六要素分工模型，如图 4-4 所示。

过程的 6 个要素都与“人”的因素有关，都要落实到人头上，如活动的分工、输出的分工等，在这里理解为“过程分工”。过程分工即责任和权限在过程中的分配，权限是职责派生出来的一个监管属性。只要我们承认一切事情都是通过过程去完成的，那么，在过程中进行的分工就是最全面、最彻底和最精准的，也是最科学的，并且能确保专业人士做专业的事，最好的专业化分工莫过于在过程中进行，也只有这样专业化才表现得最彻底，这就回答了终极分工之问。同时，由图 4-4 可知，过程每个要素的每个分工都有“要求”的对应，这样，过程分工模型也可以说是“过程要求配置模型”，因为每个要素的分工都对应着不同的要求，也即能力点的策划。具体例子见图 3-10。

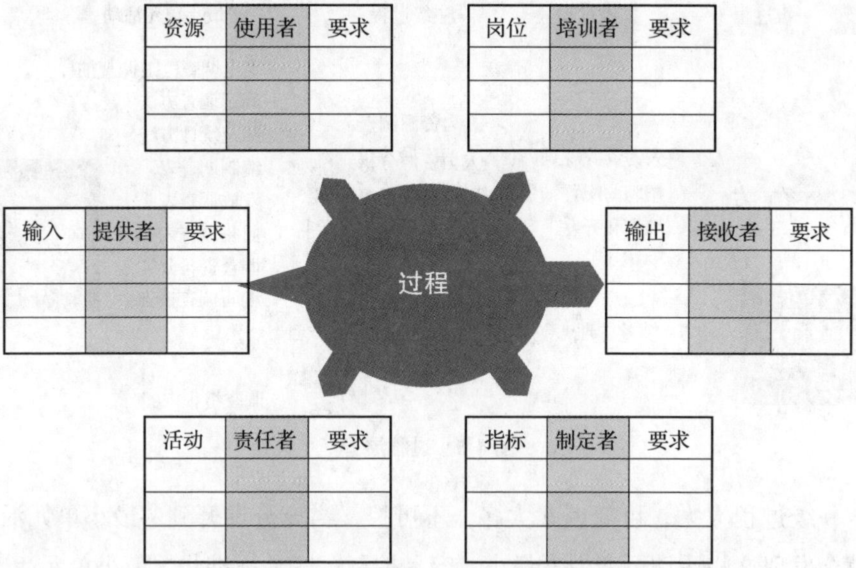

图 4-4　过程六要素分工模型

过程方法找到了分工的原点——过程，它适合于任何的情形，不仅适合于社会分工、生产作业分工、专业分工，还适合于管理分工。所以，过程分工论是国际标准化组织对分工理论的一大贡献。在市场中，有无数的产品，企业是产品的分工者；品种越多，市场的分工就越细，市场就越大，财富就越多。市场的分工必然会转移到企业的管理系统上，而支持系统的是过程，系统越大，层级就越多，过程就越多，就能将社会分工全部转移到无数的过程中的 6 个要素上去，复杂性就被很多个体分解。分工的本质就是自己掌握主动权。根据分工原理，分工越细，工作就越简单，效率就越高，就能发现资源的最佳配置。过程分工原理归纳起来是：过程第一，分工第二；职责第一，权限第二。

二、过程展开

从系统到过程，再从过程到活动，是一个从复杂到简单的过程，这是卓越绩效管理模式的思想——过程展开。图 4-5 是人力资源管理过程活动展开的部分例子。

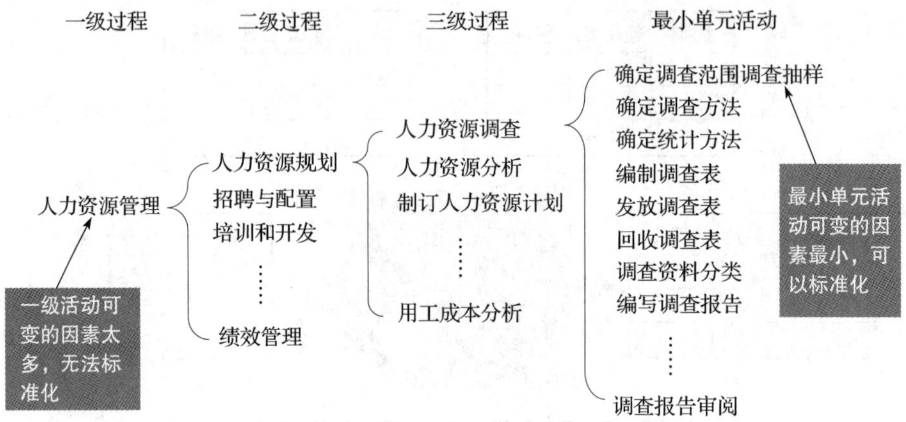

图 4-5 过程展开

一级过程太大，可变因素太多，不可控，当充分展开到“最小单元活动”时就会发现这些活动可变因素最小，容易控制，容易标准化。最小单元活动就是体系结构最底层级的元素，它们就是组织的“细胞”，就如同一辆自行车被分拆到零件后的道理一样。将复杂变简单就需要经历这个过程，针对最小单元活动去分工就无死角了。当对最小单元活动数字化后，精准化的治理水平就会有显著的提升。

工业工程早就有作业活动分解的技术了，工业工程师（IE）就是专门做这项工作的，目的是寻找精准的控制方法。数字体系也将用 IE 的概念去设计过程，去进行体系的精细化建设。过去认为这是一项艰巨的工程，即便组织高层愿意下决心也不一定能做好，不过现在已经有专门的软件能轻松完成这项工作，想寻求精细化的管理已经不是一件很难的事情了。

显然，要使组织分工彻底化，关键是要将活动分解到简单操作的最低限度为止。确切地说，将过程展开是分工和数字体系的一种技术，目的是将体系转化为大数据。用过程分工模型去分工，并经专门的系统对各种活动归纳后，大数据就会发现以下问题。

（1）很多活动存在责任真空和灰色地带。

（2）表述不一致。

（3）部门活动之间存在矛盾。

（4）与现行部门的职能和岗位职责相矛盾。

对活动进行分类统计后大数据还可以知道以下的结果。

（1）组织活动的总量。

（2）各岗位的工作量。

（3）岗位的权限总量及集中程度。

（4）同类的、共性的活动数量。

（5）重复活动的比例。

（6）同类的输入和输出的数量。

（7）各类输入和输出的周期。

（8）重复的输入和输出的数量。

显然，从活动分解中获得了体系的大数据，就会引导组织在何处进行体系和过程优化。当将一个体系、过程解剖后，就可以将每一个细节数字化，只要组织愿意这样做，所有的事情就可以与数据建立关系。

网络作业的分散性决定了分工控制必然要进化到分散控制上，过程分工模型和过程活动的展开打下了这种控制的基础。在网络时代，分散是大数据的必要条件。

三、各活动类型的占比

如果将所有过程中的活动分类给予数字符号后（见表 4-10、表 4-11），再通过识别系统将它们汇总起来，这时体系可能就有上万个甚至几万个活动，那么每类活动的占比自然就出来了，如图 4-6、图 4-7 所示。

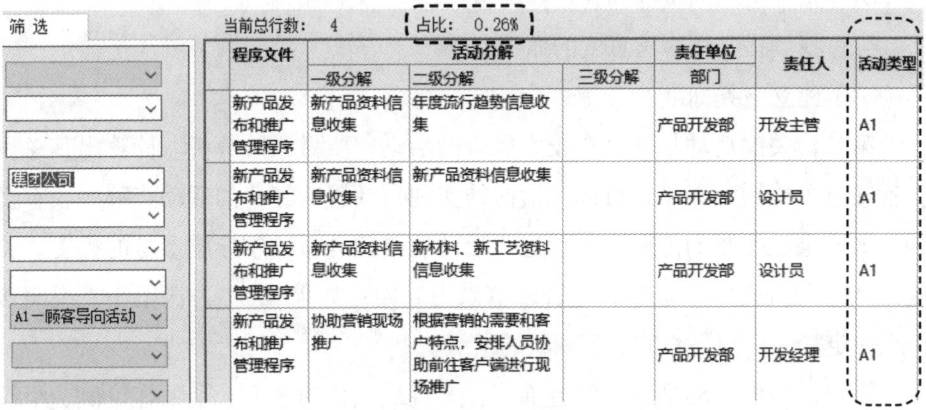

图 4-6 A1 类活动的占比

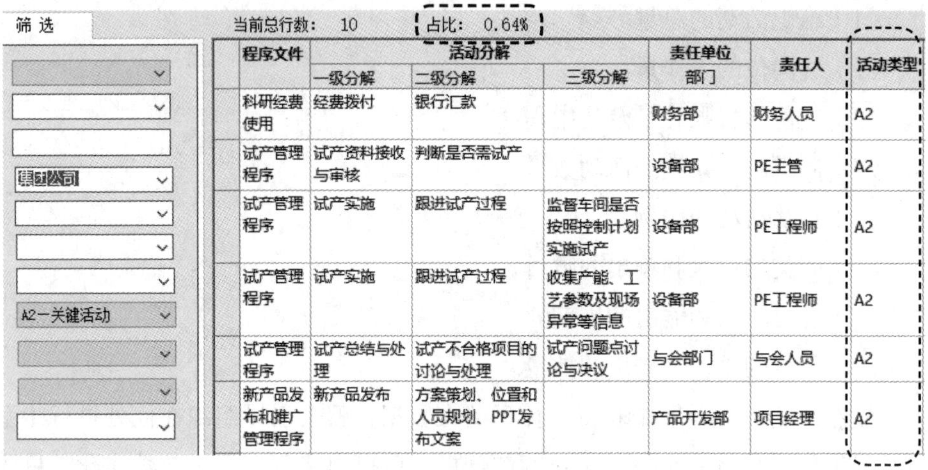

筛选　当前总行数：10　占比：0.64%

A2—关键活动

程序文件	活动分解			责任单位	责任人	活动类型
	一级分解	二级分解	三级分解	部门		
科研经费使用	经费拨付	银行汇款		财务部	财务人员	A2
试产管理程序	试产资料接收与审核	判断是否需试产		设备部	PE主管	A2
试产管理程序	试产实施	跟进试产过程	监督车间是否按照控制计划实施试产	设备部	PE工程师	A2
试产管理程序	试产实施	跟进试产过程	收集产能、工艺参数及现场异常等信息	设备部	PE工程师	A2
试产管理程序	试产总结与处理	试产不合格项目的讨论与处理	试产问题点讨论与决议	与会部门	与会人员	A2
新产品发布和推广管理程序	新产品发布	方案策划、位置和人员规划、PPT发布文案		产品开发部	项目经理	A2

图 4-7　A2 类活动的占比

组织出于对顾客关注的本能，在众多活动的占比中，MOT 的占比是放在首位的，其计算公式为

$$\text{Pmot}=\frac{\text{MOT 总数}}{\text{体系活动总数}} \tag{4-11}$$

式中：Pmot 表示 MOT 在体系中的占比。

活动类型在体系中占比有以下几个方面的意义。

第一，从体系 MOT 总数中就知道与顾客有关的业务范围，知道是不是外向型组织，或是外向的程度。进一步还可以明确 MOT 的关键点或关注点，其意义在于以下几点。

（1）指导组织的资源和管理如何聚焦。

（2）找到提升顾客满意度的抓手。

（3）建立服务标准。

第二，关键活动都是具有较大风险的活动，要做风险分析。计算出其总量后就知道可能影响战略、目标、指标的实现包括影响经营的活动有哪些、有多少，知道重点控制的范围，包括这些活动的岗位分布、领导层参与的程度。关键是从它的占比中知道组织是否以结果为导向；如果 MOT 占比很小，说明该组织一定是一个很平庸的安于现状的组织。

第三，增值活动是组织创造价值、效益最大化的地方，是顾客价值、组织价值驱动的地方，也是投入的资源发挥效能的地方。每一个增值活动都是一个价值转换的控制点，它的总量将给组织一个强烈的印象：组织是否具有活力，在创造价值方面是否值得市场的期待。从它在体系的占比中还可以让组织意识到，组织是否具有创新的潜力；如果占比很大，说明组织创新的空间很大，迟早成为创新型的企业。

第四，非增值活动在没有被统计之前，很多组织都对眼前员工的勤奋感到欣慰，即便不出成绩，即便组织已经举步维艰也会被自己创造的忙碌景象所感动，仍然觉得是管理有方所致，甚至认为，即便组织倒闭也值了。其实，组织并不知道大家一直在没有效率、不出业绩的情况下忙碌的原因是什么。当非增值活动的总量统计出来后马上就有答案了，这时，组织一定会猛然醒悟，原来大家都在做很多无用功，原来浮于表面的忙碌都是在非增值活动上不断地做加法，原来可以减少很多多余的人。这只是常规非增值活动的大数据，还不包括整天为解决问题去灭火的那些没有价值的活动。

第五，把关活动在组织中不可避免，几乎所有的管理者都与权限沾边，钟情于权力和表功本是人性的一部分。有些领导喜欢事无巨细都要经过自己把关，以获得权力的快感，如买文具、几百元钱的报销审批之类。而喜欢表功的人很在乎领导对自己的看法，表现出来的行为就是热衷于呈送资料，甚至频率很高，总以为领导同自己是单对单行为。但他不知道当其他人也有同样想法时，领导面对的却是一对多的行为，在不经意间累加起来的审批活动就有很多。如何掌握一个度却是管理的一道难题，把关活动占比的计算或许在破解这道难题中能发挥积极的作用。当把关活动统计出来后，每个领导都可以看到自己的总量，就知道下属是如何“善待”自己的，自己又是如何折磨自己的；就知道如何下放和分配权限，懂得如何解放自己。同时大家便明白谁是橡皮图章的领导，谁是干实事的领导。

第六，沟通、协调活动产生于例外事件、没有明文规定的地方，这类活动在管理中不是主流，成熟的组织主要靠制度去管理，所以它的总量和占比不会太高；如果高了，说明有很多地方需要规范。对于新公司、新业务这个比例高是正常的，但从统计的跟踪中这个数据应该不断降低，这表明组织在成熟，毕竟靠沟通、协调去处理的事务并不稳定。

总之，经过过程分工、活动分类得到大数据后，就知道了组织管理的真相。

四、岗位活动数字化

当过程跨岗位时，各岗位都不同程度地承担了过程的活动量，如图 4-8 所示。

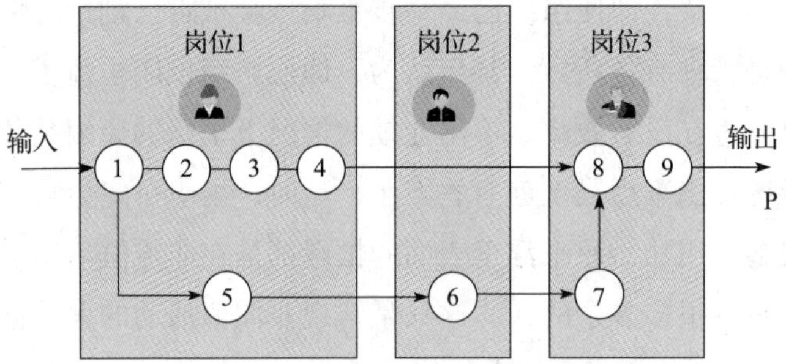

图 4-8 各岗位所承担的单一过程活动量

当若干过程（用 P 表示）经过该岗位时，如图 4-9 所示。

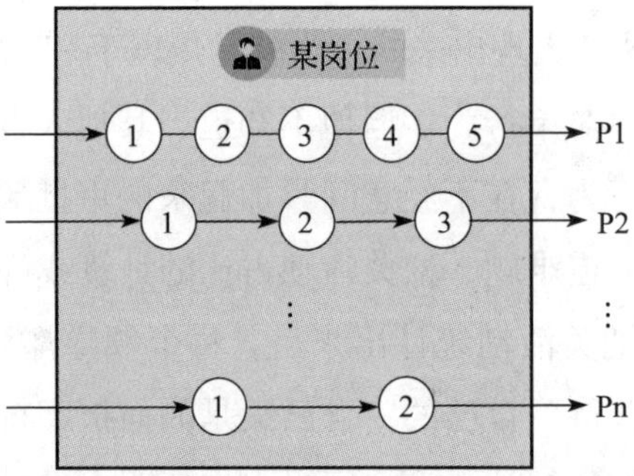

图 4-9 某岗位承担 n 个过程的活动量

则该岗位活动总量的计算公式为

$$Tpa = \sum_{i=1}^{n} Pa_i = \text{岗位基本职责} \quad (4\text{-}12)$$

式中：Tpa 表示岗位活动总量；Pa_i 表示第 i 个过程的活动数。

即“先定过程，再定职责”，这就是过程决定职责的原理。也就是说，只有从所有的过程中抽出各岗位的活动才能确切地知道每一个岗位真正的工作量。而今，在信息系统中这只是秒级之间的事。图 4-10 是某岗位活动的数字化识别，是人事主管在某份文件中经过系统识别后部分活动的例子。

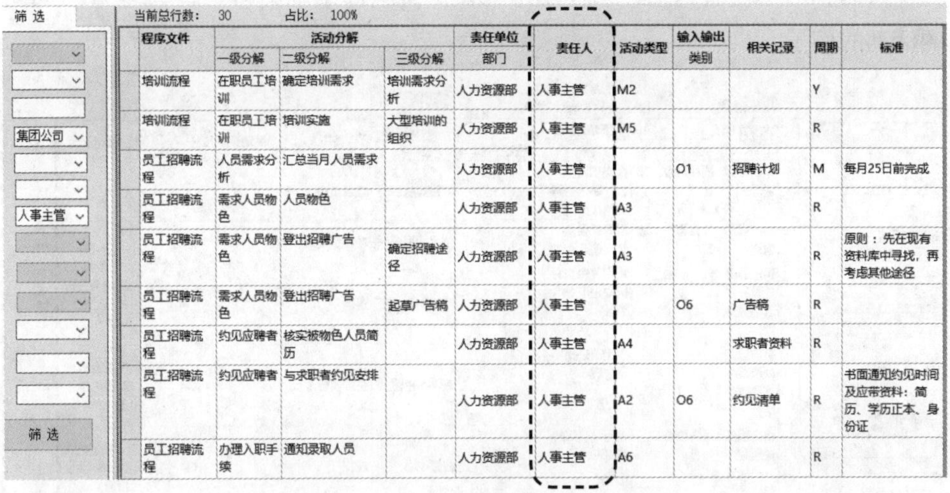

程序文件	活动分解			责任单位	责任人	活动类型	输入输出	相关记录	周期	标准
	一级分解	二级分解	三级分解	部门			类别			
培训流程	在职员工培训	确定培训需求	培训需求分析	人力资源部	人事主管	M2			Y	
培训流程	在职员工培训	培训实施	大型培训的组织	人力资源部	人事主管	M5			R	
员工招聘流程	人员需求分析	汇总当月人员需求		人力资源部	人事主管		O1	招聘计划	M	每月25日前完成
员工招聘流程	需求人员物色	人员物色		人力资源部	人事主管	A3			R	
员工招聘流程	需求人员物色	登出招聘广告	确定招聘途径	人力资源部	人事主管	A3			R	原则：先在现有资料库中寻找，再考虑其他途径
员工招聘流程	需求人员物色	登出招聘广告	起草广告稿	人力资源部	人事主管		O6	广告稿	R	
员工招聘流程	约见应聘者	核实被物色人员简历		人力资源部	人事主管	A4		求职者资料	R	
员工招聘流程	约见应聘者	与求职者约见安排		人力资源部	人事主管	A2	O6	约见清单	R	书面通知约见时间及应带资料：简历、学历正本、身份证
员工招聘流程	办理入职手续	通知录取人员		人力资源部	人事主管	A6			R	

图 4-10 某岗位活动的数字化识别

依照这种方法，就会发现岗位的活动量会有几十个、几百个甚至上千个。岗位活动量一出来，马上就知道，传统的“岗位说明书”所列的活动量与之相比只是冰山一角，不能代表员工真正的工作量。面对新技术，“岗位说明书”只能是过去式了，大部分都可以取消。

采用这种方法得到的岗位活动量是很准确的，这对于岗位价值评价、岗位能力评估有很大的帮助，并可指引组织合理地、精准地设置岗位和配置人员。有了数据后，就可以通过回归分析发现任务负荷与人力资源之间的关系。这就是岗位活动数字化所起到的关键作用。

这时，岗位活动有如下的特点。

（1）活动具有重复性（包括月、年的重复）或持续性。

（2）是岗位专门的或是专业的活动。

（3）都是“实”的而非“虚”的活动。

在系统中还可以显示各个岗位活动的分布图，尤其是关键岗位的活动占比，组织就知道如何给岗位的重要性加权，人力资源的重心应该放在哪里。结果一出来，组织便会迫不及待地检讨现在的组织结构和岗位的配置，就会有惊喜的发现。有了活动的大数据对提升人员效率和精简人员就有了科学的依据。

系统还可以进一步将每个岗位的分工细化到每天、每周、每月做什么，并显示在员工的工作看板上，为体系落地打下坚实的基础。图 4-11 是以月为周期的活动的例子。

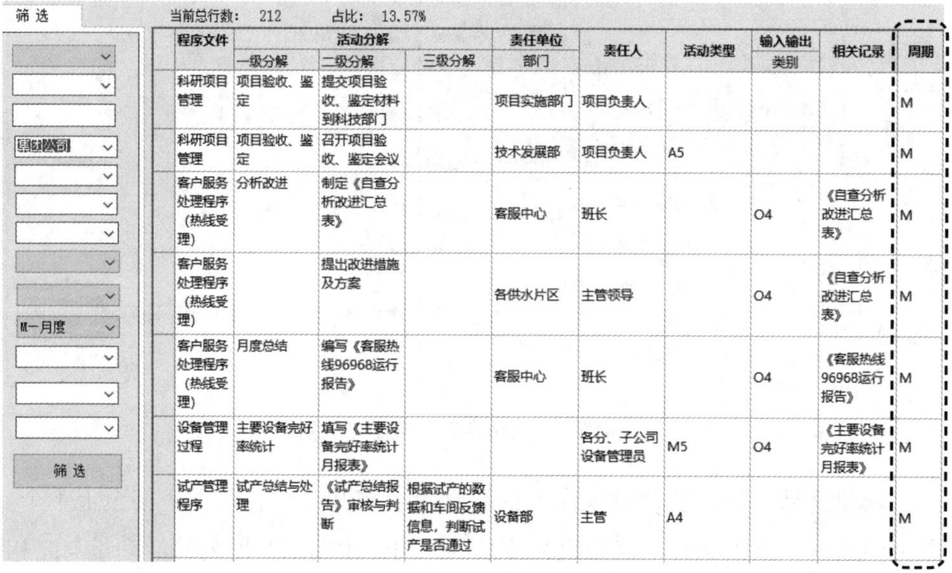

程序文件	活动分解			责任单位	责任人	活动类型	输入输出	相关记录	周期
	一级分解	二级分解	三级分解	部门			类别		
科研项目管理	项目验收、鉴定	提交项目验收、鉴定材料到科技部门		项目实施部门	项目负责人				M
科研项目管理	项目验收、鉴定	召开项目验收、鉴定会议		技术发展部	项目负责人	A5			M
客户服务处理程序（热线受理）	分析改进	制定《自查分析改进汇总表》		客服中心	班长		O4	《自查分析改进汇总表》	M
客户服务处理程序（热线受理）		提出改进措施及方案		各供水片区	主管领导		O4	《自查分析改进汇总表》	M
客户服务处理程序（热线受理）	月度总结	编写《客服热线96968运行报告》		客服中心	班长		O4	《客服热线96968运行报告》	M
设备管理过程	主要设备完好率统计	填写《主要设备完好率统计月报表》			各分、子公司设备管理员	M5	O4	《主要设备完好率统计月报表》	M
试产管理程序	试产总结与处理	《试产总结报告》审核与判断	根据试产的数据和车间反馈信息，判断试产是否通过	设备部	主管	A4			M

图 4-11　以月为周期的活动

第八节　输出与活动关联数字化

我们在互联网环境下作业已经是常态，所以采取了过程新的表达形式，如金龟表文件格式（见表 3-9）、文件网格格式（见表 3-10）。要使过程数字化更加深入，可以在这些格式的基础上进行“过程输出与活动比”及“过程输出与岗位配比”的计算，这是在互联网下开发的评价过程的新方法。

一、过程输出与活动比

通过表 4-12 过程输出与活动关联矩阵表去清楚表达每一个过程输出与相关活动的关系。

表 4-12 过程输出与活动关联矩阵表

输出 \ 关联活动	活动 1	活动 2	活动 3	活动 4
报装合同	资料核对	编制合同	合同评审	合同批准
用户编号	给用户编号	检查核对		
材料报表	材料加工			
……	……	……	……	……

过程输出与活动比的公式为

$$\text{Poa}=\frac{\text{过程输出数}}{\text{过程活动数}} \quad (4\text{-}13)$$

式中：Poa 表示过程输出与活动比。表 4-12 的计算结果是 0.43，即一个活动产生 0.43 个输出。表 3-4 的例子中，8 个活动产生了非实物的 8 个输出，Poa 为 1。

这是评价过程的一个参数。该公式表示，每产生一个输出需要多少个活动去支持，或者说，平均一个活动能产出多少输出，这是评价增值过程的一个参数，通常会小于 1，当然理想状态是 1，即一个活动产生一个输出且达到预期结果时效率是最高的。参数低，效率也一定低，过程一定存在多余的活动，就要检讨和优化。

二、输出与岗位配比

如果输出涉及不同的岗位，采用类似的方法同样得出表 4-13。

表 4-13 过程输出与岗位关联矩阵表

输出 \ 关联岗位	岗位 1	岗位 2	岗位 3	岗位 4
报装合同	资料核对 编制合同	合同评审	合同批准	
用户编号	给用户编号	检查核对		
材料报表	材料加工			
……	……	……	……	……

由表 4-13 可知，产生一个输出需要多少个岗位支持，可以用式（4-14）去计算它们的配比。

$$\text{Pop} = \frac{\text{过程输出数}}{\text{岗位数}} \tag{4-14}$$

式中：Pop 表示过程输出与岗位配比。表 4-13 的计算结果是 1，即每个岗位承担 1 个输出。表 3-4 的例子中，8 个输出涉及 5 个岗位，Pop 为 1.6，即每个岗位平均配 1.6 个输出。与表 4-12 相比，其实就是从不同的角度去考察过程效率。

式（4-14）表示，每个岗位平均要承担过程的输出量。当然最后的结果一定是岗位数比输出数少，如果比例高，表示过程难度大，对操作者的技能要求就高；如果承担的输出过多，而人员的能力又达不到要求时，系统可能会产生瓶颈。这时，要考虑将部分输出分摊给其他岗位，最后得出合理的配比。这说明，在过程中去配置和平衡人员才是最合理的，数据代表了过程发出的声音，这比在空中楼阁去配置人员要科学得多。

进一步我们还可以将表 4-12、表 4-13 的每一行进行数字编码，即将每一行看成一个碎片后的数字编码，那么，就能将过程控制转化为数字化控制。

三、体系输出与活动和岗位配比

在信息系统中，只要给出文件网格格式，便可自动生成类似于表 4-12 和表 4-13 的矩阵表，自动统计技术就可轻易得出“体系输出与活动配比”和“体系输出与岗位配比”。系统综合这两个参数后就可派生出“体系活动与岗位配比”。这些配比越高，表示要求组织的整体技能就越高，还可以帮助组织去合理配置或检讨所需的人员，这是评价体系有效性的一个新思维。

对过程各要素的数字化方法并不新奇，但应用到体系建设还是第一次。不过，当形成以过程为基础的数据库和网络体系后，才是互联网在管理体系应用上的真正开端。在互联网下运行的体系就能给出各方面的大数据，就能赋予体系自诊断和自优化的功能。这时，体系的每一个数字将成为体系的基因，都具有遗传性，并且一代比一代进化。

第九节　体系能力

能确保达到指标、要求的能力就叫“体系能力”。体系能力由众多的过程能力组成，而过程能力又由很多能力点组成。

一、统计的过程能力

过程能力包括：设计的过程能力和统计的过程能力。“设计的过程能力”是指为确保达到过程指标而预先设计好的过程能力（见表 3-3 的例子）；而“统计的过程能力”则是指实际的过程能力，需要在运行中验证。对于制造过程，过程能力是通过专门的统计方法（如 SPC）和计算去验证的，尤其是关键工序，以确定工序是否有能力重复满足所加工的产品规格要求；对于业务过程，则是验证过程是否具有重复达到指标的能力。业务过程的能力由四种能力组成（见图 4-12），不过，它不像生产过程的能力那样容易测量。

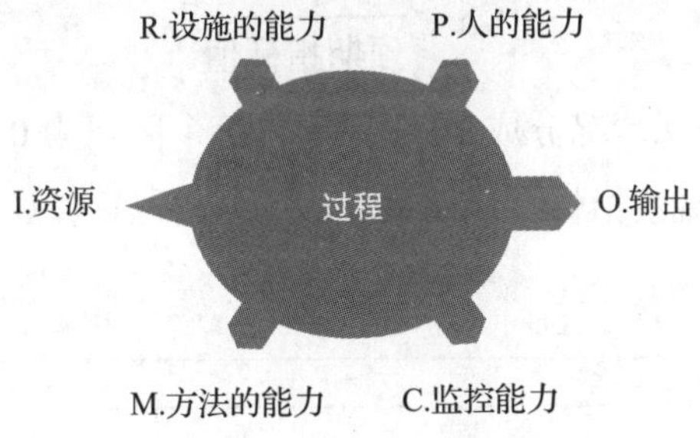

图 4-12　业务过程的四种能力

业务过程的四种能力的说明如下。

第一，“设施的能力”主要是指信息处理设备、信息技术包括软件的应用在过程中表现出的能力。这方面的能力相对稳定。不过，应用于加工的设施设备能力只适用于制造过程，不适用于业务过程。

第二，“方法的能力”是专业、经验、知识、智慧固化程度的能力，方法越先进，能力就越强，但很难独立测量。通常，方法的制定者与执行者并非一个人，在制定方法时是人的能力决定方法的能力，在执行方法时是方法的能力决定人的能力。故此，当让一个有能力的人去制定方法，而让一个能力不足的人去执行时，方法便赋予了执行者的能力，便能做出超出其自身能力的事情来。同时，方法的能力还体现在效率上。

第三，“人的能力”在方法已经规定的前提下，主要体现在理解、执行及应变的能力上，就需要执行者的技能和经验去保证结果的获得，这就是由不同的人执行同样的方法时效果不同的原因。

第四，“监控能力”不易测量，但可以体现在以下方面。

（1）过程指标和要求的适宜性。

（2）所采用的监视和统计方法的适宜性。

（3）数据获取的方法、及时性和准确性。

（4）监控方法的适宜性。

统计的过程能力是以上四种能力的综合结果，可以反映在重复同一预期结果的能力上，即一组指标实现的数据上。所以，用一组数据的平均值去验证过程能力是最简单的办法。与设计的过程能力计算不同［见式（3-2）］，统计的过程能力用 C_{pk} 表示，计算公式为

$$C_{pk}=\frac{\text{指标平均值}}{\text{预期指标值}} \tag{4-15}$$

我们将指标的实现情况分成 10 个区间，每个区间为 0.167，定义为 1 个 σ（西格玛），这样便于观察指标实现的平均值所处的位置，如图 4-13 所示。

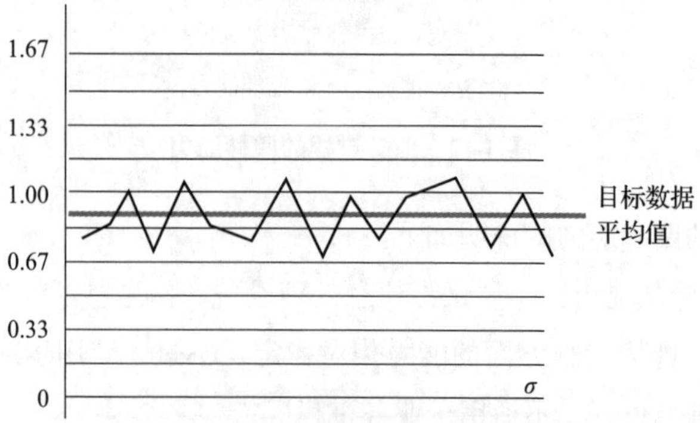

图 4-13 目标数据平均值所处的位置

指标平均值处在不同的区间便可知道实际的过程能力。能力评价如表 4-14 所示。

表 4-14 过程能力评价表

过程能力指数	评价	说明
$1.67 > C_{pk}$	过程能力很充裕	表示指标定得太低，过程能力过剩造成资源浪费
$1.33 < C_{pk} \leqslant 1.67$	过程能力充裕	表示指标定得偏低
$1.00 < C_{pk} \leqslant 1.33$	过程能力有剩余	表示指标定得恰当，即指标遵循了略高原则
$0.84 < C_{pk} \leqslant 1.00$	过程能力正常	表示指标定得保守
$0.67 < C_{pk} \leqslant 0.84$	过程能力不足	表示指标定得偏高
$C_{pk} \leqslant 0.67$	过程能力严重不足	表示指标定得过高

业务过程能力指数 C_{pk} 在 1.2 ～ 1.33 最为合理，表示过程具有优势，有剩余能力去应付不稳定状态或不可预知的事件。统计过程能力将导致过程优化或重新设计，以下是过程优化原则。

✧ C_{pk} 小于 0.67 就要重新设计过程，或降低指标值

✧ C_{pk} 小于 1 就要完善过程

✧ C_{pk} 大于 1.33 会浪费资源，就要改造过程，重新配置资源

✧ C_{pk} 大于 1.67 就要推翻过程重新设计，或提高指标值

为了提升业务过程能力，有一种开源过程引擎工具（如 osworkflow、jbpm、flowable 等）可以帮助组织分析过程各个节点的执行频度、计算可能产生的瓶颈、频繁节点的平均等待时间、发现人手不足的地方等。

二、体系能力

因过程具有能力，由过程组成的体系就具有能力，并集中反映在业务过程的能力上，成为生产力的重要组成部分。过程方法要求指标要定在过程上，这些指标的总体水平就是体系能力的表达，换句话说，体系的指标水平即体系的

能力水平。

当将过程放到体系中观察时，就不能孤立地以 C_{pk} 值的大小去判定能力的强弱：当 C_{pk} 值很大时，可能是指标定低了；当 C_{pk} 值很小时，可能是指标定高了。因此，过程能力的计算也是指标平衡的方法。

制约理论认为，系统的整体能力和业务链的节拍受到最弱的过程制约，该过程就是瓶颈过程，其能力代表了系统的能力。瓶颈过程表现在以下几个方面。

（1）与预期的体系指标差距最大，造成体系失效。

（2）在过程边界处消化输入的速度最慢，造成输入积压，体系停滞。

（3）无法按时提供下一过程期待的输入，造成下一过程等待或体系中断。

这时，过程指标为最弱指标，就要通过优化或重新设计这个过程，重新定义过程指标，释放其他过程的能力，这样才能提升体系的整体能力。如果不从体系的角度去考虑，过程本能地重复运作便无法感知自身能力的过剩或不足，这时盲目地提高过程能力对体系而言是毫无帮助的，只会浪费资源，只有发现制约体系的那些过程才算真正找到了优化的对象。

本章所介绍的过程数字化方法的核心是将过程各要素进行细分，目的是精准描绘过程的面相。当形成以过程为基础的数据库和网络体系后，才是互联网在管理体系应用上的真正开端。在互联网下运行的体系就能给出各方面的大数据，就能赋予体系自诊断和自优化的功能。这时，体系的每一个数字将成为体系的基因，都具有遗传性，并且一代比一代进化。

第五章 数字体系柔性化

数字体系柔性化可使体系和过程快速集成和定制，以适应环境的变化。体系柔性的基础是体系标准单元、过程袖珍化和碎片化，并在『过程承包制』的机制下可使管理效率显著提升。

第一节 体系柔性化的由来

面对多变的时代，一个新的事物组织还来不及消化另一个事物就出现了或是就被替代了，进步之快令组织难以适从。在新的竞争环境下，一起步就冲刺，一开局就决战，成功的要素是灵活、速度、创新与聚焦，与环境相匹配的数字体系也应朝着这个方向去发展。笔者认为，唯变才能永恒，出路就是体系柔性化，并要树立一个新思维：要速度，要效率，不要绝对正确。

佛家将“变化”表述为“无常”，强调不要执着；道家将“非常规”表述为“非常道”，强调的是大道通天，无固定形式；道家还讲，柔能制刚。现在，在管理上有一个更为贴切的用词，叫“柔性化”。

1901 年英国法学家詹姆斯·布赖斯（James Bryce）提出了“刚性宪法”和“柔性宪法”的概念，“柔性”首次出现在法治层面上。刚性宪法是由国家最高的立法机关制定与修改的宪法。而柔性宪法则是由普通的立法机关以一般立法程序制定和修改的宪法，它不存在一部统一的、正式的宪法法典，是由很多部普通法律文件和一些宪法判例及惯例组成的法律体系，即法律的总和。他认为，一部刚性宪法要维持很长的时间，不允许随便修改，尊严性大于灵活性，所以制定难度很大。与此相反，柔性宪法最大的优点在于制定和修改比较容易，弹性大，适应性强，容易适应不断发展变化的社会环境。英国这样老牌的君主立宪制国家采用的是柔性宪法治国，与我国古人“法无定法，式无定式”的思维相吻合，也与今天讲的柔性体系不谋而合。

不过，“体系柔性化”的概念主要是从制造业柔性化生产引申而来的。柔性化制造是生产单元或生产线应加工对象的要求依靠强大组合能力快速变换加工工艺的一种制造模式，是针对品种多、数量少的生产特点应运而生的，具有很强的可塑性和可变性，也叫个性化生产系统或自适应制造系统，类似于广东早茶即点即做的方式，但基础是标准化。它由四个部分组成：标准模块系统、数据系统、快速切换系统及配套的智能设备，称为柔性制造系统（FMS）。FMS 的基础是组成技术。融入了物联网后，就可以将大规模生产完全转化为大规模定制。柔性的实质是系统降维、强化离散型，最后才能完成所需的大系统。

过往，柔性化的基础是标准化，而柔性数字化除了标准化外，还包括碎片化、单元化，还要将标准化向数字化转移，数字化柔性体系的组成如图 5-1 所示。

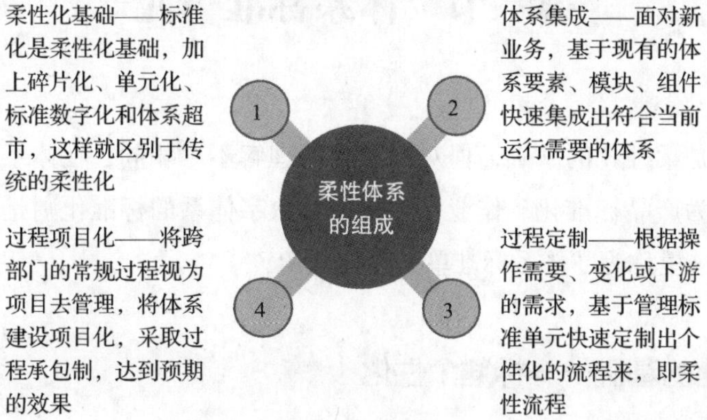

图 5-1　数字化柔性体系的组成

当管理要素、模块、组件、标准单元、过程碎片、标准场景等这些柔性基础数字化后，通过数字组合技术就产生了新的柔性化技术——柔性数字化，就能实现体系和过程数字化的快速集成和定制，达到市场敏捷、体系柔性和管理扁平的目的。

体系柔性化是体系的速成方法，也可理解成体系的快速生产方式，是应变能力和敏捷反应的现代体系建设方法，是体系进化的必然结果，数字只不过是这个结果的催化器。

柔性化还有一个功能是通过自适应去“平衡”，如同骑自行车那样在动态中平衡。组织要保持经营的正常运转靠的也是动态中各个方面的平衡，或者说，变化是为了恢复平衡，组织也因此而进步。这样的话，倘若柔性化体系借助了现代信息技术的威力，因变而变，组织就像一个变形金刚一样了。

柔性化体系须遵循以下原则。

- ✧ 变化第一，稳定第二
- ✧ 方向第一，速度第二
- ✧ 速度第一，完美第二
- ✧ 要求第一，程序第二

综上所述，柔性化体系就是一种超机动的运作体系，是按需定制的体系。

第二节 体系标准单元

标准化是柔性化的基础，但对标准化的理解不尽相同，在体系方面，标准化大多理解为产品标准化、作业标准化，而数字体系的标准化则是指管理单元的标准化，这里称为“体系标准单元”。

一、柔性化的基础——标准个性化

柔性化的本质是标准化下的个性化，图 5-2 是标准化的进化过程。

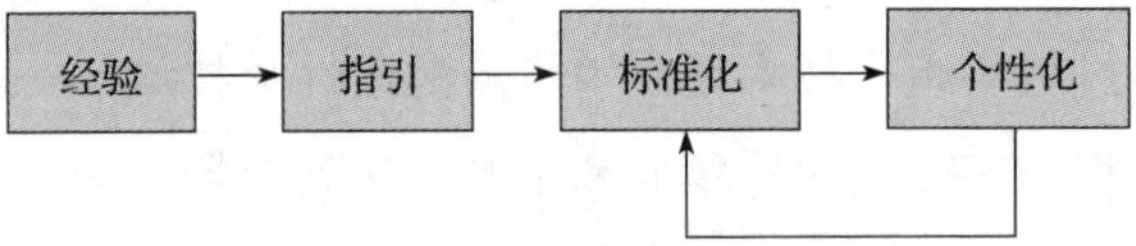

图 5-2 标准化的进化过程

由图 5-2 可知，标准的前身是经验，而将经验变为标准前，通常先转化为指引，等操作成熟后再转化为标准，标准化后就推广；当标准不适用于个别情况时便进行修订，就产生了个性化的应用；当个性化带有普遍性后又回头补充标准，扩展其适用性。这是一个不断重复的循环，使标准螺旋式地提升。

一方面，标准化是组织发展的必由之路。每个成熟的行业及其组织都有其独特的标准化特征，具体体现在一些管理规律、行业约定或管理定式上，它们是经过长期的实践和探索得到的，将它们标准化后就称为“体系标准单元”，或者叫“体系基因”。另一方面，之所以标准化，是因为基层员工不具备对复杂事物判断的能力。

数字体系对体系标准单元的定义是：组成体系的稳定元素。它的构成如图 5-3 所示。

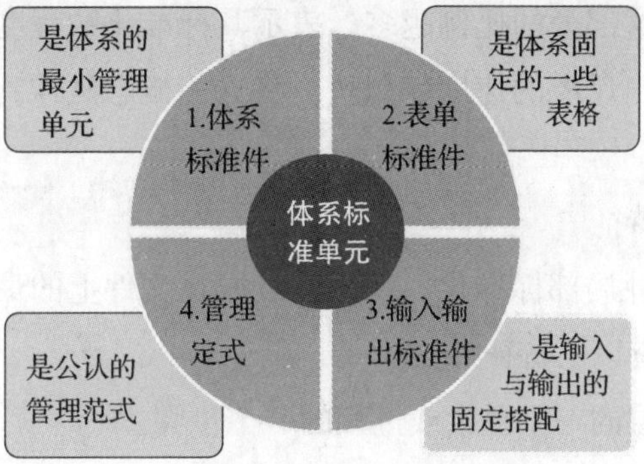

图 5-3　体系标准单元的构成

体系标准单元都是微观结构，它的开发从最普通的活动开始，看似都是微不足道的，但后劲很大。在产品标准化中，标准件、标准组件是基础，叫柔性单元，也是从最普通的零件开始的。因此，在操作层面上，体系标准单元才是体系标准化的真正基础而不是一堆文件，但它又没有标准答案，只有适用性。标准单元越多，柔性化就越强。有了这个基础才可以采取堆积木的方式去搭建体系，这时效率是最高的。

而今，变化与速度第一，期望整份文件标准化已经很难，更不要说整套文件了，单元标准化的速度比整份文件标准化的速度要快、要灵活。以后，单点作业的机会远远高于整份文件的作业，所以局部的或者是每个小单元的标准化才是出路。过去组织一直将标准化建设的焦点放在整套文件的编写上，并以文件的数量为衡量标准，愿意花大量的时间去编、去写、去培训、去维护，不去反思当前的体系及其运行模式是否适应发展的需要，抱着那些自认为是颠扑不破的规则，甚至还认为自己做得不够彻底，仍满怀激情地继续耗费时间。而现在，组织要将大部分时间转移到制定体系的标准单元上，退一步说，即便没有文件，依赖标准单元也能保持高效的运作。

二、体系标准件

提到“标准件”就会联想到螺丝、密封圈之类的部件。一个产品中标准件越多，表示其通用性程度就越高，产出的效率就越高。产品 BOM 就是将产品的结构分拆到不能再分拆为止，这时就会发现有相当部分的模块、部件、组件和零件是标准件，这部分的比例越多，表示其标准化的程度就越高、产品开发的周期就越短、做出反应的速度就越快。将这一概念延伸到体系建设就是“体系标准件”的概念。

1. 体系标准件特征

标准件就是文件局部标准化，就是能装嵌在文件上的最小标准单元——体系的零部件。其具有以下特征。

（1）针对最底层的一个要素或过程的一个步骤。

（2）一层结构。

（3）一个活动一个动词。

（4）可以脱离文件而独立存在。

体系标准件可以是一连串的标准动作、一项有序的政策、一组要求（或标准）、一组关联的条件等。

【例 1】

10.2.1　当出现不合格时，包括来自投诉的不合格，组织应：

a）采取措施以控制和纠正不合格；

b）处置后果；

c）评审和分析不合格；

d）确定不合格的原因；

e）确定是否存在或可能发生类似的不合格；

f）实施所需的措施；

g）评审所采取的纠正措施的有效性；

h）需要时，更新在策划期间确定的风险和机遇；

i）需要时，变更质量管理体系。

例 1 是 ISO9001 标准关于彻底解决问题的 9 个标准步骤（9D 法），“10.2.1”是该标准条款号。这是在福特汽车公司早期提出的 8 步法（即 8D 法）的基础上发展而来的。整个 ISO9001 标准就有几十个这样的标准件，都是公认的最佳实践，将它们企业化后就成为组织的标准件。一流组织都有自己的最佳实践，也有很多体系标准件，并被争相模仿。

2. 体系标准件结构

体系标准件的结构有以下几种情况。

（1）按顺序排列的标准动作（如例 1）。

（2）按重要性排列的标准动作（见例 2）。

（3）按并列排列的标准动作（见例 3）。

（4）由作业条件构成的要求，主要是并列关系（见例 4）。

（5）对步骤提出的要求（见例 5）。

例 2 ～例 4 为 ISO9001 标准中的条款。

【例 2】

8.2.2　产品和服务要求的确定

在确定向顾客提供的产品和服务的要求时，应确保：

a）适用的法律法规要求；

b）组织认为的必要要求。

【例 3】

在进行战略策划时，对有关数据和信息的收集、分析应当考虑以下方面：

——有关数据和信息的收集和分析方法；

——应当采用科学的方法进行数据和信息的分析，例如 SWOT（优势、弱势、机会和挑战）分析、KSF（关键成功因素）分析、CBI（主要障碍性因素）分析等；

——在考虑国家相关的产业政策时，不仅要考虑组织产品的国家产业政策，还应当考虑到与组织产品相关的产业政策。

【例 4】

7.2.3　内部审核员能力

质量管理体系审核员、制造过程审核员和产品审核员应全部能够证实最少具备以下能力：

a）了解汽车审核过程方法，包括基于风险的思维；

b）了解适用的顾客特定要求；

c）了解 ISO9001 和 IATF16949 中适用的与审核范围有关的要求；

d）了解与审核范围有关的适用的核心工具要求；

e）了解如何计划审核、实施审核、报告审核以及关闭审核发现。

【例 5】

新员工试用要求：

（1）试用期为三个月。

（2）试用期满时上司填写评价报告。

（3）评价报告交人事部备案。

体系标准件涉及的动作或要求建议不要超过 10 个，如果超过则分拆成两个标准件或进行优化。

组成标准件的动作和要求有无数种可能的搭配，所谓的标准件无标准，适合组织的就是标准。标准件只是一个名称，并非一成不变。可以在“原装”标准件上面加插内容成“仿制件”，如例 5 中可以变为以下内容。

新员工试用要求：

（1）试用期为三个月。

（2）试用期满员工编写总结报告。

（3）试用期满时上司填写评价报告。

（4）评价报告交人事部备案。

例中的“试用期满员工编写总结报告”就是加插的内容，但原形没有改变，即基本结构和原始内容没有改变。仿制件有可能会回复到原装件上。一旦加插的内容日后固定下来，标准件便升版。

标准件中还有一些没有固定结构的标准范本，如合同（或协议）范本、附件范本、公告范本等。

三、体系标准件的建设

体系标准件建设通常有以下的方法。

（1）在国际标准中建立标准件。

《卓越绩效管理标准》、ISO9004、美国生产力与质量中心（APQC）开发的跨行业流程分类框架（PCF）被视为比较全面的管理标准，可作为体系标准件开发的基础。如果我们将国际标准看成是体系的标杆，那么它的“元素树”就是体系 BOM，是一个标准结构，组织可将其转化为自己的“体系元素结构表”，结构表中最底一层的元素就是体系不能再分的元素，它们就是要选取的标准件对象，将其内容转化为组织的内容便成为体系标准件。很多组织在贯彻标准时无意中也完成了这种转换。

（2）在现有体系文件中建立标准件。

组织现有体系文件中有很多经过长期沉淀下来的成熟做法，经提炼后就能成为体系标准件，可以独立出来。

（3）借鉴别人的标准做法。

建立体系标准件的一个捷径就是借鉴同行或成功组织的成熟做法，它们很多成熟的做法是用经验和教训换回来的，这样会节省很多经验成本和时间成本。

多样化是柔性化的一个特征。随着管理形态的多样化、业务的增多，管理就有更多的分支，那么面对同性质的管理，标准件也呈现多样化，这个时候就会产生“系列标准件”，在不同的情形下使用不同的标准件，就正如螺丝有很多规格那样。例如，上面的例 5 中，新员工试用的系列标准件可能会有：高层管理人员试用标准件、核心技术人员试用标准件、基层员工试用标准件。又如，同样是采购，对供应商的评价标准件就会有：A、B、C 三类供应商的评价标准，自然针对这三类供应商所采取的政策也是不一样的；同理，同一个管理要素也有不同的标准件。总之，体系标准件就是组织应变能力的基础。

四、表单标准件

文件编写有一个简单原则：用一句话就能讲清楚的就不用一段话；用表单就能操作的就不用文件。表单的栏目也是文件的一部分，栏目的设计要呼应过程指标和要求，也存在与标准的搭配，表单无非就是将这种标准搭配固定下来成为标准件。所以，表单是标准件的一大类。以例 1 解决问题的 9D 法为例，其标准表单如表 5-1 所示。

表 5-1 9D 报告

<table>
<tr><td>报告编号</td><td>产品型号</td><td>产品名称</td><td>产品图号</td><td>生产批号</td></tr>
<tr><td></td><td></td><td></td><td></td><td></td></tr>
<tr><td>问题发生地点</td><td>本批数量</td><td>不良品数量</td><td>发生日期</td><td>签收人</td></tr>
<tr><td></td><td></td><td></td><td></td><td></td></tr>
<tr><td colspan="3">01. 小组成员：</td><td colspan="2" rowspan="6">图示：</td></tr>
<tr><td colspan="3">02. 问题描述：</td></tr>
<tr><td colspan="3">签名： 日期：</td></tr>
<tr><td colspan="3">1. 采取措施以控制和纠正不合格</td></tr>
<tr><td colspan="3">临时措施：</td></tr>
<tr><td colspan="3">签名： 日期：</td></tr>
<tr><td>清点处</td><td>数量</td><td>问题数</td><td colspan="2">2. 处置后果</td></tr>
<tr><td>顾客处清点</td><td></td><td></td><td colspan="2"></td></tr>
<tr><td>在库品清点</td><td></td><td></td><td colspan="2"></td></tr>
<tr><td>生产线清点</td><td></td><td></td><td colspan="2"></td></tr>
<tr><td colspan="3">3. 评审和分析不合格</td><td colspan="2">确认</td></tr>
<tr><td colspan="3">签名： 日期：</td><td colspan="2">签名： 日期：</td></tr>
<tr><td colspan="3">4. 确定不合格的原因</td><td colspan="2">原因验证和确认</td></tr>
<tr><td colspan="3">签名： 日期：</td><td colspan="2">签名： 日期：</td></tr>
<tr><td colspan="3">5. 确定是否存在或可能发生类似的不合格</td><td colspan="2">确认</td></tr>
<tr><td colspan="3">签名： 日期：</td><td colspan="2">签名： 日期：</td></tr>
<tr><td colspan="3">6. 实施所需的实施</td><td colspan="2">7. 评审所采取的纠正措施的有效性</td></tr>
<tr><td colspan="3">签名： 日期：</td><td colspan="2">签名： 日期：</td></tr>
<tr><td colspan="5">8. 确定的风险和机遇</td></tr>
<tr><td colspan="5">签名： 日期：</td></tr>
<tr><td colspan="3">9. 变更质量管理体系</td><td colspan="2">有效性确认</td></tr>
<tr><td colspan="3">签名： 日期：</td><td colspan="2">签名： 日期：</td></tr>
</table>

栏目的编号就是填写的顺序号，表示这个标准件的作业流程。如果一个过程的所有表单都已经成为标准件，那么文件的基础就相对稳固得多。

如果一个表单不能适应多种情况，柔性化就要设计不同的表单，即个性化表单。例如，表 5-1 是根据 ISO9001 的要求设计的，但当福特汽车公司要求供应商发生质量问题要填写 8D 报告时，就可以将 9D 报告变为 8D 报告。

五、输入输出标准件

过程就是将输入转化为输出的一组活动，那么就存在输入与输出的标准搭配或是孪生搭配，甚至输入所产生的输出是由作业的内在规律决定的，摸索或找到这样的搭配就是“输入输出搭配标准件”，如表 5-2 所示。

表 5-2　输入与输出的标准搭配

输入	标准搭配的输出
• 功能和性能要求	• 产品规范 • 产品特殊特性
• 产品结构图	• BOM • 部件图 • 零件图
• 产能（或标准工时） • 订单 • 库存	• 生产计划
• 培训需求	• 培训计划

这些标准件可以是组织或是行业的共识，也可以参考优秀组织的范本，但最终以组织自身的需要为准。又如 ISO9001 标准对管理评审输入和输出的固定搭配如表 5-3 所示。

表 5-3　管理评审输入和输出的固定搭配

输入	输出
1. 以往管理评审所采取措施的情况 2. 与体系相关的内外部因素的变化 3. 顾客满意和有关相关方的反馈 4. 质量目标的实现程度 5. 过程绩效、产品和服务的合格情况 6. 不合格及纠正措施 7. 监视和测量结果 8. 审核结果 9. 外部供方的绩效 10. 资源的充分性 11. 应对风险和机遇所采取措施的有效性 12. 改进的机会	1. 改进的机会 2. 质量管理体系所需的变更 3. 资源需求

也就是说，所有 ISO9001 认证组织都必须按照这个搭配进行管理评审，出来的评审结果才被认可。

每一个输入输出的固定搭配视为“一个信息单元”，也叫数据的标准搭配。信息单元的结构往往决定过程步骤，并且输入与上游接口，输出与下游接口，其结构往往由外部决定。故此，从某种意义上讲，信息单元是信息流的基础。

六、管理定式

在日常管理中，一些习惯做法（惯例）、约定俗成、管理口诀或公认的做法总在支配着我们，这里称为“管理定式”或“体系定式”。例如，监控定式和文件简单定式。

监控定式：有运行就有监控；有监控就有标准；有监控就有记录；有记录就有分析。

文件简单定式：能用要求控制的不用程序；能用表单控制的不用文件；能用图表控制的不用文字。

确定管理定式可参考表 5-4 所列的方法。

表 5-4 管理定式寻找方法

方法	例子
在国际管理标准中去找	著名的 PDCA 戴明循环
从公认的管理定律中寻找	5W1H 定式［What（做什么）、Why（为什么做）、Who（谁做）、Where（在哪里做）、When（什么时候做）、How（怎样做）］，也叫拉斯维尔定式
在成熟的管理定式中寻找	事前策划，事中控制，事后总结
在惯例中寻找	事前请示，事后汇报
在动词的逻辑顺序中去寻找	确定、理解并满足要求
编制一组有归纳性的排比句	先进先出、先拆先用、先用完先结算；先调查，再立项；先立项，再方案
从组织的经验中寻找	先款后货

管理定式具有以下特征。

（1）反映管理的规律。

（2）简短，高度概括。

（3）可以脱离文件而独立存在。

管理定式有大定式（如 PDCA 定式）和小定式（如先款后货），有些是管理原则。管理定式一旦确定下来，就会形成大家的思维定式、做事的逻辑或法则，或者叫作“范式”。它们会有“无所用，无所不用”的特点，如庄子所说：无用之用，方为大用。

就管理的适用性而言，管理定式确实比体系标准件包含范围更广，作用更大，影响力更强，在很多场合其指导意义远比程序要重要。用管理定式去管理，效率很高。我们发现管理者将定式内置到大脑后会转化为处理事情的心理定式，形成快速反应的本能，尤其面对弹性很高的管理时这点尤为突出。所以熟记定式和管理口诀是一条快速提升管理水平的途径。过往绝大多数组织都没有将管理定式纳入体系建设中，所以，定式的建设就成为数字体系建设的一个特色。

七、标准化程度

所有的标准单元都是相对的标准，都要不断完善，但先要建立“体系标准单元库”，慢慢累积，它会清楚地反映出各个管理板块的标准化程度。

1. 标准化程度

过程标准化程度的计算公式为

$$Sp = \frac{\text{标准单元数}}{\text{过程步骤数}} \times 100\% \qquad (5\text{-}1)$$

式中：Sp 表示过程标准化程度，则体系标准化程度的计算公式为

$$Ss = \frac{\text{所有过程标准单元总数}}{\text{所有过程步骤总数}} \times 100\% \qquad (5\text{-}2)$$

式中：Ss 表示体系标准化程度。显然，标准单元数越多，体系标准化程度就越高。

当将过程分解到各个岗位后，岗位标准化程度的计算公式为

$$Spo = \frac{\text{标准单元总数}}{\text{岗位步骤总数}} \times 100\% \qquad (5\text{-}3)$$

式中：Spo 表示岗位标准化程度。提升岗位的标准化程度就意味着提升工作效率，标准化的建设很大程度上就落实到岗位职责上了。

标准化程度越高，就越能厚积薄发，集成的速度就越快，体系建设的成本就越低；如果组织的体系和过程有超过 60% 可以集成，那么说明其标准化程度已经很高了。

建立体系标准单元库后就能很方便地根据组合和作业的需要搜索出所需的内容，这对新手帮助很大，对其组织的标准化建设可起到决定性的作用。

2. 体系柔性化程度

过程能够拆分的碎片越多，柔性化就越强。过程柔性化的计算公式为

$$Fp = \frac{\text{标准单元数} + \text{碎片数}}{\text{过程步骤数}} \times 100\% \qquad (5\text{-}4)$$

式中：Fp 表示过程柔性化程度，则体系柔性化程度的计算公式为

$$Fs = \frac{\text{标准单元总数} + \text{碎片总数}}{\text{过程步骤总数}} \times 100\% \qquad (5\text{-}5)$$

式中：Fs 表示体系柔性化程度。可见，体系标准单元数和碎片数越多，柔性化越强。

前文所讲的体系标准件、表单标准件、输入输出标准件及管理定式都是操作的最小结构标准化，是为体系集成、过程定制作基础的，都有可能成为任何一份文件的基本控件或是中间件。它们都有一个共同的特点：独立性。正因为管理单元具有脱离文件而独立存在的特性，才具有很强的独立指导、组合文件的功能，才成为柔性体系的必要条件。一般而言，管理定式多半发生在较高层级的流程上，体系标准件、表单标准件、输入输出标准件多半发生在操作层级的流程上。体系柔性化就是鼓励个人创建更多的管理标准单元，使数字化定制更加成熟；文件嵌入的管理标准单元越多就越成熟、越稳定。

表 5-5 建设项目设备供应商选择程序中的加黑部分就是体系标准单元的例子。

表 5-5　建设项目设备供应商选择程序

过程指标：主要设备提供及时率 100%				
输入	流程	输出	要求	责任人
工程设备需求表	编制设备采购计划	（1）设备采购计划 （2）概算表	（1）收到工程设备需求表后一个星期内编制“设备采购计划表”。**编制要求：** **①先地下室后主楼，先室内后室外，先专业后装饰** **②先大后小** **③先固定（或先预埋）后移动** **④先动力后其他** （2）根据现有资料、经验、类比法等方式做出设备采购概算表 （3）项目经理审核，副总经理批准	专业设备工程师 项目经理、总经理
原有设备供应商名单	物色设备供应商	设备供应商物色名单	**（1）物色原则：先照顾原有供应商，不合适另物色新供应商。**除非特殊情况，不接受个人（包括集团内部以个人的名义）、朋友的推荐，以免影响公正性 **（2）50 万元以上的设备物色要求：** **① 100 万元以上的采用招标的方式；100 万元以下的采用邀标的方式** **② 500 万元以上的不得少于 5 家；300 万元以上的不得少于 4 家；100 万元以上的不得少于 3 家；50 万元以上的不少于 2 家** （3）列出《设备供应商名单》	专业设备工程师
	编制招标或邀标书	招标或邀标书	**（1）编制招标或邀标书，明确设备供应商的基本条件、设备（包括系统）的基本要求、技术参数、报价要求** （2）项目经理审批 （3）根据《设备采购计划》的时间要求向供应商发出招标或邀标书，并要求在 10 个工作日内回复，超过该期限的视为自动弃权	专业设备工程师 项目经理 专业设备工程师
	供应商现场考察		（1）收到投标书后，15 个工作日内对符合资格的供应商到现场进行考察 （2）编写考察报告	专业设备工程师
供应商评审准则	供应商评审	设备供应商评价报告	（1）评审标准参见《供应商评审准则》 （2）编写《设备供应商评价报告》 **（3）选择过程应遵循“公开、公正、公平”原则，在相同的条件下价格取胜** （4）中标的或被淘汰的供应商应得到正式的文件通知	评审小组 专业设备工程师
	合同洽谈	设备供货合同	**（1）评审小组人员不得向外透露供应商的报价。每次的报价至少让两人获知，并以正式的文件证实才能生效，报价的变更应说明原因** （2）对外保持口径一致，涉及价格问题集中由项目经理或副总经理负责洽谈，最后的价格由总经理确定 （3）双方达成协议后签订《设备供货合同》	评审小组 项目经理、副总经理 采购工程师
资料清单	资料保存		（1）根据资料清单备齐整套资料移交档案室 （2）被淘汰的供应商的资料保存至少三年	资料员

第三节　体系碎片化

电视连续剧恐怕是电视节目碎片化的一个创举，想要知道全部剧情就必须连续一集一集地看完，不仅很有吸引力，而且还带来巨大的商业价值。我们已经面对这样的事实：阅读碎片化、操作碎片化、时间碎片化、信息碎片化、交流碎片化、视觉碎片化……一句话，我们的一切管理活动都由碎片构成，即管理碎片化，也就是管理已经进入分子化和原子化时代。管理数字化是向微观发展的，它可以同时兼有《数字化生存》一书中所讲的比特和原子的特性。数字化是专门解决微观问题的，越是渗透到细节上就越能体现数字化的优势。如果说，进化是趋向微观的，那么体系数字化就改变了体系的进化方式。

一、体系碎片化的四个方面

当我们使用手持终端（如智能手机）在移动互联网下进行管理时就决定了管理已经碎片化，并且不得不承认，碎片所占用的时间越来越多，便有将操作文件与手持终端对接的强烈要求。这客观事实倒逼组织不得不去思考：传统文件的表达方式还适用吗？我们听听下面的呼声。

- 我不想看整份文件，很多与我无关的内容会转移我的专注度，我只想知道与我有关的内容。
- 我不想知道太多重点，我只想知道这么多的文件中，我的重点是什么、关键节点是什么。
- 我不想花很多时间去写别人干什么，我只能写自己的部分。
- 我不想动不动就要创建一份文件，只想发个信息就能解决问题。
- 我不想做一大堆无价值的事情，我只想知道文件中对我有价值的事情是什么、下游要什么。

» 我不想一下子什么都做，我只想知道别人现在要什么，否则会浪费我很多的时间。

这些呼声都与效率有关，传统文件是效率的重大障碍。现在人手一部手机，一切都只希望一键搞定，只有文件碎片化才能轻松地回应以上的呼声。这就是体系文件碎片化的全部理由。为此，就要求文件格式的设计必须是“可碎片化的格式”，如网格化设计、矩阵式设计、表格化作业设计、标准搭配设计等，就要放弃平铺直叙的条款序列的传统格式。体系碎片化是一个系统工程，这将导致整个体系的再造和重构。

当前，通过完整的文件实现管理的目的还是一种普遍的形式，体系电子化（E 化）基本上是停留在这种形式上。而现在，一份完整的文件只是后台（或中台）的一种需要，不是操作端的需要，就正如软件那样，代码语言就是流程的数字表达形式，无须另外再编制一份操作文件。进入软件系统后，它会引导我们操作。软件设计首先是搭建一个框架，然后将功能分解成菜单，菜单中还有更细的条目，这个过程实质就是作业碎片化设计，连表单栏目的作业都有单独的语言代码支持，系统最后会将各个碎片连接在一起。操作界面呈现的是被分解后的操作细节，是最简单的甚至是傻瓜式的操作，作业者无须担心整体，整体性由后台负责。其实，任何简单的操作都因为有复杂的系统支持，手机输入、扫描动作都很简单，背后却是复杂的系统；在软件领域，复杂是为了简单。例如，乔布斯率先推出的智能手机。过程数字化正是要完成这一基础。只要碎片化到最小单元的时候，奇迹可能就会发生，数字的触角就会产生感知能力。

碎片化是为了数字化，这是一个技术问题，这里从四个方面去考虑，如图 5-4 所示。

图 5-4 是系统性的碎片化，体系通过以上的方式碎片化后全部转化为数字。然后建立碎片库置于一个技术平台上，这个平台负责将碎片推送到各个操作终端上。

碎片的操作是最简单的操作，能将复杂化于无形，因此，碎片化的策划是数字体系建设一个重要组成部分。从原理上讲，体系碎片化策划可以从多个维度去展开，碎片到什么程度是没有标准的。

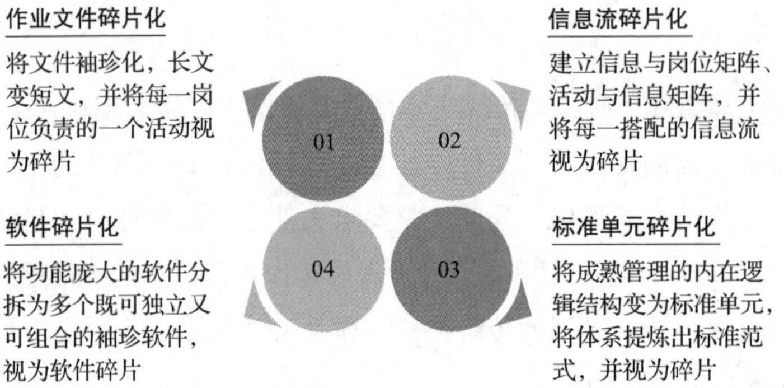

图 5-4 体系碎片化的四个方面

柔性化操作的新特点是分散作业，没有固定地点，要求作业文件掰开揉碎，分拆到个人的操作端上，因而柔性化的时代特点除了标准化外，还要加上“碎片化”。碎片化就是将体系拆分成很多的可独立操作的碎片，碎片越多，就越接近敏捷操作。所以，碎片化及碎片标准化也是柔性化的基础，是今后体系建设的方向。

二、作业文件碎片化

作业文件碎片化的原理就是围绕过程六要素（输入、输出、准则、方法、资源和责任者）即 6 个维度的拆分。

表 5-6 是一份作业文件，有 8 个步骤，每个步骤都对应输入、输出和责任者，这样，每个步骤便可视为“一个工作单元”。

现在如果将这份文件拆开 8 个工作单元，就是 8 个工作碎片，这样的控制就已经微观到过程的活动和要求上了。碎片数字化后，利用互联网的便利，就可通过后台以连接而非拷贝的方式将每个碎片精准地推送到各个岗位上，实质就是将文件碎片发送到岗位上，这比把一堆文件发送到某岗位要科学得多。在没有数字化前这是做不到的。这样就能大大提高程序协同的效率，就解决了操作端不知道在复杂的体系中与自己有关的内容是什么这样一个最大的痛点，如此做最大的好处就是看得见、抓得住，为文件落地打下了良好的基础。表 5-6 的文件格式（金龟表）就是为碎片化而设计的。

表 5-6　车架报装程序

每一行为一个工作碎片

过程指标：① 10 天内安装完毕　②报装满意度 95%　③承诺兑现率 98%				
输入 / 资源	**步骤**	**输出**	**要求**	**责任者**
1. 顾客资料 2. 报装申请表	1. 资料核对，并录入电脑	1. 合同 2. 合同评审记录	1. 合同填写范本 2. 资料核对无误	营业员
用户编号规则	2. 给顾客编号	用户编号	符合用户编号规则	
	3. 将当日受理合同资料发至设计部		每日 16：30 发送至设计部	
顾客车辆型号	4. 车辆现场测量	车辆测量数据	2 天内完成	工程师
铝材、锯床	5. 材料加工	材料报表	工程完成后上报	材料加工员
车架定位装置	6. 现场车架安装	1. 合格的工程 2. 施工成本	1. 5 天内完成 2. 符合《车架安装工程规范》 3. 安装成本占比不超过总成本的 65%	安装工
	7. 安装验收	验收记录和报告	符合《车架安装验收规范》	检验员 顾客
	8. 收费计算	安装费用	符合收费标准	营业员

软件系统会根据表 5-6 统计出整个体系所有的碎片数量，过程就已经简化到极致的状态了。碎片化运作只是表面现象，实际上还是被网络化的文件系统性地支配着的。但是，当终端觉得自己是在单打独斗时，想了解团队、作业的关联性、整个流程时，就需要文件的还原。系统设置了一些选项，如局部还原、全部还原，单元还原等，是根据碎片数字编码还原的。也就是说，文件不仅可以组合，还可以分拆，这就是数字柔性的特点。

其实，过程数字化后，过程顺序将简化为数字顺序，碎片之间的连接实质就是数字对接数字。在互联网下运作，传统文件中的很多步骤就变得多余了，是被自动化替代了，如数据采集、档案移交、资料汇总等。另外，二维码是数字化定点操作的一种典型手段，每一个固定的作业点都可以通过二维码去识别，作业内容就可以分散到这些作业点上，作业者只要扫描二维码就可以获得该点的作业信息，大大简化了作业流程；同时，有了远程审批功能后，流程就可进行同步作业，就能节省很多步骤和时间。

三、信息流碎片化

在第四章中，已经将体系的所有输出都分了类，这样，信息系统就可以将每类输出抽出来自动生成一个汇总表，它是一个输出与岗位对应的矩阵表，如表5-7所示。

表 5-7 信息流碎片表

方案类流转表																	
△——审核 ○——会审 ▲——批准 √——分发																	
O1类输出名称	编制	输出频率	营销部经理	开发部							工艺部经理	采购经理	品管		财务		总经理
				软件工程师	机械工程师	电器工程师	测试工程师	项目经理	经理	技术副总			经理	分管副总	经理	总监	
年度产品开发总体方案	开发部经理	Y	○						○	○	○	○		○		○	▲
产品开发方案	项目经理	R	√					√	△	▲			√	√			
总体成本方案	成本工程师	R		√	√	√	√	△	△ √	▲		△ √			△ √		▲
机械设计方案	机械工程师	R					△	▲	√								
电路设计方案	电器工程师	R					△	▲	√								
产品试验方案	测试工程师	R						△		√		√	▲				

这是一个信息流碎片

明显地，表5-7上的每一个输出要经过哪些岗位都是一个单独的流程，后台会将每一行切割为一个作业碎片。输出有很多分类，如合同协议类、计划类等，采取同样的方法就产生很多这样的碎片。同时又为后台各个岗位的对接奠定基础，但前提是手工表格要全部变为电子表格。

四、软件碎片化

数字化管理离不开软件。当前，很多组织将数字化转型的重点放在软件上，并且都希望是大而全的。其实，对于数字体系而言，运用软件、信息化建设这只是数字化不算高的门槛。数字化强调的是数字覆盖率，然而，大而全的软件非但不能提升覆盖率，反而是覆盖率的障碍，因为不同软件的很多功能都重复了，而要使软件覆盖率大幅提升、数字化的效率提升，就要向“软件碎片化”发展。

而今，组织都有线下和线上不少的软件系统，都是为了管理自动化和智能化。线下软件大部分是专业软件或是业务软件，线上软件大多是通用性软件（如 OA 系统、App）。表 5-8 是价值链涉及的部分软件。

表 5-8　价值链涉及的部分软件

市场类	设计研发类	制造类
• 客户关系管理系统（CRM） • 销售管理系统（DMS） • 商业智能系统（BI） • 售后服务管理系统（PSS）	• 产品生命周期管理系统（PLM） • 产品设计和开发项目管理系统（APQP） • 失效模式和后果分析（FMEA） • 产品数据管理系统（PDM）	• 企业资源计划（ERP） • 制造执行系统（MES） • 高级计划与排程系统（APS） • 柔性制造系统（FMS） • 计算机集成制造系统（CIMS） • 供应链管理系统（SCM） • 采购管理系统（SRM） • 物流管理系统（TMS） • 质量管理系统（QMS） • 仓储管理系统（WMS） • 数据采集与监视控制系统（SCADA） • 能效管理系统（EMS）

此外，还有其他一些管理系统，如决策支持系统（DSS）、财务管理系统（FM）、资产管理系统（EAM）、业务流程管理系统（BPM）、项目群管理系统（PMO）、电子数据交换（EDI）……它们很多都有软件家族的性质，很多功能都有重复性、相似性和关联性，互有交集，如 ERP 与 MES、PLM 与 ERP、PLM 与 QMS、MES 与 EMS、EAM 与 EMS 等，如图 5-5 所示。

一个企业有几十个软件系统并不鲜见。从数字体系的角度看，它们都是数字过程技术，都能将输入和输出控制在预期的范围内，都存在接口的可能，如果不进行集成的话就等于资源的浪费。

当然，对于软件碎片化而言，众多的技术软件和工业软件除外，如产品研发方面的计算机辅助设计（CAD）、计算机辅助制造（CAM）、计算机辅助工艺规划（CAPP），测量系统分析软件（MSA）、分布式数控系统（DNC），等等。

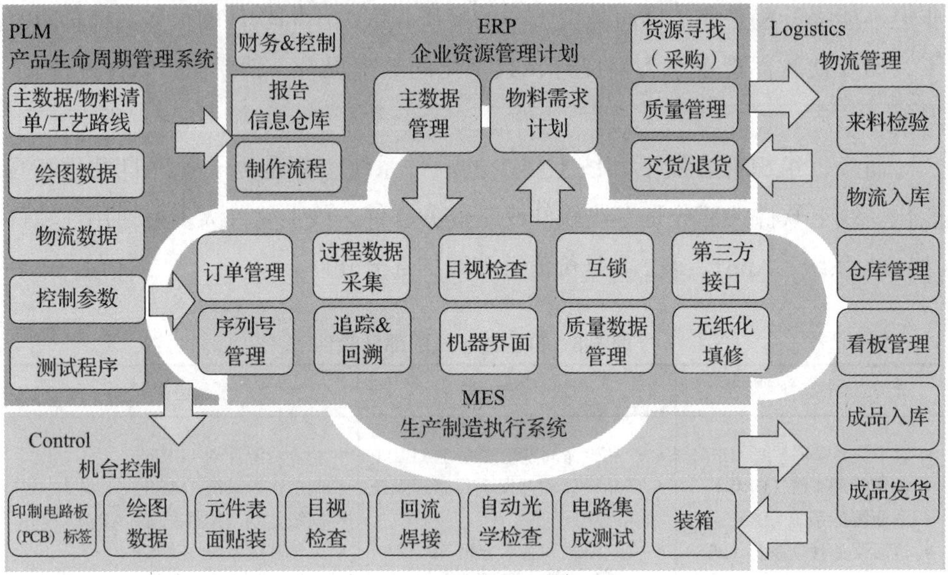

图 5-5 软件之间的交集

当前，是以变促发展的环境，显然，一个功能庞大的、面面俱到的、复杂的软件是不适宜的。在数字体系中，需要将软件碎片化或是软件最小化，就是针对体系的操作层开发袖珍软件、微型软件、可组合的软件，低代码、零代码的软件开发技术为此创造了条件。软件碎片化、微型化、柔性化、集成化是数字体系的一个特征，如图 5-6 所示。但这并不意味着现在就要对企业以往的信息化推倒重来，但可以通过价值链进行整合和优化，以提升运营的效率。

图 5-6 软件碎片集成

软件碎片化的规划必须从价值链（见图 1-15）及价值链活动属性（见图 1-18）入手。当前，很多专业的信息系统都是价值链的一部分，没有一个软件庞大到覆盖整条价值链，但价值链形成了各信息系统集成和接口的架构，它的展开更是完成了从顶层结构到底层结构的设计，活动的逻辑关系、输入和输出的对应关系、管理的要求、活动流、信息流、物流都已经表述得非常清楚，基本上可以满足局部的软件碎片化、微型化开发的需求，从原理上讲完全可以通过 n 个碎片软件去覆盖现时业务软件和管理软件的所有功能，在实操上能覆盖 70% 是没有问题的。华为的鸿蒙 OS、谷歌的 Android 及苹果的 iOS 操作系统都提供了同根同源开发的平台，搭载在这些平台上就可以多端同步开发。当前，很多的 App 基本上都是在这些平台上应用。由于接口已经标准化，借助一些中间件和现成的插件完成软件的柔性化，通过服务总线（ESB）、数据仓库（ODS）等方式，实现全业务活动的集成，使开发周期大大缩短。软件本身就是数字赋能最为普遍的方式，从价值链中进行软件碎片化就能使每一个业务领域、每一个业务单元、每一项活动实现从宏观到微观、从定性到定量的精准把握，是彻底数字化的最佳途径。

运用软件的目的是减流程、减文件，但事实上，很多软件的成熟度还很低，不知道软件是否可靠，有时不得不软件走一遍，文件再走一遍。而碎片化软件大多是低代码的，软件成熟度很快就会提高，多维度的复杂控制便可以通过软件柔性化、可配置化和小模块软件组合的方式去实现。每个人可以根据操作需要安装或下载数量不等的微型软件，操作时不用看文件，随软件的引导，管理就走向自动化了。例如，开飞机本来是最复杂的，但嵌入了很多软件后会使操作自动化，比开车还简单。又例如，一辆汽车的软件和电子成本已经超过了钢铁，有上百个微处理器，主要是数字化装置，如智能无线电、能源控制器、信息显示器、位置跟踪系统等。

其实在管理上，智能手机上都安装了很多实用性很强的 App，其都是一些碎片软件，需要哪个就点击哪个，感觉很方便和提高了效率。为使很多的小软件都能在一个界面上操作，组织普遍都会要求不同的软件供应商开放端口，即便不是集成在一起、不是数据共享，也希望在同一个界面上完成所有的操作，不想退出来再转换另一个软件界面，形成看似是捆绑在一起的一个系统，这就是软件碎片后柔性化的结果。

组织当然希望通过很多微型软件实现体系全数字化，但很难做到，其数字化比例包括软件应用在内的覆盖率有 60% 就已经非常优秀了，关键是要看体系是否都能转化为数字形式。如果体系全数字化了就意味着管理进入了自动化阶段。管理自动化的主要特征如图 5-7 所示。

数字具有扩展性，数字化达到高级水平后，就会出现虚拟体系、虚拟场景，自动化将至少有 30% 是在虚拟环境下进行的，会有部分代替现实操作，这是必然的。

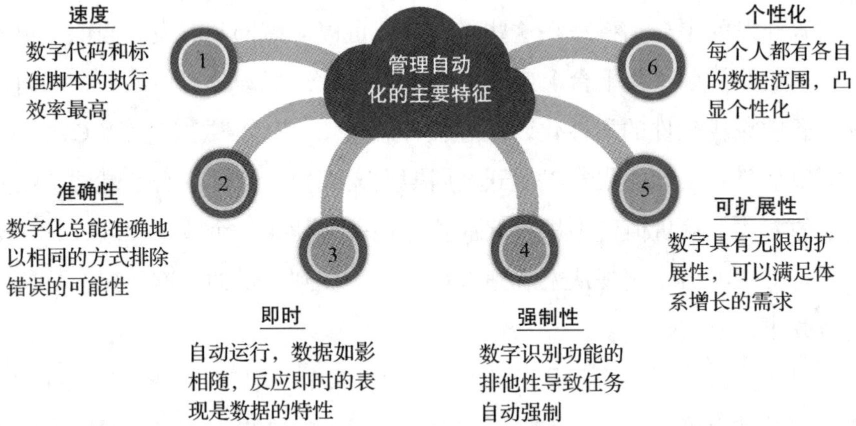

图 5-7 管理自动化的主要特征

五、体系碎片化的路径

而今，对于全新的业务或是全新的公司，在连需要哪些文件都是未知数的情况下，在确定了组织的大方向和体系的宏观结构后，各个岗位一开始最紧迫的事情就是围绕如何快速推出业务或产品而展开的一系列工作，面对的已经是碎片化操作了。点对点的操作倒逼大家将各岗位的输出设计放在了首位，从而不由自主地完成了文件碎片化的设计，而不是整份文件的设计，同时还要照顾接口操作和团队横向作业的需要，也即先离散后连接的互联特点。这时，碎片化的路径是从下到上的，并不要求各个部门和各个岗位先要有若干份完整的文件，哪些紧迫就先做哪些，然后慢慢才有体系的标准件、管理定式、标准表单。用表 3-7 至表 3-10 的格式去表达操作方式正是为这种情形而设计的，符合文件碎片化和操作简化的趋势，更符合现代操作界面的需求。当前，文件用来看的功能不是主流，更多的是做背景用的，我们更在意的是里面的业务场景、管理场景和作业场景。实践证明，很多快速发展的公司所创建的场景后来都保持了创业时碎片化的特色及其文件格式，保持了与互联网对接的特色。碎片化在先的操作尽管欠缺成文前的整体性，但当前的手段完全可以在后台的监视中捕捉到每一碎片的轻微变化，然后再完成文件的整体性，我们发现这样的效率更高。

如果是针对组织现成的体系，碎片化的路径是从上而下的，就是从现有的流程框架中或从经营路线、价值链中识别到最小单元过程，然后通过表 5-6 的格式将文件微型化和碎片化。

当然，文件碎片化的形式一定不止以上那些，归纳地讲，三元素、体系标准单元、信息单元、工作单元、输出与岗位矩阵、输出与活动矩阵、软件碎片都属于碎片的范畴，关键是组织要认识到文件碎片化是面向操作层的，而系统技术则可以将被肢解的碎片拼回原文。当体系完全碎片后，全柔性的过程就能实现！

第四节　体系超市

当管理标准单元、体系碎片累积到一定量的时候，就要进行统一的管理，以提高使用的效率，这就是本节讲的“体系超市”，就像进入超市按需购物那样，其成为柔性化的支持性平台，是数字化平台的一个中台。体系超市除了体系标准单元、体系碎片等内容外，还有各类作业文件、产品标准、各种规范、关键词索引等。

一、体系货架

体系货架代表着一个错综复杂的管理系统。货架按照大元素（管理模块）分解到小元素的原理去建立，是一个流程框架。现在，将表 1-5 逆时针旋转 90 度变成表 5-9 的形式，即一个管理货架部分举例。

表 5-9 管理货架部分举例

一级职能（一层货架）	人力资源管理		
二级职能（二层货架）	人力资源规划	招聘与配置	培训与开发
三级职能（三层货架）	1. 拟订组织人力资源发展规划 2. 组织各部门编制部门组织结构和各部门职能 3. 制定员工发展通道 4. 员工职称、技能及相关资质等级申报、考核	1. 制订招聘计划 2. 拓展招聘渠道 3. 建立人才信息库 4. 员工招聘 5. 岗位价值分析 6. 员工的选拔、晋升、试用期的评估 7. 编制用工短缺的应急计划	1. 制订年度培训计划 2. 内部培训讲师队伍的建设及外部培训机构的评选 3. 入职培训及协助各部门开展专业技能培训 4. 员工培训档案管理 5. 培训效果分析 6. 教材管理 7. 建立运行过程所需的知识及案例库

也就是说，如果组织有 20 个管理模块，就有 20 个货架。货架的货物就是各种流程、作业文件及支持性资料。这时，每一层货架都会有标准单元库，内容包括以下几点。

（1）体系标准件。

（2）表单标准件。

（3）输入和输出标准件。

（4）体系定式。

信息化时代的所有过程、文件、资料已经全部电子化，这是体系货架的前提。所谓货架是虚拟的，它本身就是一个信息系统，是数字平台的组成部分。以后将会用数字描述作业场景，体系货架还将增加标准作业场景。

二、货架数字化

建立体系货架的目的是希望能直接应用数字仓库的作业技术去运作。例如，在工厂的物料超市中应用了无线射频识别技术（RFID），设备就能够自动识别超市货架上的材料型号、数量等信息，并通过操作台上显示器显示的不同的颜色去帮助作业者准确地将物料放到正确的位置上，一旦出现错误还可以给予提示和预警，大大提高了工作效率。医院药房根据医生的药方自动配药就是数字化货架运作的过程。过程（货物）的数字编号就是货架及货架位置的编号。关于数字编号，大多组织都有自己的数字编码规则或者溯源习惯。

1. 过程、职能与岗位数字化

在数字化方面，为避免数据源头分散，可以利用表 1-5 的逻辑关系去建立过程、职能与岗位的数字编码，如表 5-10 所示。

表 5-10 过程、职能与岗位的数字编码

一级职能	二级职能	三级职能	指标	程序文件	作业指导书	岗位编码
人力资源管理（MP1）	人力资源规划（MP1-1）	拟订组织人力资源发展规划（MP1-1-1）	员工到岗率 93%（MP1T1）；关键岗位人员适配率 82%（MP1T2）；培训有效率 84%（MP1T3）	人力资源管理程序（MPP1-1）	员工招聘和配置管理办法（MPP1-1-1）；员工职称、技能及等级申报和考核办法（MPP1-1-2）；员工选拔、晋升、试用期的评估办法（MPP1-1-3）	MP01
		组织各部门编制部门组织结构和各部门职能（MP1-1-2）				MP01
		制定员工发展通道（MP1-1-3）				MP01
		员工职称、技能及相关资质等级考核（MP1-1-4）				MP01
	招聘与配置（MP1-2）	制订招聘计划（MP1-2-1）				MP02
		拓展招聘渠道（MP1-2-2）				MP02
		建立人才信息库（MP1-2-3）				MP02
		员工招聘（MP1-2-4）				MP03
		岗位价值分析（MP1-2-5）				MP04
		员工的选拔、晋升、试用期的评估（MP1-2-6）				MP04
		编制用工短缺的应急计划（MP1-2-7）				MP03
	培训与开发（MP1-3）	制订年度培训计划（MP1-3-1）		培训与知识管理程序（MPP1-2）	内部讲师队伍管理办法（MPP1-2-1）；员工培训档案管理办法（MPP1-2-2）；教材和道具管理办法（MPP1-2-3）；知识管理办法（MPP1-2-4）	MP05
		内部培训讲师队伍的建设及外部培训机构的评选（MP1-3-2）				MP04
		入职培训及协助各部门开展专业技能培训（MP1-3-3）				MP03
		员工培训档案管理（MP1-3-4）				MP03
		培训效果分析（MP1-3-5）				MP03
		教材管理（MP1-3-6）				MP03
		建立运行过程所需的知识及案例库（MP1-3-7）				MP03

表 5-10 的每一级职能、指标、程序文件、作业指导书都有唯一的数字编码，其中 MP1 表示“人力资源管理”模块，属于管理过程的范畴（见第一章的过程分类）。表上的数字编码随职能的结构就自带逻辑关系了，数字与岗位也已经挂钩，后台会自动按数字编码将每项工作分配到岗位上。

由于现代组织都是过程型的，就要将“职能”转化为“过程”。这时，一级职能至少有一个以上的一级过程，即“程序文件”的支持。如果一级过程的内容覆盖二级职能，则不再需要作业指导书支持；如不能覆盖，二级职能就要转化为二级过程，需要作业指导书去支持。表 5-10 已经表达了这个意思。三级职能用“要求”去支持，这也是体系文件的层级结构。体系完全数字化后，层级结构基本上是“一级或二级过程结构 + 袖珍化作业文件”，不会再有多层文件结构。

2. 全流程型数字化

由著名的 APQC 开发的跨行业流程分类框架（Process Classification Framework，PCF）将运营和管理流程分为一级流程模块、二级流程组、三级流程、四级活动及五级任务 5 个层级，全面覆盖了先进组织管理所需的元素，共 1500 多项流程和相关活动，并且每个流程都有一个对应的数字编码，以表明它们的属性。如果我们将 PCF 看成体系货架，组织就可从流程菜单中根据需要和自身水平去选取，很快就能组成自己的管理体系。不过，需要明白的是，PCF 的五层流程框架并不表示要有五层文件支持。

考虑到 PCF 的广泛适用性，可直接使用或借鉴使用流程名称之后独特的 5 位数字来识别每一个流程。下面举其中一个例子。

【例 1】

1.0 构建愿景和战略（10002）

  1.1 定义业务理念及长期愿景（17040）

    1.1.1 评估外部环境（10017）

      1.1.1.1 识别竞争对手（19945）

      1.1.1.2 分析和评估竞争（10021）

      1.1.1.3 识别经济趋势（10022）

      1.1.1.4 识别政治和监管问题（10023）

      1.1.1.5 评估新技术创新（10024）

1.1.1.6 分析人口特征（10025）

1.1.1.7 识别社会和文化变化（10026）

1.1.1.8 识别生态问题（10027）

1.1.1.9 识别知识产权问题（16790）

1.1.1.10 评估知识产权获取方式（16791）

1.1.2 市场调查和确定客户需求及期望（10018）

1.1.2.1 进行定量 / 定性的研究评估（10028）

1.1.2.2 获取客户需求和期望（19946）

1.1.2.3 评估客户需求和期望（19947）

这就是全流程的数字化。与身份证编码的结构原理一样，流程数字的结构始终指代该流程元素的概念定义。如果一个流程元素的定义明显发生了改变，那么将重新定义 5 位数字。流程数字既定，与之相关的作业文件、资料的数字编码也随之延伸，遵循源头原理。

3. 体系标准单元数字化

由于管理标准单元可以从文件中独立出来，所以就要有自己的数字编码。体系标准单元编码如表 5-11 所示。

表 5-11　体系标准单元编码

数字符号	体系标准单元
S1	管理定式
S2	体系标准件
S3	表单标准件
S4	输入和输出标准件

只要在标准单元数字符号前加上流程数字编号就可知道标准单元的归属，如下面的编码。

» “10002S101”“10002S102”就表示“构建愿景和战略”这一顶端流程的两个“管理定式”。

» “19945S201”“19945S202”就表示“识别竞争对手”这一四级流程的两个“体系标准件”。

» “10021S301”就表示“分析和评估竞争”这一四级流程的一个“表单标准件”。

在编码方面，过去担心编码过长不易于辨识，而现在都是自动辨识的，“码长”不是问题，关键是考虑数字的逻辑结构及对大数据的影响。“树状结构”是常见的方式，就是遵循着“族”的规则，这是编码的一般原则。关于流程模块、流程类、流程组的代码很多组织喜欢用字母去表示，如市场类的字母是“M”（Market），“管理定式”的代码就是“MS1”；产品设计开发类的字母是“D”（Design），则“体系标准件”的代码就是“DS2”。数字基础的基础（根基础）是编码规则和数字规则，体系数字化的数字编码很多是可以兼容的，如模块编码与职能编码的兼容。

三、体系碎片数字化

1. 信息流数字编码

在第四章中已经分别对方案、合同、计划规定了数字符号，那么将这个符号加在所属的流程数字编码后面就产生了每个信息流的编码，如表 5-12 所示。

表 5-12　信息流数字编码

信息类型	数字符号	流程名称	流程数字编码	流程输出名称	碎片数字编码
方案	O1	开发新产品 / 服务的开发和导入	16824	新产品开发方案	16824O1-
计划	O2	创建和管理生产主计划	10224	生产主计划	10224O2-
合同、协议	O3	建立合作伙伴和联盟协议	18629	合作协议	18629O3-

由表 5-12 可知，“18629O3-”表示后面接序号，如 18629O3-01、18629O3-02……表示不止一个碎片编码。

2. 过程碎片的数字编码

如果一份文件分拆出 10 个碎片，那么就有 10 个编码，将这些编码的序号加在流程数字编码后面就可以了，如表 5-13 所示。

表 5-13　过程碎片的数字编码

流程名称	流程数字编码	岗位数量	碎片数量	碎片数字编码
管理销售订单	10185	3	9	10185-01 10185-02 ⋮ 10185-09
设计产品	19995	8	22	19995-01 ⋮ 19995-022
管理供应商	10280	5	13	10280-01 ⋮ 10280-013

由表 5-13 可知，其他碎片的编码照此类推，并不复杂，同时碎片数量将被分配到每个岗位上。

给体系标准单元、体系碎片、作业信息碎片、标准作业场景等数字编码不仅是为了识别它们，更是为了更准确、更快地柔性化，以及更好地组合，相当于数字的组合——数字柔性，并在运行中获得它们的大数据。数字柔性的高级阶段是在计算机上完成流程的场景模拟和柔性自动化。

四、体系标准单元版本

体系货架放置的资料中只有体系标准单元才有版本，目的是让柔性化聚焦在标准单元的建设上。如果一份文件有 5 个标准单元，那么就有这 5 个单元的独立版本，也即版本碎片化。其意义在于，从标准单元的版本中就能知道一份文件哪些地方更加成熟。第一次推出标准单元时都是弱版本，但有了它，就有了强版本的方向。

由于过程随时都在翻新，按传统的做法，版本的升级就非常频繁，为此，数字体系不提倡过程版本或者文件版本，转而提倡组成过程的标准单元的版本，因为它们更改的频率不会很高。

货架上资料的每次更新就意味着管理的一次提升。那么没有版本的资料又如何确保是最新的呢？那就以发布的最后日期为准，可以在后台查询历次发布的日期。

即使取消业务和过程，也不一定会导致体系标准单元的取消，因为体系标准单元是独立的，可能适用于其他业务和过程，其状态就静止在最后的版本上。

此外，为使体系和流程更具适应性和灵活性，尤其是在新业务和创新的环境下，能够提供力所能及的资料支持，数字体系在策划时就应考虑到体系超市与知识库的连接。

第五节　体系集成

体系集成是通过体系的基本元素、一些模块和组件、核心业务事件组等快速组合成适应当前作业体系的一个过程，是柔性化体系的一个主要特征。所以，体系集成的前提是：体系有一定程度的标准化基础。体系集成主要的服务对象包括以下情形。

» 新业务。
» 项目管理。
» 跨部门小组运作。
» 临时性或短暂的运作。
» 替代性的作业。
» 具有规模的一次性运作。
» 组织局部的变化。
» 变革。
» 新的岗位、新的职能或新的部门。
» ……

也就是说，只要业务需要一个新的体系去支持，就可以采用装配和集成的方式去完成。应急的时候、与竞争对手争夺市场的时候，这种方式更能显示出优势。

体系集成如图 5-8 所示。

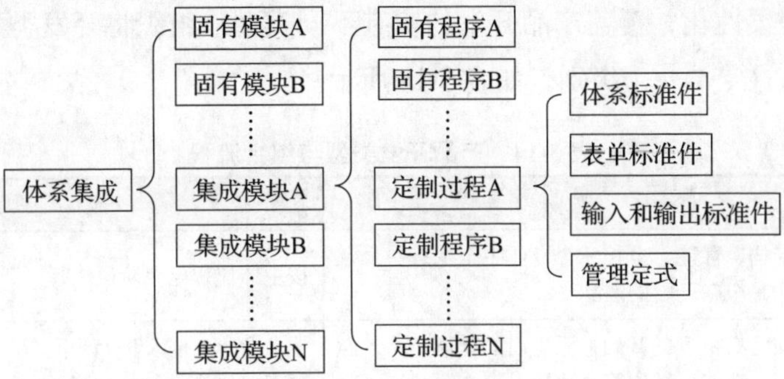

图 5-8　体系集成

这是最基本的集成形式。当然相似度很高的体系也可以有简单的组合，如以下几种。

» 固有程序 + 定制过程 + 体系标准单元。
» 固有程序 + 管理单元。
» 定制过程 + 管理单元。
» ……

有过产品设计开发的组织都有这样的疑问：产品设计开发的情形有很多，都要写流程吗？例如，全新产品的自主开发、顾客定制的开发、仿真开发、主设计 + 委托设计的开发、补充产品系列的设计、在不改变功能的情况下改变性能的设计等。复杂的设计和简单的设计所需要的流程差别巨大，如果针对每一种情形都写一个程序又不实际，即便都写了，也不知道以后还会有其他什么情形。程序不能无限穷尽，体系建设的方向不是加法而是减法。常识告诉我们，开发全新的产品比开发系列产品所需的时间长得多，相应地，其步骤也多很多。不过，如果前者覆盖了后者的所有步骤，那对于数字体系来说就没有必要写两个程序了，可以从前者中提取必要的步骤（假定这些步骤已经变为体系标准件或标准模块的话），这样在很短时间内就能组合出所需的程序来，就可以应对多种复杂的情况、实时实地地应用、动态地集成，集成的潜力就能显示出来。

某家电组织的产品设计开发程序有 7 个阶段（产品策划、方案设计、技术设计、试制、试产、投产鉴定、量产跟进），共 79 个步骤，程序很长。为使产品设计过程柔性化，覆盖产品开发的所有不同类型，组织将开发类型以难度区分为A、B、C、D 4个级别，如表5-14所示。

表5-14 产品开发类型与组合流程

类型	说明	流程
A类项目	结构、性能、电控三个专业中至少有一个专业是全新开发的产品	按主体流程七个阶段执行
B类项目	在已有机型的基础上派生出的变形产品，性能、功能、结构等改动较大	技术设计＋技术设计评审＋试制（必要时）＋试产＋试产总结＋生产
C类项目	在已有机型的基础上派生出的变形产品，性能、功能、结构等改动较小	技术设计＋样机制作＋样机测试验证＋试产（必要时）＋试产总结（必要时）＋生产
D类项目	仅在已有机型的基础上更换包装、标贴件及有认证要求的一般电器、电子元器件的产品	技术设计＋样机制作＋样机测试验证（必要时）＋下达样品确认单（必要时）＋生产

对于B类、C类、D类项目允许对主流程中部分环节进行合理删减或合并，删减的内容将在实际的开发项目计划中加以说明。产品开发的柔性化流程如表5-15所示。

表5-15 产品开发的柔性化流程（部分）

序号	开发内容	类别	流程组合
1	更换全新压缩机	B	技术设计＋试制＋试产＋试产总结＋量产
2	辅配压缩机（更改配管）	B	
3	辅配压缩机（原有配管）	C	技术设计＋样机制作＋样机测试验证＋试产＋试产总结＋量产
4	压缩机保护器更改厂家	C	样机制作＋样机测试验证＋试产＋试产总结＋量产
5	压缩机保护器更改安装方式	C	样机制作＋样机测试验证＋试产＋试产总结＋量产
6	全新蒸发器	B	技术设计＋试制＋试产＋试产总结＋量产
7	蒸发器光管改螺纹管或螺纹管改光管	C	样机制作＋样机测试验证＋试产＋试产总结＋量产
8	蒸发器更改管径或面积或片距或片形	C	样机制作＋样机测试验证＋试产＋试产总结＋量产
…	……	…	……
32	风叶复制模（原结构）	C	样机制作＋样机测试验证＋量产
33	顶盖板全新开发	B	技术设计＋试制＋试产＋试产总结＋量产
…	……	…	……
64	在已有机型基础上更换有认证要求的一般电器、电子元器件的产品	D	样机制作＋样机测试验证＋量产
65	包装材料变化、包装改型（针对外销性产品）	D	材料验证＋包装验证＋量产

表 5-15 中针对 65 种不同的产品开发情形大致规定了柔性化的框架，接着就可以从主流程的 7 个阶段和 79 个步骤中（其中很多是“体系标准单元”）抽取必要的环节组合出最后的子模块或流程来。所组合的新流程也属于流程定制，只不过这种定制是在比较成熟的管理基础上进行而已。过程袖珍化就是将原来大过程的每个阶段变为一个小过程。短过程的优势就是便于组合。

在产品设计和开发的领域也有类似的做法。工程师借助产品数据管理系统（PDM）可以进行标准模块的移植、配置、资料采摘和粘贴，很快就组合出所需的产品来，这种集成叫“搭积木”。PDM 文件分类如表 5-16 所示。

表 5-16　PDM 文件分类

管理模块	文件分类	分类数字代码
产品设计和开发	产品标准	PS
	材料标准	MS
	测试标准	CS
	BOM	BOM
	DFMEA	DFMEA
	设计图纸	DM
	……	……
工艺开发	工艺标准	TS
	特性矩阵表	TMT
	PFMEA	PFMEA
	控制计划	PC
	作业指导书	WI
	……	……

对象数字化，不管是流程还是管理模块，在数字规则中，数字代码基本上都按属性走，是属性数字化的运作。

体系集成的建设方向是个性化的，它可以解决大型组织小型化运作的问题。西医是因病治人，其系统必然是朝大众化治疗的方向发展；中医是因人治病，其系统必然是朝个性化治疗的方向发展。大数据是向个性化发展的，数字体系建设的方向也一定是中医的方向，是“自适应体系”的方向。

第六节 过程定制

宋朝诗人苏轼讲：随物赋影，尽水之变。柔性流程如流水，追求的就是这种天然态——这就是过程定制的全部理由。

一、过程定制原理

过程首次设计就已经强调定制的概念了，但这里的“过程定制”有所不同，是指组织的管理体系已经有较好的基础、有较高的标准化程度、有很多现成的管理标准单元，针对新业务、新过程具备了快速组合条件的定制。

环境和条件的变化，加上新技术层出不穷，需要过程及时响应，从概念到实操的时间都很短；过程追求的是实用性，但过程在执行中经常会遇到很多的例外。因此，过程初建后便长期处在随时变化和自我调整与修改中，不修过程无以修大体，这是过程小组的常态化工作。在数字体系中，过程首次设计后所发生的一切变化都被定义为“过程定制”，这也可理解为一个永无止境的进化过程。

传统的做法是文件发布后有一个试用期，跑通跑顺后就希望有个稳定期，不想朝定夕改，否则就丧失其指导的功能。现实是，市场不允许这样做，要求即出题即答，经常是在信息和知识不充分的情况下就开始运作，传统的观念与“以快为先”（即适宜性）的观念相抵触。但在“适宜性”与“稳定性”的取舍中，原则是“适宜性第一，稳定性第二”，在保持适宜性的同时兼顾稳定性；流程不适宜，稳定性就没有任何的意义，可以讲，适宜性是体系进化的原动力。数字体系的原则是：不强求过程稳定，重在求匹配稳定。

关于过程定制，专业的软件系统不仅有“自定义流程”的功能，还可以进行过程情景模拟、仿真，这是最为常见的做法。柔性数字化后，任何过程都是可配置的，未来将会有流程智能组合、流程自学习、自适应和自优化等技术，即智能柔性，但基础是流程标准单元、流程碎片化、领域的情景组件（标准作业场景)、流程数字化及流程建模。如果你创作一个作业情景需要5小时，那么这时的模拟则只需花5分钟。在大数据背景下，我们几乎可以用电脑去模拟任何事物，而不需要靠解剖青蛙那样来了解青蛙的构造。智能化流程已经提供了可视化的建模工具，如用业务流程建模与标注（BPMN)、事件过程链（EPC）等标准化的建模语言去描述流程模型；流程仿真工具则有IBM Web Sphere Business Modeler，Software AG ARIS等。这些工具都是帮助组织快速找到过程的最佳实践，是效率的数字化提升。在电脑上进行数字化仿真其实就是数字的重组。

过程定制不同于过程重组，更不同于变革。过往，体系保持在静态下运行才是正常的，不到改动成熟的时机就不会动它，所以过程重组和变革是阶段性地进行，像搞运动那样几年才会有一次，并被看作组织的一件重大事项。这是因为环境、市场、业务、技术等因素变化的累积，导致整个体制和过程不再适合，很多积重难返的问题也找不到有效的解决方法，仅仅依靠过程优化根本触及不到本质问题，需要组织再造，过程重组，甚至推倒重来。变革，就是改变规则。这种剧变往往牵一发而动全身，涉及的是面而不是点，带来震荡在所难免，一旦失败整个组织就一起埋单，风险极大。太多的教训、太多回天乏力的措施，使组织在摸着石头过河时迫使自己要进行缜密的、整体的和全面的策划，这个过程不仅耗时耗力，而且对预期的结果毫无把握。而过程定制则是一个渐进式的过程再造，是紧贴形势的，很大程度上避免了突变的现象和变革带来的痛苦，而过程作为“点”的变化不会造成整体的较大变动，多点的渐变最后就形成整体的质变。除非经济环境骤变，否则紧随形势变化的组织以后就很少再有流程再造、机构重组了，这与最早提倡过程再造的哈默的观点不一样。过程在渐变中完成蜕变，并从中获得新的能力，最后导致组织的进化，这是在“花开无声”的过程中完成的，不会体会到突变的那种激动。

二、过程变化

既然过程是动态的，就不能刻舟求剑。在篮球比赛场上，教练经常叫停比赛重新布置新的打法，这叫实时管理。但不管如何布置，都要靠稳定的标准动作做基础。过程变化也是同样的道理，是主动求变，是实时的过程、实时的管理。

当每个过程都在动态中变化和优化时，整体就会同步变化，积小变为大变，直到达到与外部环境的同变。每次的变化都应视为新的过程、一次的定制，关键是要不断产生新的管理标准单元，不断提高过程定制的效率。

由于变化的情形太多，为减少工作量，就需要明确怎样的变化才算过程变化？改一个字、改变一下表述方式也算变化吗？显然不是。以下的变化才是过程变化。

（1）过程目标的变化。

（2）过程职责的变化。

（3）过程资源的变化。

（4）标准单元的变化。

（5）作业要求的变化。

（6）记录表单的变化。

（7）作业步骤的变化。

（8）作业时间的变化。

前面两项的变化由过程组长负责修改，其他的变化由小组成员修改，然后采用现时最简便的形式（如微信群、视频会议）请大家确认。一次的迭代很快就完成了。

有些不属于正式的过程更改可以通过“偏离许可”的授权进行，可以先斩后奏，甚至斩后不奏，如遇到以下几种情况。

（1）临时性的应对或应急。

（2）微调。

（3）明知修改后又要回到原来的状态。

“偏离许可”是放宽过程修改行为的策略。其实，制造业采用这种方式确保生产的正常运行早已司空见惯，在材料、半成品发生规格偏离而生产线又不能停的情况下，如果偏离不影响产品性能的话，可以授权放行。

过程定制是根据当前的需要所进行的快速组合，是因人而异、因事而异、因时而异、因地而异的定制，与环境相匹配。如果不是这样，无异于虚设一套体系自娱自乐。试想，组织依存在一个失去敏感性的“僵尸体系”下还能在当今的时代生存吗？总之，过程是最贴近环境和现场的。

第七节 过程项目化

人类最原始的组织是没有层级的，都是团队作业，现在又要返璞归真了，回归到人们一直追寻提升工作效率的命题上，这里指的就是“过程项目化”。过程项目化就是团队作业，它比其他的项目制（如产品项目制）还重要，因为所有项目的基础是过程。这是体系柔性化提出的一个新概念，也是柔性化的新实践。

一、过程项目

20世纪80年代，美国通用电气公司开始实施“群策群力”活动，获得了可喜的成效，于是就在公司范围内全面推广。这种做法被普遍认可后便称它为“跨职能运作”或叫“跨部门运作”，性质就是扁平化作业、团队作业，以群体效应去获得高效率。它的运作方式是：针对一个项目或主题专门组成一个工作小组，该小组来自不同职能的人，以工作坊的方式运作，在规定的时间内取得预期的成果。在波音777客机制造时，有接近300个跨部门团队展开不同部件的设计，这些团队汇集了工程、采购、制造、运营、客服和营销等多个部门。合作是推动项目取得成功的最重要因素，每个人都可以开诚布公地讨论所有问题，这种同步作业的方式比传统设计减少了50%的重复劳动和40%的时间。21世纪初，ISO9000国际标准也提出了去层级化、去部门墙的“过程方法”。可是，时至今日，各自为政、孤岛作业的现象仍很普遍，如图5-9（a）所示；当封闭导致效率低下时，以领导为中心去协调是无奈之举，如图5-9（b）所示；更好的办法就是团队作业了，圈结构就是这种作业的模式，如图5-9（c）所示。

过程方法认为，所有事情都是通过过程去完成的，归根到底是过程推动着组织的发展。“过程项目化”是将过程看成项目去管理，将过程专业化，将管理重心下沉，将权限尤其是决策权下放到过程，形成以过程运作为中心的分散决策机制，走的是“过程承包制”或是“过程负责制”的路线。因此，组织结构将发生以下的变化，如图 5-10 所示。

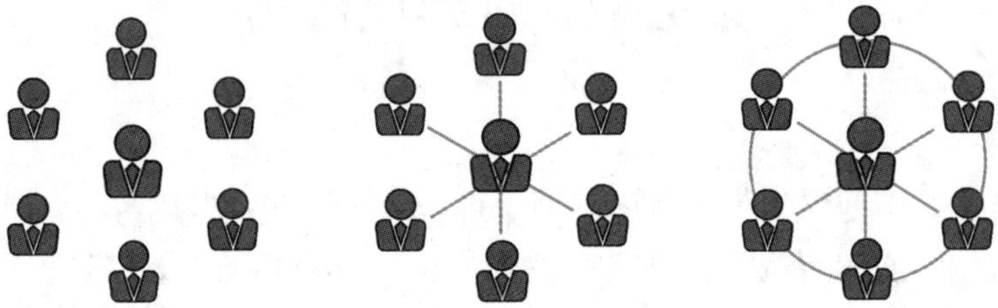

（a）各自为政　　（b）以领导为中心　　（c）团队作业

图 5-9　组织形态

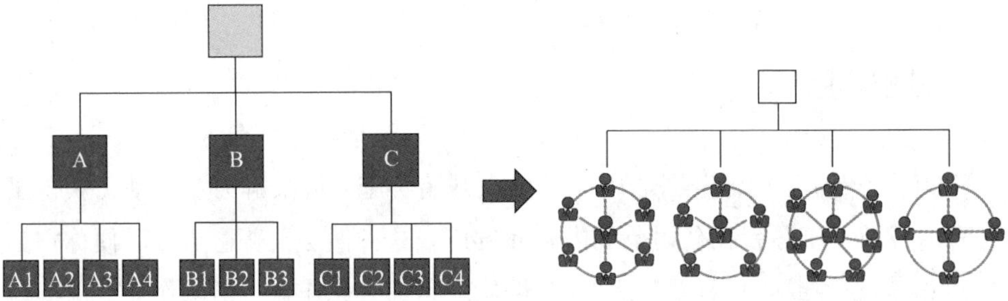

（a）传统组织结构　　（b）扁平化组织结构

图 5-10　传统组织结构与扁平化组织结构

今后，频繁地采用任务型团队、跨部门小组、小型自治组织的运作将是一种常态，而过程项目只不过是常态的制度规定。

过程承包类似于海尔的人单合一、阿米巴经营，本质上是小单位经营的思想，将大范围的经营变为分散经营、分散风险、分散复杂，是大企业小单位运作的思想。在赋予小单位经营权后，业绩独立计算，最有经营触角、最懂经营、反应最快的就是这些面向一线的操作单位。那么，以分散的经营单位为核心的组织结构也必然随之产生，原来的公共职能就要在具有不同特点的经营单位中扮演配合的角色，都要为前线服务。例如，以项目为核心的矩阵组织结构。这时，上层领导的角色主要是负责复杂的综合力的提升，不负责具体事务。

过程承包后，必然带动以下的承包。

（1）业绩的承包。

（2）支持过程的文件建设的承包。

（3）过程小组能力建设的承包。

过程承包的实质就是体系私有化。

二、过程项目的确定

过程有跨部门的，也有岗位专属的，过程项目针对的是前者，并且重点放在一级过程上。一级过程职能分配表如表 5-17 所示。

表 5-17　一级过程职能分配表

职能 体系过程			管理层	销售	设计	采购	生产	品管	物控
顾客导向过程	1	COP1- 市场开发	○	●	○		○		
	2	COP2- 订单评审		●	○	○	○	○	○
	3	COP3- 产品设计开发			●	○	○	○	
	4	COP4- 生产计划		●	○	○	○	○	○
	5	COP5- 工程变更			●	○	○	○	○
	6	COP6- 交付		○			○	○	●
	7	COP7- 投诉 / 退货处理		●	○		○	○	
	8	COP8- 售后服务		●	○			○	
支持过程	9	SP1- 产品定位	●	○	○				
	10	SP3- 工艺设计			●		○	○	
	11	SP4- 选择供方			○	●		○	
	12	SP5- 试生产			●	○	○	○	○
	13	SP6- 采购			○	●			○
	14	SP2- 生产			○	○	●	○	○
	15	SP7- 设备管理				○	●		
	16	SP8- 工装管理				○	●	○	
	17	SP9- 监视测量设备管理			○		○	●	
	18	SP10- 产品监视和测量					○	●	
	19	SP11- 不合格品控制			○		●	○	●
	20	SP12- 贮存				○	○	○	●
	21	SP13- 设施管理					●		

注：“●”表示主要责任部门，“○”表示相关部门。

表 5-17 表明，以过程为中心就要将职能集成到过程中，打破“部门墙”，如图 5-11 所示。

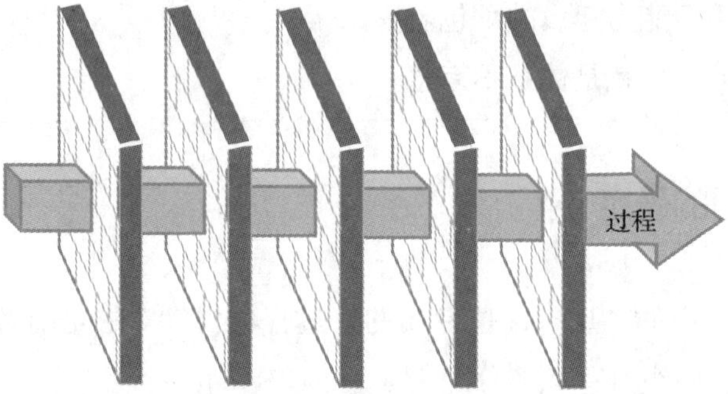

图 5-11　打破“部门墙”

跨越三个职能以上的过程就可以组成过程项目小组，小组名称就是过程名称。“●”对应的主要责任部门指派的人就是项目小组组长；“○”对应的相关部门指派的人就是项目小组成员。

第一章讲到，过程有顾客导向过程、支持过程和管理过程，因此就有顾客导向过程项目小组、支持过程项目小组和管理过程项目小组。所有的顾客导向过程都是核心过程，对应的项目小组便是核心小组，如市场开发过程、产品设计开发过程、生产过程、销售过程、服务过程等。

其实，一级过程是一个“过程包”，如果里面有关键的二级过程也可以组成项目小组，如表 5-18 所示。

表 5-18　设计和开发关键活动职能分配表

过程	小组代表				
	开发	工艺	采购	制造	质管
DFMEA 故障分析	●	○		○	○
样机制造、试验和分析	○	●	○	○	○

注：“●”表示主要责任部门，“○”表示相关部门。

选择过程项目组长的其他考虑如下所示。

（1）不能由领导担任，即便他握有审核批准权，在小组中其也只是配合的角色，他是被领导的。

（2）由过程分量最重、最熟悉业务的人担任。

（3）不能由有行政职务的人担任。

（4）在组内不一定是职位最高的人。

因此，过程项目组长冠以“流程经理”的头衔更为贴切些。

组团作业是一个自组织过程，每个过程项目小组都是一个非层级的小型组织，是组织的基本活动单位。

蚁群的组织结构被认为是最扁平的，没有中间层，完全靠自然分工、信息密码交换及机械化动作维持运作，不经协调和统一调度就能完成所有的工作，是自组织的典范，是一个让你不会歇息的机制。它们看似无组织却是组织化程度最高的组织，蚁群效应是高效的代名词。以过程为单位在互联网下所建立的工作方式可以说是现代人类做到的最接近蚁群效应的模式。因此，为创造过程承包的条件，必须将决策点下放到过程中，使之成为一个完整的、彻底的经营个体，这样，小组才能对过程的预期结果负最终的责任。过程承包制将个人的成功、过程的成功和集体的成功视为一体，是组织长生动力的一个源泉。

各小组通过平台进行合作就是形成柔性化的组织模式，如图 5-12 所示。

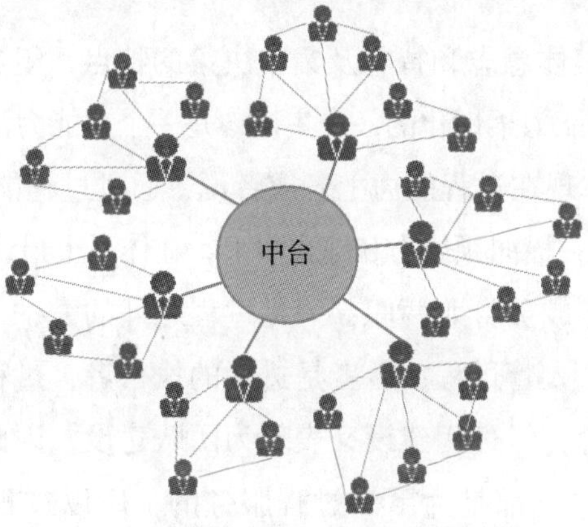

图 5-12　柔性化的组织模式

在柔性化的组织模式中，你在这个小组是组长，在另外的小组可能就是组员。相对比较固定的小组长可以考虑轮流“坐庄”，做得好的可以继续留任，不能胜任的由大家推举新的组长。

此外，岗位专属的关键过程也可以实行承包。

三、过程拥有者

过程拥有者（Owner）制是最早由哈默博士提倡的一种新角色。2000 年华为就开始实施流程 Owner 制。过程实施负责制后，过程项目小组成员就是过程拥有者，是一个利益共同体，就要对过程负最终责任。本来过程分工模型已经创造了在过程中进行分工的机制，过程拥有者日常事务的职责就已经非常清晰了，但还要明确组长与组员的职责，如表 5-19 所示。

表 5-19 过程项目小组职责

组长	组员
• 过程发起者 • 过程主要策划者 • 过程目标指标的制定者 • 过程资源的策划者 • 过程主要执行者 • 过程绩效的主要承担者 • 过程外部和内部的主要协调者 • 过程主要的改善者 • 过程数据的管理者 • 过程的培训者	• 过程目标指标制定的参与者 • 过程分工下的决策者 • 过程的配合者 • 过程的执行者 • 业绩的分担者 • 过程的协调者 • 过程的改善者 • 管理标准单元的建设者 • 过程数据的创建者 • 数据管家

表 5-19 体现了集体意志和智慧及集中决策的特点，组员之间的作业是平级的。过程项目小组是能力柔性化的一个集体，是一个“能力池”、一个“数据灶”，每个人的能力集中体现在过程能力上，或者说，通过过程能力反映集体的能力。组长的能力主要体现在横向领导力和综合力上，在体系上最终表现为过程领导力。

在过程中，小组成员身兼两职：一是过程之外的人；二是过程中的人。前者是过程的创造者，人管过程；后者是过程的执行者，过程管人。若实施者立法又施法难免有私念，但过程建设又表现为团队建设，因此是集众人之私，以成大公。因为每个过程都是为下游过程服务的，所以过程还有一个领导者就是“下游过程”。为确保过程的独立性，过程的监控者则由过程外的其他职能负责。

从成立项目小组这一刻开始，整个过程就交由这个小组负责。团队就是过程的践行者，与过程一起成长，是命运共同体；团队是一个专业化的团队，各人要发挥各自的专长，要在过程中挖掘潜在力量，在整个体系中形成局部优势。

四、过程项目特征

项目管理都会有截止点，而过程项目没有截止时间，只有持续改进。过程项目特征如图 5-13 所示。

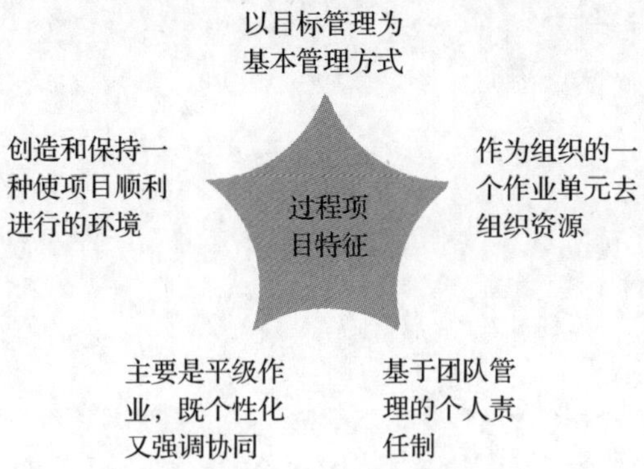

图 5-13 过程项目特征

实施过程承包制后，在组织层面上是一个矩阵结构，如图 5-14 所示。

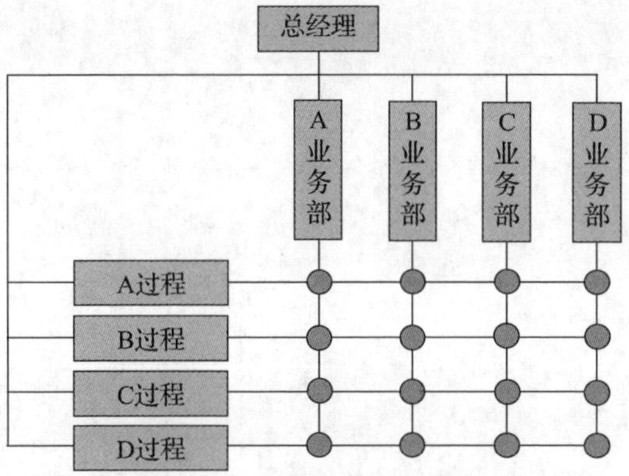

图 5-14 过程承包的矩阵组织

由图 5-14 可知，小组成员在业务上属于过程，行政上属于部门。小组组长是横向领导者，他有权直接指挥和安排小组成员的工作而无须请示他（或她）的部门领导，小组成员为实现过程目标而工作。

基于过程项目制的组织将形成这样的一种文化：每个人都是体系工作者和参与者，使体系职业化、大众化和草根化，完全践行了“全员参与”的原则，在组织内形成共建、共治、共享体系的局面。当每个人、每个团队都醉心于过程建设、做出突出贡献时，就一定能打造出组织卓越的管理体系！

第六章 数字体系运行与绩效

作业数字化后，便可将整套体系文件分散到个人手持移动端的看板上，可实现体系落地与数据同步，即时反映个人业绩和效率。数字落地方式是传统落地方式的彻底改变。

第一节 体系落地现代化

制度“无之必不行，有之必行”。有了制度后就要按制度走，还要验证其是否有效，并将其内化，制度的理想状态就是自驱动和自运行。要使制度落地有声，就要有一些现代工具或方式做保证。体系落地工具一直都不乏研究者，组织也一直致力于这方面的努力，并将制度落地的有效工具视为制胜的法宝。从文件电子化到执行电子化，再到执行自动化；从滞后的报表监控到瞬时的绩效自动反馈，再到双向互动的绩效激励；从鼠标上的管理到移动端上操作，再到行动线上化，这些都是制度有效落地手段的进化，与互联网密不可分。因此，在数字体系策划时就要考虑到互联网下的数字化、自动化和无纸化的操作，就要与体系落地同步设计。

一、体系落地与支持模型

图 6-1 是体系落地与支持模型，是向智能化管理目标迈进的一个框架。

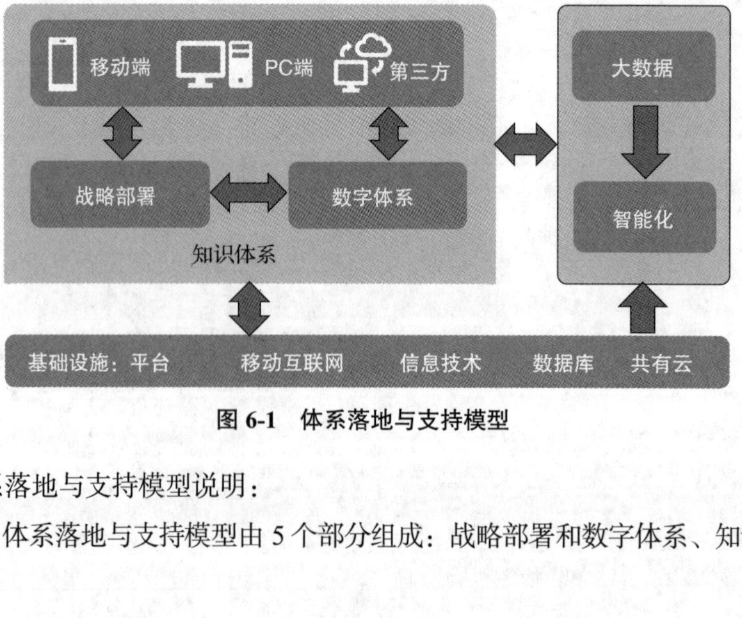

图 6-1 体系落地与支持模型

体系落地与支持模型说明：

（1）体系落地与支持模型由 5 个部分组成：战略部署和数字体系、知识体系、移动端和 PC 端（作业端）、大数据和智能化及基础设施。它们之间相互关联。

（2）战略部署和数字体系。

战略部署和数字体系提供了落地的规范基础，战略落地范式如图 6-2 所示。

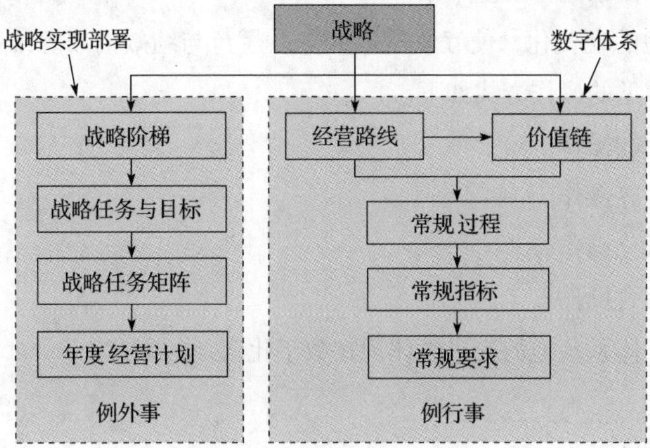

图 6-2 战略落地范式

组织明确了战略后，战略落地有两个分支（见图 6-2）：左边跟着战略走，延伸出具有超前性的战略性工作，特征是目标性很强的一次性任务或项目，都是组织发展需要的，属于战略部署的范畴；右边是日常重复的基础性工作，都是例行性的，具有行业属性，与战略无关，但战略实现却要它做保证，属于组织机制的范畴。战略落地最终要反映到绩效上，故图 6-2 也是建立绩效考核基准的范式。

（3）知识体系。

知识体系是提供规范之外确保组织有效运行所需的知识，是作业规范的补充，如建立知识库、知识平台、学习园地、搜索引擎等。

（4）移动端和 PC 端（作业端）。

数字体系的落地和效率归根到底体现在作业层面上。数字体系的作业、与顾客和第三方的互动、与物联网的对接基本上都在移动端、PC 端上完成。

（5）大数据和智能化。

作业端产生的大数据又回到运行的本体，形成闭环。大数据将导致管理智能化。管理智能化同时也表示最新数字技术和 AI 技术的应用，最后形成一个智慧体系、会思考的体系。

（6）基础设施。

数字化基础设施可以自建或由第三方提供，如云平台、数据中心、软硬件、终端设备等。当体系的数字化基础打好了，才能有效应用第三方提供的这些设施。这是数字体系运行的基本条件。

体系落地的现代化，使互联网下的体系运行与绩效的新思维刷新了我们的认知。当前常见的操作方式如下。

一是移动端操作。

二是无边界操作。

三是无纸化操作。

四是一站式操作。

可以说，体系落地的先进性体现在数字化落地的方式上。

二、移动端操作

处在移动互联网盛世时代，手持移动端（如手提电脑、智能手机、PAD）的操作已非常普及，尤其是智能手机的操作已成为我们生活和工作的一部分，智能手机能听、能看、能读、能写、能记录、能整合，可以做体系能做的任何事情，可以全方位地管理自己、管理我们的一切，几乎无所不能。它的很多功能已经在数字体系的应用方面开辟了一片新天地，仅是微信的表达方式就比传统的丰富得多，如语音、图片和视频等。2012 年是互联网产业开始凸显优势的一年，手机上网的人数首次超过了电脑。十年弹指一挥间，我们必须承认，过去很多必须在线下完成的操作现在大部分都搬到了线上。据统计，很多管理者平均每天用手机时间超过 3 小时。通过手机进行管理，总经理也成为终端的操作者，一部手机就能解决组织很多问题。

在数字体系中，移动端的操作主要反映在以下方面。

（1）我们将移动端当成一个微型工作平台、个人工作站，将与个人相关的文件和资料都装在移动端上，变为“移动体系”，这是移动作业的基础。

（2）只要有移动设备，就可以移动和携带资料库，就能实现移动办公、线上办公、远程办公、移动社交、跨部门同步作业、联合作业等；就可以充分利用所有的零碎时间，将时间碎片化。屏幕上所有的功能和界面就是新型的工作场景。在数字体系中，很多操作的设计已经照顾到这一运行的时代特点。

（3）移动设备具有知识储备、随身求助、外接等对人实时赋能的功能，使工作具有加成和效益倍增的效应。

（4）通过移动端实现实时管理、秒级监控，累积微分数据，关键是通过这样的动态管理实现管理的快速迭代。

（5）移动端的操作可以大面积互动，以一点撬动多点，同步协调，是指挥系统、控制系统和协调系统的新形态，其规模以"移动端数的平方"去形容。

当前，在效率提升方面，没有一种工具可与手持移动端媲美。现在，人手一机，为全员治理组织创造了条件。当初智能手机并不是为了组织管理而去设计的，它只是一个通信工具而已。由于它要面向大众化，使用门槛要低，就要突出简捷、便捷和快捷的特点，围绕这些特点的设计就一定是人性化的，且带有娱乐性，让人投入，使用者都能无师自通，自我应用，从中获得了超乎寻常的乐趣。这些特点又刚好暗合了管理效率的要求，就直接应用到体系的操作和管理上了。意外的收获是，智能手机的亲和力及分享功能竟然会导致使用者愿意将热情和积极性转移到手机上，不停歇地投入精力去彰显个性和影响力，尤其那些"手机侠"喜欢在小小的五寸荧屏里不用什么成本就能玩出很多花样、玩出创新、做出规模、做出很酷的东西来，并与人分享，成就自己也成就别人，使工作有了不同凡响的意义。这么说来，个人移动端实质就是体系的个性化和管理的个性化。这是过去求而不得而今天不求而得的结果。

相信移动设备尤其是智能手机还有很多功能可以帮助我们做更多过去不能做的事情，也将吸引 App 开发商将手机技术结合数字体系的操作做出更多新的尝试，如为照顾碎片化阅读，文件按岗位智能推送阅读、自动显示段落连接、智能搜索等。这是数字体系落地的一个广阔领域。

三、无边界操作

无边界是指在数字体系范围内，不设定组织、部门和岗位的管理边界，而是基于过程的连接所构成的无边界网络体系的运作，体系之外可以无限连接。柔性作业、跨部门作业、过程项目化、信息扁平化、个人工作站、与顾客和第三方接触就足以决定新型的操作方式是无边界、无信息半径的。网络体系形成后，更直接的操作便是无边界的点对点与端对端。只要端口留着，开放式运作就无人知晓边界在哪里，就好像无边界的宇宙那样，网络去到哪里边界就到哪里；问题是网络在不断延伸，网 + 网 = 网。互联网的应用不受物理环境的影响，改变了人们的接触、互动和沟通方式，从而打破了传统管理的诸多限制。

网络体系建立后，与互联网一体化，人网合一，连接、共享和开放的特性就决定了操作一定是打破围墙壁垒的。因此，去部门化、去中间化、去层级化、管理扁平化、组织结构扁平化就无须刻意而为，自然水到渠成。

无边界操作的主要特点是：数字连接、不确定性和分散性。

1. 数字连接

没有连接就没有协同，连接无处不在。在数字体系下的连接以数字连接为根本，并由业务链、信息链和网络决定，而不是管理层级关系和部门关系决定。数字连接如图 6-3 所示。

图 6-3　连接一切

除了图中的那些连接外，还有手机互联、人与设备、物与物、人与知识等的连接。

虽然任何体系都有范围，但是内容连接无边界，组织外围与体系范围有关的内容也构成体系的组成部分，这就是体系的延伸性。

在网络体系中，每一个控制点随时在规范之内和之外发生连接，以维持常规和非常规的操作。连接的必然结果便是操作线上化，网络技术为解决连接问题提供了技术和效率的保障，而衔接的内容就要靠数字体系去解决。

2. 不确定性

整个管理都处在动态中，不确定性操作的比例越来越大，很多原先规划好的边界可能是一厢情愿的，尤其是面对灵活性很高的作业，这一点尤为明显。很多场合不规定边界反而更符合应变的需要，着重于不确定性和作业场景的研究变得更为实际。

3. 分散性

毋庸置疑，在效率方面，集中控制有其合理的一面，但在互联网环境下，分散作业也是一种效率结构，正如分田到户那样。扁平化操作、网络操作的本质是“分布”，是分布式的工作模式，这必然形成无界多边的分布式组织结构，表现出的外部特征不是传统的集中控制，而是分散控制，最合适的工作地点随工作边界的变化而变化。既然如此，就要降权，就要让每一个控制点当遇到边界限制时在考虑了风险后允许其打破边界进行操作。对于分散控制，组织所担心的是难以把握全局，出现盲人摸象的感觉，可是，数字体系可以通过后台或中台的数据管理去把握整体，即分散作业的背后是系统性，可通过信息反馈回路形成控制的闭环，集中控制的形式就转移到非人的物理因素上了。这是时代的控制观。

四、无纸化操作

在互联网和数字时代，无纸化阅读的习惯、与信息互动的新形式迫使纸媒步入了黄昏时期。在组织中，无纸化作业随处可见，如发短信息、发闪文、无纸化产品设计、无纸化办公、无纸化交易、无纸化记录、无纸化管理……所有这些都是当前最基本的操作。

无纸化作业的根源是文件载体（如移动手机、服务器、云端）和表现形式（如视频、语音、字幕）的现代化。有了现代信息技术、互联网、设备互联和电子数据交换（EDI）技术，无纸化作业就能显著提升工作效率，我们通过在医院看病、银行自助服务、手机支付、远程办公就能体会得到。既然现代的操作要求电子化、自动化、在线化，无纸化就是必然的结果，是迎合了数字时代的操作特点。其实，很多软件系统就是无纸化系统的设计。无纸化的程度是衡量管理先进性的一个指标。实现无纸化首先要完成的一项最基本工作就是将所有的业务流程变为电子文档，包括原来的纸质文档、表单、票据等，并转化为无纸化信息系统以支持作业端，确保贯通各个环节，包括电子资料和数据的交换。

EDI 技术可有效支持组织与合作方通过互联网、电脑连接等方式处理采购订单、发票、提货单和记账等业务，实现无纸化信息交换，这要比组织传统的人工处理方式高效得多，可以节省大量成本。很多组织都是基于这样的技术在与供应商、第三方合作时达成无纸化交易协议。这样，凡涉及计算、统计和文书处理的岗位都可取消，见效明显的就是会计部的大幅减员。未来，还可能会取消营业厅、客服中心，会计、人力资源和后勤等职能部门或合并为一个部门。

现在，信息载体已经远远超出了记载和储存的基本功能，有很多新扩展的功能是与原始功能配套使用的。例如，服务器，它除了储存信息外还可以被访问、可以与其他载体连接和互访、可以响应终端的服务请求进行特别的处理；云储存，它可以有云计算、数据处理等功能。特别是智能手机，它可以录音、拍摄、语音、手写等，还可以调阅、编辑、修改，同时还可以边记载、边编制信息边发送。这些功能都是与记载功能相配套的，应用到管理上，就可以做到瞬时管理。更为关键的是，智能手机已成为移动办公平台，记载下来的内容不用选择性保留，因为容量足够大，这样就可以追溯到所有的管理痕迹。这些功能，自然可以进行体系建设、业务操作、事件跟进、业绩监控等，并且在不受物理空间限制下完成，这与组织所期待的理想场景不是非常吻合吗？手机功能的设计并非为了管理，而是为了生活更加方便、更加惬意，一键搞定，是键盘上的世界。而意想不到的是，集于一机的很多便捷、快捷的功能正是管理提升效率所期待的。电子文件、硬件载体只能减少纸质文件，而智能手机（或智能设备）才能做到消灭它，把它送进历史的焚化炉。所以我们需要重新定义智能手机的作用：手机是作业、管理、体系建设及效率提升的工具，是一个高端的特殊信息载体。或者说，智能手机本身就是一种无纸化的管理方式，随着更多的微型软件（App）在智能手机上的应用，它的管理功能会更加强大。

不过，当前大多数组织仍然存在大量手工填写日常记录，还存在着重复输入和人手提交报表的现象，即便是一些先进的组织也未超过 80% 的无纸化，在当下有 50% 的无纸化就已经不错了，完全的无纸化还需要一段路要走。只要增加 1% 的无纸化，相信至少能提升 3% 的效率。

在数字体系中，无纸化的基础是文件网格格式，移动端可视化的页面设计及资料读取技术的应用，在短时间内做到 50% 的无纸化操作是比较容易实现的。数字读取将会加快无纸化管理的进程。

五、一站式体系

在互联网的环境下，我们的工作方式发生了根本性的变化，如远程审批、无地域办公、体系建设等，凸显了以个人为单位的工作特点，组织为此而建立的个人工作站就成为数字体系的一个组成部分，并称其为“一站式体系”或“一站式作业”。如果一站式体系由个人操作的话就等同于“个人工作站”。

1. 一站式体系信息的构成

一站式体系是根据各个岗位的特点而专门定制的微型体系，或者叫“岗位文件包”，等于体系私有化，将其工作需要的所有信息结构化地放到里面，成为岗位所专用，是体系结构最末梢的一端。一站式体系要满足常规工作要求，要有但不限于以下信息。

（1）岗位所需的作业文件。

（2）岗位所需的表单。

（3）各种输出的周期表。

（4）例行事工作清单。

（5）例外事工作清单。

（6）个人看板、任务、个人积分和业绩、各种统计数据。

以下信息可以从后台中获得。

（1）任何岗位都适合的通用文件。

（2）与该岗位作业有关的国家规范。

（3）体系标准单元。

（4）知识和经验。

个人工作站是可以移动的，其信息载体也必然是移动的，工作站除了能快速调出所需的信息外还经常追溯到其他信息源，需要点对点、端对端的连接。信息系统的界面已经设计成这种连接结构，并引导着操作和效率。过去，员工的工作范围基本上被锁定在组织内部，这就决定了信息的使用环境也在内部，组织要做的事只是简单地建立一个文件中心、一些文件清单就行了，信息可以固定在一个地方，使用信息时采用发放或发布的方式。为适应移动性，个人工作站就改变了这种形式，它的特点是灵活多变、适应性强，可以自创文件、自媒体，是相对独立的，个体作业的特性可以不完全依赖组织结构的支持，站与站之间的工作关系经常也可以忽略组织结构的存在。

2. 自创流程

个人工作站必然会有一些专属的过程，它不涉及跨部门，对于这些过程可以自创。自创的作业主要是针对新增的活动，并且认为该活动将成为常态。这意味着，要将这些活动的策划点放到作业层上。操作的界面是 PC 端或是移动端，故此，系统将设置专门“过程自定义”的功能。手机端或 PC 端可以完成体系建设的 70%。在自创流程中，体系标准单元库可以提供有力的帮助。

3. 一站式体系的作业特点

一站式体系是针对岗位的，可视为“体系个体户”，也就是个人工作站。如果一个岗位有 3 个人任职，工作站的数量就是 3 个。过程项目化后，每个人都有可能同时兼任几个过程的组员，因此工作站的内容就不同，平台或是专区平台就要提供支持，包括作业端的接口、站与站之间的接口。这时，管理的显著特点是横向的、动态的、开放的，每个人都有自己的数字范围、数据资产和信息密度。现代组织结构将是以过程项目小组的数量和岗位工作站的数量（终端数）的形式去定义，因为它们决定网络组织的规模。

在网上操作已是常态，而个人工作站就是网上的一个终端。每个人都可以利用互联网开放、互动、便捷、低成本、快速、高效、自由的特性在上面发布信息、自我编辑文件、传递文件、创建数据，做到个性化操作，并都希望成为被关注的人物，以实现图 6-4 所期待的自主性。

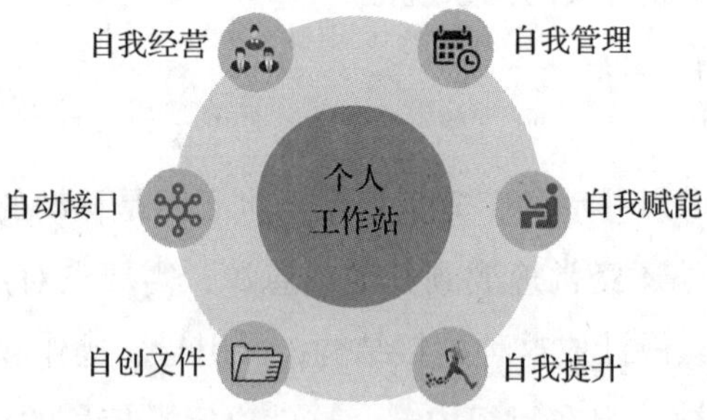

图 6-4　个人工作站的自主性

一站式体系（个人工作站）的作业特点如下所述。

（1）以线上操作为主要特征，尽可能一机搞定。

（2）每个工作站都是一个终端，与组织的中台或后台连接，随时获得更多的支持。

（3）授权发布工作站相对独立的文件，创建自己的标准单元，进行微文档管理。

（4）每个人都可以建项目工作群。

（5）自创、自主、自助，还可以主动学习与分享。

（6）体系服务化，除了自己完成工作外，还服务别人。

综上所述，一站式体系就是一种全新的自治形式。

可见，以上的移动端操作、无边界操作、无纸化操作、一站式体系都发生在末端循环上，归纳起来就是：一网、一云、一平台和n个终端，并由此产生很多新的管理形态和实施方法。总之，数字体系就是去管理边界、去中心化、去中间层、去复杂化、去纸化，是一种新的作业生态，是管理方式的颠覆。

第二节　战略实现部署

战略，可以壮志凌云；做，就要脚踏实地。有人说，3分战略，7分执行。有人总结出组织成功的公式：成功＝战略 × 执行力。这个公式说明，只有正确的战略得到有效执行，组织才能成功，任何一个失效都会导致失败。

组织的最高管理层只负责总体把控，不负责具体事务。当追着下属要业绩，他们拿不出来怎么办？靠精神鼓励法，与他们大谈战略、谈蓝图吗？这毫无意义。要使高大上的战略可触可感，就要将其分拆到操作层面，变为手头上的事，一句话，变为战略落地的脚本。这个转换叫作“战略落地部署”。我们假定组织的战略已经制定，并表述清楚，形成文件，在此前提下，本节将讲述图6-2左边“战略实现部署”的四步法。

一、战略阶梯

组织战略要分步实现，因此要划分成几个阶段，如图6-5所示。

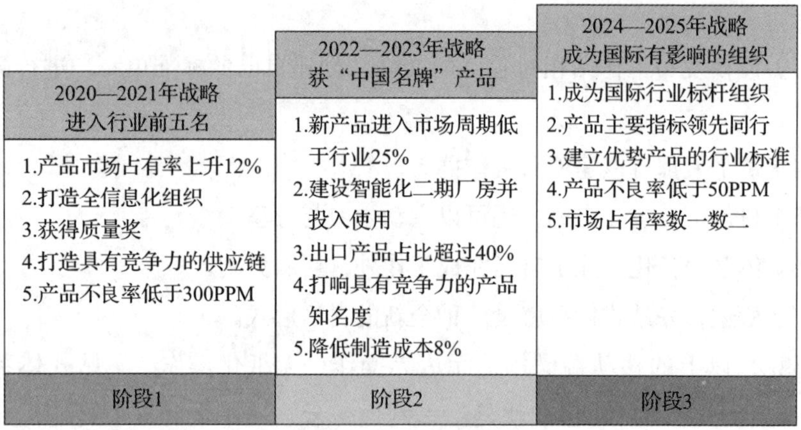

图 6-5　战略阶梯图

这些阶段叫“战略里程碑”。战略阶梯图展示了战略实现的蓝图，使战略落地可视化，是战略的一级展开。

1. 确定战略里程碑

战略里程碑是“战略的第一级展开”，是战略承上启下的第一步。编制步骤如图 6-6 所示。

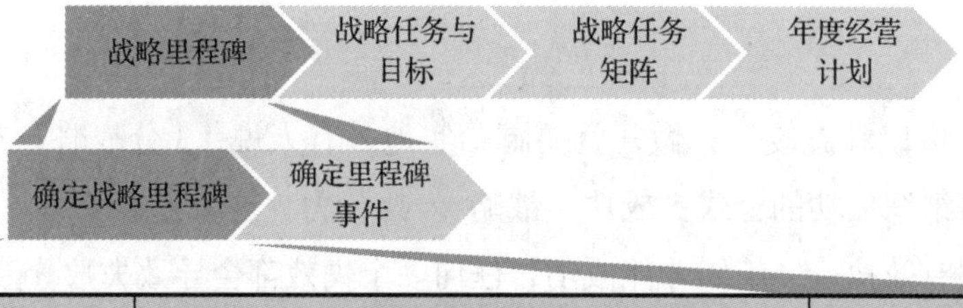

输入	确定战略里程碑	输出
组织战略	1. 将战略分解为几个阶段，每个阶段为一个里程碑、一个阶梯，里程碑的名称就是“阶段性战略”，名称定性不定量，最后一个里程碑就是最终的战略 2. 战略阶梯至少三个以上，三个就是三级战略，四个就是四级战略。这就是战略的分步部署 3. 里程碑时间的长短按最终战略的年限平均分配，以年为单位，至少是一年，最好不超过三年	1. 阶段性战略 2. 战略阶梯图

图 6-6　确定战略里程碑

由图 6-5 可知，每个阶梯为两年。要保证战略得到有效落地就要以成果为导向，并逐级体现，每个战略阶梯都要明确预期的成果。例如，第一个里程碑的预期成果是“进入行业前五名”，这就是第一阶段的战略——阶段性战略。

2. 确定里程碑事件

每个战略里程碑还需要配套的一些战略重大举措，这叫“里程碑事件”，是战术的部署，如图 6-7 所示。

输入	确定里程碑事件	输出
1. 阶段性战略 2. 战略阶梯图	1. 确定每个里程碑所需的战略性事件时，考虑的范围有以下 6 点 （1）要投资的项目 （2）带有指向性的项目 （3）要开拓或创新的项目 （4）需要投入较大资源去提升或完善的项目 （5）需要引进的先进管理项目 （6）实现代表性指标的举措 2. 里程碑事件要聚焦，数量不宜太多，不要超过 10 项 3. 为避免泄露商业机密，不赞成直接将利润、销售额、产量的提升作为战略事件，改用提升百分率去表示，或者转化为对应的战略项目，将利润、销售额的提升看成是项目完成后的自然结果	1. 部门战略或单元战略 2. 各里程碑战略事件

图 6-7　确定战略里程碑事件

例如，围绕第一阶段的战略“进入行业前五名”，识别和确定了两年内与之相匹配的 5 个标志性里程碑事件，这就意味着这 5 项战略事件必须在这个阶段完成。

第一阶段的战略事件又是第二阶段、第三阶段的基础，并且事件之间具有逻辑关系。2022—2023 年第二阶段的战略是“获‘中国名牌’产品”，第一阶段战略事件中的“产品市场占有率上升 12%”“获得质量奖”“产品不良率低于 300PPM”就是第二阶段战略的基础工作。

如果里程碑事件跨越两个战略阶梯甚至是三个阶梯，则要将这项任务也要分拆成两个以上的子项分别放置于不同的战略阶梯上，分阶段完成，如“产品不良率低于 50PPM”必须分三个阶梯才能完成，每个阶梯都要显示其阶段性事件。

战略阶梯图所确定的里程碑事件是会随时间的推移发生变化的，在总体战略不变的情况下，战略阶梯图是可以修改的。

里程碑事件可能带出部门战略，如第一个里程碑事件中的“产品市场占有率上升 12%”及“打造具有竞争力的供应链”可分别成为市场部和采购部这一阶段战略。部门战略只有短期战略，没有长期战略，因为部门的战略会跟着组织的大战略走，大战略已经分解成阶段性战略，从阶段性战略上分拆出来的部门战略显然就是短期的。

二、战略任务与目标

战略任务是第一个战略阶梯的承接，是里程碑事件的延伸，是“战略的二级展开”，是战术层面的内容。这是战略部署的第二步，具体操作分以下两步完成。

1. 确定年度战略任务

战略任务比里程碑事件更为具体。

战略事件引领着战略任务的确定，描述不能太虚，要抓得住。例如，“销售机会最大化”不如写“拓展两条市场渠道”；“深度提升服务水平”不如写“建立大客户专项服务制度”；“大力提升生产能力”不如写“引入一条新的生产线”。战略任务如果很大，可以上升为战略事件，如图 6-8 所示。

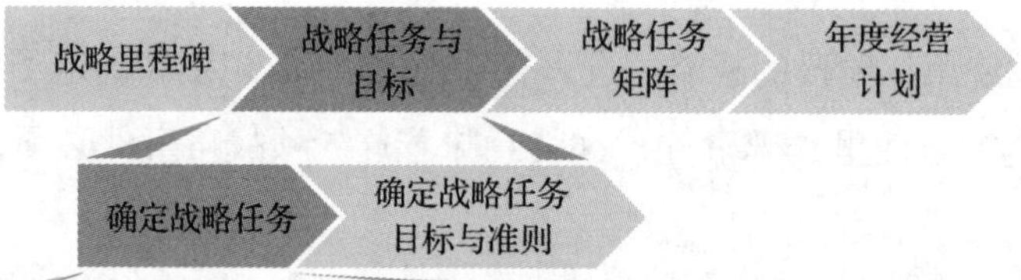

输入	确定战略任务	输出
1. 部门战略或单元战略 2. 各里程碑战略事件	1. 以一年为单位，各部门（或职能）在第一个里程碑的每项战略事件上延伸出若干个战略任务，即将战略事件展开成子项。任务不宜超过 5 项，如超过 5 项，则需要检讨是否写得太细。若任务跨年度，则只需确定当年的 2. 同时，还要从以下两方面去识别战略任务 （1）障碍战略任务完成的痛点 （2）常规工作的改善 3. 将战略任务分成“核心战略任务”和“支持性战略任务”	年度战略任务

图 6-8　确定战略任务

要避免将常规性工作当成战略工作。只有当常规性工作存在突出问题且妨碍战略达成时才能将其解决方案上升为战略任务。例如，“产品质量问题管理”是常规性工作，“建立质量问题再发生机制”是解决质量问题重复出现的战略任务，突出了项目的特性。

表 6-1 是 2020 年度战略任务，是图 6-5 的实例。

表 6-1 2020 年度战略任务

第一阶梯战略事件	战略任务	部门 / 职能
产品市场占有率上升 12%	1. 开拓有效的市场渠道，提升销售额	市场
	2. 补全产品系列	
	3. 缩短新产品推出周期	开发
	4. 开发一款具有竞争力的产品	
打造具有竞争力的供应链	1. 扶持供应商	采购
	2. 建立供应商业绩评价体系	
	3. 整合和优化供应商资源	
	4. 对关键供应商全面实施现场审核	质量
产品不良率低于 300PPM	1. 推行六西格玛活动（包括质量圈活动），提升产品质量	
	2. 全面实施变化点管理	生产
	3. 引进 DFMEA 应用工具，减少设计失误	设计

围绕市场和顾客的战略任务，都会产生经营收益，是“核心战略任务”，如表 6-1 中的“开拓有效的市场渠道”，特点是对外的，主要考虑外部因素；而“缩短新产品推出周期”则与核心战略任务有直接的关联，是“支持性战略任务”，考虑的是内部因素。

年度战略任务可以理解为“年度重点工作”，是一次性的。这些工作完成后若成为常态，就纳入基础管理中，成为例行事。

所有的战略任务不能使用类似于“加强、加深、强化、深化”等通用性动词，如“加强产品质量问题管理”；更不能使用副词，如“大力加强”“全面深化”。用了这些词，战略任务无法有效达成。

2. 确定战略任务目标或准则

确定战略任务后，就要明确任务的目标与准则，以便对任务的成果有一个衡量的依据，这叫战略落地部署数字化，如图 6-9 所示。

输入	确定战略任务目标与准则	输出
年度战略任务	1. 先确定“核心战略任务”目标，再确定“支持性战略任务”目标 2. 确定战略任务目标与准则要注意三点 （1）目标要量化，如不能量化，就描述为可衡量的评价准则 （2）如不能量化又不可衡量，则用文字描述成果 （3）若上述都不可行，唯一可衡量的标准就是写清楚任务输出的名称，包括完成的时间	年度战略任务目标与准则

图 6-9　确定战略任务目标与准则

核心战略任务目标（OKR）主要是竞争目标，支持性战略任务目标是内部目标。确定目标时先外后内，所有的内部目标都应能对应到关联的 OKR 上，如表 6-2 所示。

表 6-2　战略任务目标与准则

第一阶梯战略事件	2020 年度战略任务	目标与准则
产品市场占有率上升 12%	1. 开拓有效的市场渠道，提升销售额	不少于 2 个有效的渠道，销售额增长 30%
	2. 补全产品系列	补全率 96%
	3. 缩短新产品推出周期	缩短周期 15 天
	4. 开发一款具有竞争力的产品	至少 5 个性能指标领先同行
打造具有竞争力的供应链	1. 扶持供应商	优秀供应商占比上升 9%
	2. 建立供应商业绩评价体系	4 月完成，并通过审核发布
	3. 整合和优化供应商资源	6 月完成，关键材料集中采购，节省采购成本 12%
	4. 对关键供应商全面实施现场审核	3 月开始实施审核，年底覆盖所有的关键供应商，并给出整体评价报告
产品不良率低于 300PPM	1. 推行六西格玛活动（包括质量圈活动），提升产品质量	关键产品特性的质量达到五西格玛水平
	2. 全面实施变化点管理	因人、机、物、法的变化导致的质量问题不少于 15 次，作业现场变化点可视化达到 95%
	3. 引进 DFMEA 应用工具，减少设计失误	完成整套 DFMEA 资料的输出，设计更改次数减少 70%

从表 6-2 中可以看到，战略任务与目标是一个整体。如果战略任务无法定出可衡量的准则，应首先反思是否触及了问题的本质。

从战略到落地目标经历了战略阶梯、战略任务的分解过程，这是保障战略落地的逻辑步骤，说明了落地是如何从战略延伸下来的。

三、战略任务矩阵

通过以上两个步骤所识别的战略任务形成了一个系统，要想全面表达它们之间的相互关联，采用“矩阵表”这一工具是比较简单的。这是战略部署的第三步，具体操作分以下两步完成。

1. 编制年度战略任务清单

编制年度战略任务清单如图 6-10 所示。

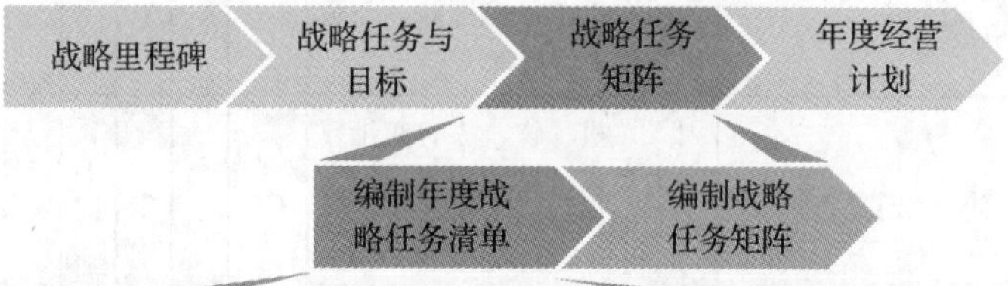

输入	编制年度战略任务清单	输出
1. 年度战略任务 2. 战略任务目标与准则	1. 将从战略事件中分解出来的年度战略任务汇编成一份清单 2. 明确战略任务的主责部门和配合部门 3. 组成跨职能工作小组，并编号，实施项目管理	年度战略任务清单

图 6-10　编制年度战略任务清单

年度战略任务清单的例子如表 6-3 所示。

表 6-3　2020 年度战略任务清单

职能	序号	战略任务	战略目标	小组编号	市场	开发	采购	工艺	生产	质量	人事	财务
市场	1	开拓有效的市场渠道，提升销售额	不少于 2 个有效的渠道，销售额增长 30%	M1	●	○				○		○
	2	补全产品系列	补全率 96%	M2	●	○		○	○	○		

续表

职能	序号	战略任务	战略目标	小组编号	市场	开发	采购	工艺	生产	质量	人事	财务
开发	3	开发一款具有竞争力的产品	至少5个性能指标领先同行	D1	○	●	○	○	○	○	○	
	4	缩短新产品推出周期	缩短周期15天	D1	○	●	○	○	○	○		
	5	引进DFMEA应用工具，减少设计失误	完成整套DFMEA资料的输出，设计更改次数减少70%			●						
采购	6	扶持供应商	优秀供应商占比上升9%	P1		○	●			○		○
	7	整合和优化供应商资源	6月完成，关键材料集中采购，节省采购成本12%	P2			●			○		
质量	8	推行六西格玛活动（包括质量圈活动），提升产品质量	关键产品特性的质量达到五西格玛水平。	Q1		○		○	○	●		
	9	对关键供应商全面实施现场审核	3月开始实施审核，年底覆盖所有的关键供应商，并给出整体评价报告							●		
生产	10	全面实施变化点管理	因人、机、物、法的变化导致的质量问题不少于15次，作业现场变化点可视化达到95%	C1	○	○	○	○	●	○		

注："●"表示主要责任者，"○"表示配合责任者。根据这些符号组成落实战略任务的跨部门工作小组，主要责任者任组长。

2. 编制战略任务矩阵

其实，战略任务之间会存在相互关联、目标之间的平衡，可以通过矩阵表去表达这种关系，如图6-11所示。

输入	编制战略任务矩阵	输出
年度战略任务清单	1. 定义战略任务之间的关系符号 2. 将战略任务清单中每项战略任务转化为矩阵 3. 用关系符号表达每项战略任务之间的关系 4. 必要时调整或修改战略任务和目标	战略任务矩阵

图6-11　编制战略任务矩阵

战略任务矩阵的部分例子如图 6-12 所示。

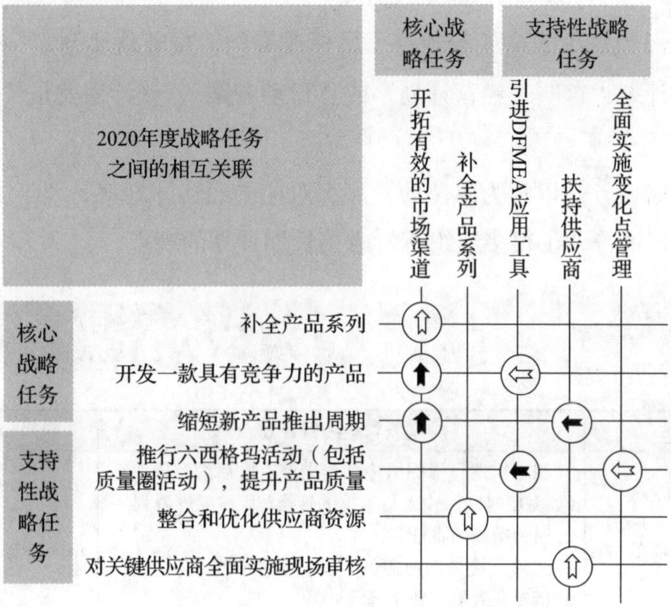

图 6-12　战略任务矩阵

注：“⬆”表示战略任务之间的先后顺序；“⇧”表示影响箭头所指的战略任务，也可表示同步进行。

“年度战略任务清单”已经明确了“战略任务工作小组”，而“战略任务矩阵”等于又明确了各战略小组的关联，为各小组之间的协调工作奠定了基础。

我们将所有的战略任务都当成“过程”去运作，任务目标即过程目标。落实到部门或职能后的年度战略任务建议不超过 4 个。为了避免确定目标权重时过于复杂，统一目标权重比是最好操作的，如表 6-4 所示。

表 6-4　目标权重比

<table>
<tr><th colspan="2">权重比</th><th>说明</th></tr>
<tr><td>2 个目标</td><td>7：3 或 6：4</td><td rowspan="3">1.OKR 权重最大；支持性战略目标低些
2. 如果战略目标之间有顺序关系，则下游目标（被影响的目标）权重最大
3. 对于有相关关系的战略任务，则以经验和逻辑判断去确定权重</td></tr>
<tr><td>3 个目标</td><td>5：3：2</td></tr>
<tr><td>4 个目标</td><td>4：3：2：1</td></tr>
</table>

四、年度经营计划

前文已经为每项战略任务规定了目标或准则，接着就要制定一个实现这些目标的作战计划，这叫“经营计划”或“行动方案”，该计划就是“战略的三级分解”。

既然战略任务是以年为单位的，那么对应的经营计划就是“年度经营计划”（见图 6-13），这符合了很多组织不赞成搞长期计划的观点。

输入	编制年度经营计划	输出
年度战略任务清单	1. 制定实现目标的措施。若措施有先后的逻辑关系（如完成时间、输入与输出的转换）则按顺序罗列 2. 明确措施的责任者 3. 明确完成措施所需的资源，如增加专门的设备、聘请专业人员、费用等 4. 明确措施的完成时间	年度经营计划

图 6-13　编制年度经营计划

年度经营计划实例如表 6-5 所示。

表 6-5　年度经营计划实例

职能	战略任务	目标	措施	资源配备	责任者	完成时间
市场	开拓有效的市场渠道，提升销售额	不少于 2 个有效的渠道，销售额增长 30%	1. 梳理现有的市场渠道	—	略	5 月前
			2. 聚焦 4 个渠道，最后验证 2 个有效的渠道	—	略	8 月前
			3. 组建新团队，按新渠道吸引客户	新招 2 个主管，团队共 16 人。开设网点预算费用 18 万元	略	8 月前开设第一个网点，年底开设第 2 个网点
开发	缩短新产品推出周期	缩短周期 15 天	1. 引入并行工程技术，修改设计开发程序	培训和咨询费预算 25 万元	略	3 月底
			2. 由市场部牵头，从打样到交样一步到位	购买标准模块货架	略	3 月底
			3. 安装 PDM 软件	预算费用 45 万元	略	9 月底

表 6-5 其实就是围绕目标所进行的措施和资源选择的组合。措施不必纠结于工作层级，关键是找到解决问题的痛点，且是可执行的。每一个措施都应看成是一个过程，有输入有输出；只有过程才能将目标延伸到末端。当措施很大时，可将其上升到战略任务。

至于资源投入大又跨年度的战略项目则需要专门的论证，进行风险分析，另外制定详细的实施方案，这不是表 6-5 所能涵盖的。

在完成了以上的战略部署后，组织就可以通过数字体系的执行系统进行自动跟进。其实，再好的工具也只是工具，战略落地不能忽视企业文化所起的重要作用。

第三节　过程指标与要求

图 6-2 的右边“数字体系”中的“常规指标”和“常规要求”是组织业绩的基础数据，分量较重，需要慎重策划。可以说，其是使组织经营指标具有竞争力的数据规划。其中，“常规指标”是指常规过程规定的预期结果，在过程设计时首先就要确定，因为它是所有过程活动设计的基础；而“常规要求”则是常规过程中的步骤（或活动）要求，是指标达成的阶段性保证。组织以业绩驱动管理时，常规指标和常规要求就是考核的核心内容，这不仅是管理量化的概念，更重要的是数字结构的设计。

一、常规指标

组织的所有指标都是经济指标，定指标即定数据，定数据即定天下。在制定指标时，传统的做法都是针对部门的，所以叫“部门指标”。倘若组织以过程驱动，那么，指标和要求就要设定在过程上。而过程方法则认为，所有的业绩都是由过程产生的，指标应该针对常规过程，叫“过程指标”。而常规指标来自经营路线（见图 1-7）和价值链（见图 1-16）。当过程跨部门时，它是各部门运作的纽带，过程指标就成为跨部门的指标，所以，面向过程的业绩考核才能很好地解决部门间的协作问题，也就是考核“过程业绩”比考核“部门业绩”要科学得多。表 6-6 是常规过程指标清单。

表 6-6　常规过程指标清单

过程	职能						过程指标
	销售	设计	采购	生产	品管	物控	
COP1- 市场开发	●	○		○			◆ 调查数据可利用率 ◆ 每半年出具一次调查报告
COP2- 订单评审	●	○	○	○	○	○	◆ 接单率 ◆ 订单完成率
COP3- 产品设计开发		●	○	○	○		◆ 产品开发成功率 ◆ 产品开发周期 ◆ 样品评审一次通过率 ◆ 项目开发成本
COP4- 生产计划	●	○	○	○	○	○	◆ 生产计划完成率 ◆ 生产周期
COP5- 工程变更		●	○	○	○	○	◆ 工程变更差错率 ◆ 工程变更及时率
COP6- 交付	○			○	○	●	◆ 交付准时率 ◆ 库存周转率
COP7- 投诉 / 退货处理	●	○		○	○		◆ 顾客投诉处置有效率 ◆ 顾客有效投诉处理及时率 ◆ 投诉处理时间
COP8- 售后服务	●	○			○		◆ 顾客满意度 ◆ 服务承诺兑现率

注：“●”表示主要责任部门，“○”表示相关部门。

一级过程的指标尽量不要超过三个。所有的过程指标都要规定评价周期、支持性资料、定义及计算公式，如表 6-7 所示。

表 6-7　过程指标定义

生产过程指标	评价周期	支持性资料	定义
1. 成品批数合格率	每月	质量月报表	成品交检合格批数 / 月交检批数
2. 入库准时率	每月	生产日报表	按生产计划按时入库数量 / 生产计划规定的入库数量 ×100%

续表

生产过程指标	评价周期	支持性资料	定义
3. 生产停台率	每季度	停台记录	（计划生产时间 – 实际生产时间）/ 计划生产时间 ×100%
4. 过程能力 Cpk 大于 1.33	每月	均值极差图	产品公差是六西格玛的 1.33 倍

二、指标系统

常规绩效标准策划的第一步是建立指标系统图，以避免指标错配，甚至是相互矛盾。它要解决“四个平衡”问题，如图 6-14 所示。

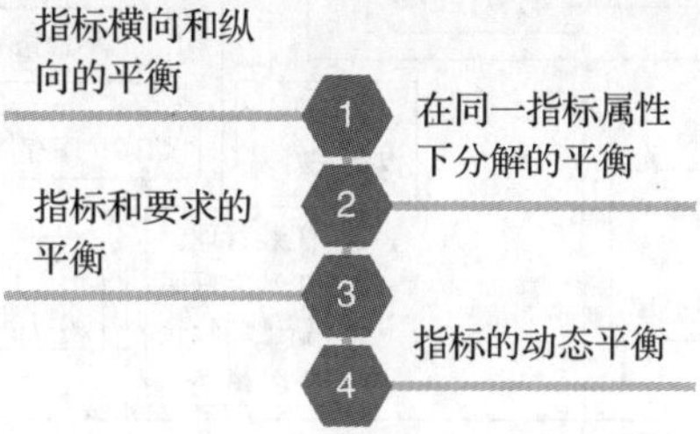

图 6-14　指标系统的四个平衡

指标系统也可理解为体系的数据分布。

1. 指标系统图

在第一章中所建立的经营路线（见图 1-7）已经明确了一级过程之间的逻辑关系，同时也是指标系统的框架，那么直接在上面确定指标就自然形成指标系统图，它是指标值平衡的基础，如图 6-15 所示。

图 6-15 的指标全部都是一级过程的指标，即一级指标，都是关键绩效指标（KPI）。过程指标有两种：一种是属于体系的，它的实现会影响其他过程指标的实现，称“关联性指标”，要放在系统中考核；另一种是属于过程自身的，与其他过程无关，称“独立性指标”，是考核自身的。例如，“设备管理过程”有“设备完好率”“保养计划完成率”“预防性维护成本”3 个指标，前一个是为“生产过程”服务的，要放在系统中考核；后两个是属于过程自身的，就考核自身。

在图 6-15 中，实线部分是顾客导向过程指标。

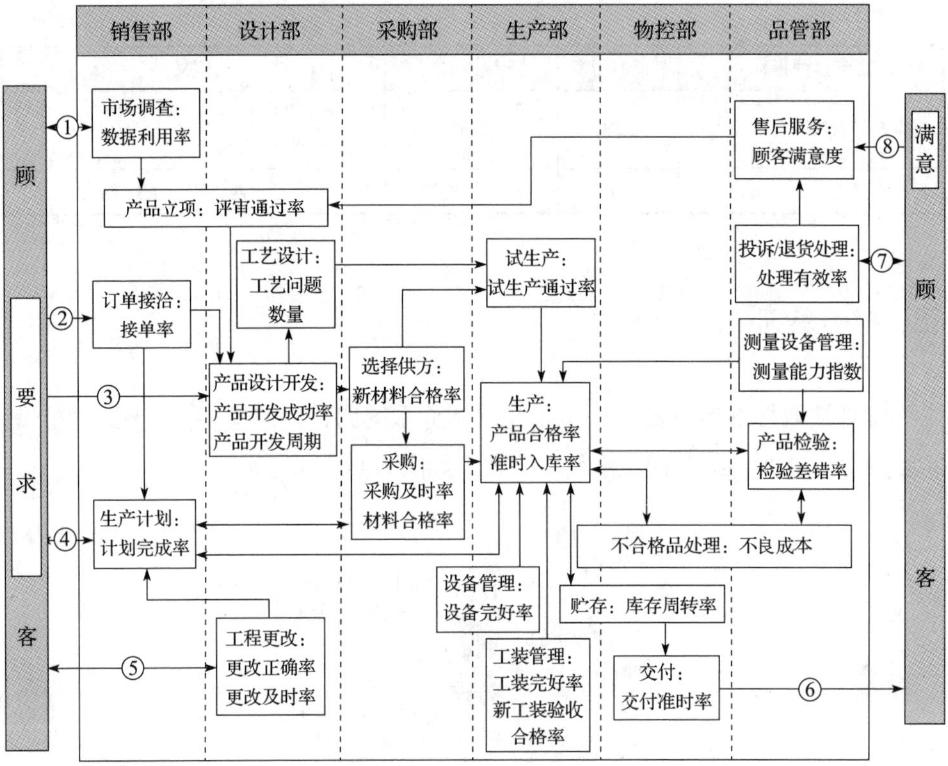

图 6-15 指标系统图

2. 指标矩阵

不过，图 6-15 只表达了关键指标的直接关联，当一个过程有两个以上指标并同时与几个过程指标有关联时，就需要借助图 6-16、图 6-17 和图 6-18 的矩阵去做补充。

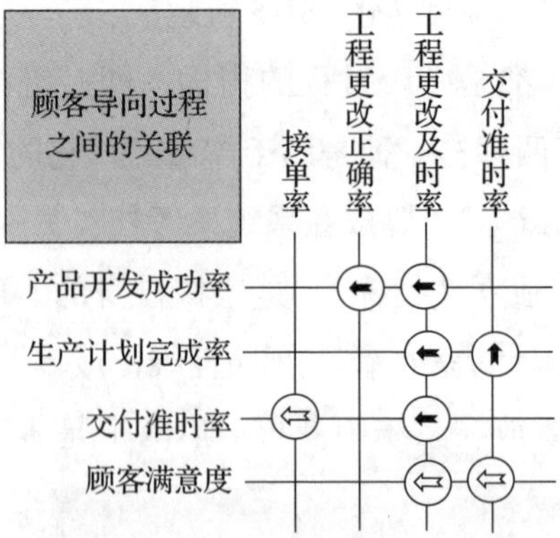

图 6-16 顾客导向过程指标矩阵

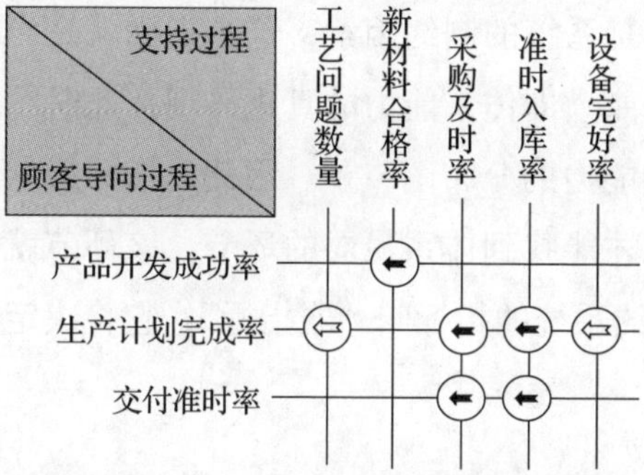

图 6-17 顾客导向过程与支持过程指标矩阵

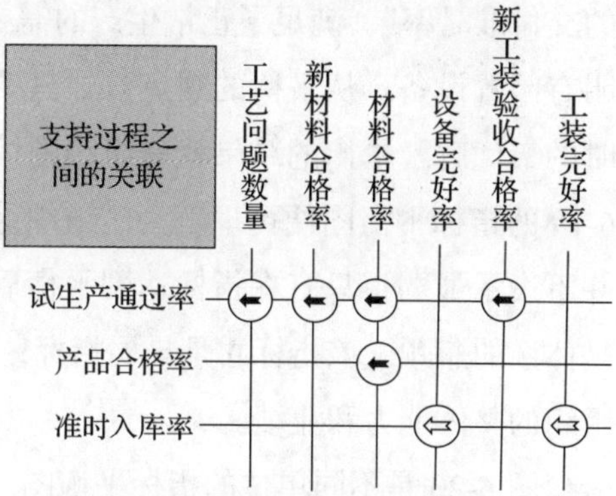

图 6-18 支持过程指标矩阵

可见，目标之间是一种逻辑结构，例如，从图 6-18 中可知，要使“试生产通过率”达成就需要其他四个指标的配合，这是过程之间的关联导致的。

确定指标值时这种结构尤为重要，既要相互匹配也要相互约束，做到平衡才会形成指标的一致性。平衡要经过协调，一级指标之间的平衡为“指标横向平衡”，一级指标与二级指标的平衡为“指标纵向平衡”。

当指标值确定后，相同单位的指标总体上也会存在平衡，图 6-19 为相同单位的指标平衡图。

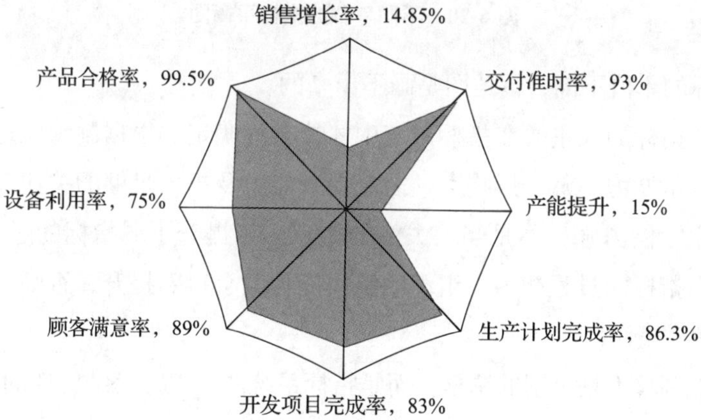

图 6-19 相同单位的指标平衡图

指标之间构成一个系统，指标值往往不好直接求得，所谓指标平衡是在指标结构基础上用多次滞后的数据调整或者通过多元线性回归计算后得到的，并且每次平衡都是相对的。例如，图 6-19“75% 的设备利用率”就能平衡“93%

的交付准时率”，满足了正常生产的需要，它不仅不是系统的制约因素，反而说明有闲置设备。从平衡的观点看，只要不是系统的制约因素，这个指标就是当时的最优解。平衡的结果就是组织的综合能力即体系能力的真正体现，此时图6-19的指标平衡图便可理解为“组织综合能力的分布图”了。因此，指标最低并不表示最弱，只有在指标达到平衡后，才能找到体系最弱的环节，该环节就是体系的瓶颈，该指标才是最弱指标；制约系统的指标叫“弱指标”，它将决定组织的整体能力和业绩。

图6-20是不同单位的指标平衡图。

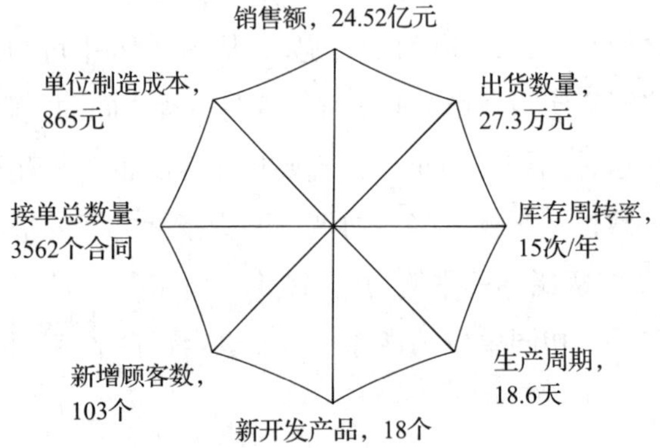

图6-20　不同单位的指标平衡图

因指标的单位不同，雷达图是画不出来的。

因此，指标的权重要在指标系统中才能合理确定。根据制约原理，弱指标权重大，表示能力不够，影响大，需要提升能力及投入足够的关注度；强指标权重小，表示能力强，不是当前关注的重点。当提升了弱指标的过程能力后，就能释放强指标的过程能力，组织的整体能力就会得到提升，否则一味提高指标值只会浪费资源。

指标的调整不是个别的调整，而是指标系统的调整，是结构性的整体提高。指标系统达到相对平衡后，这时只要改动其中一个指标，其他指标就会跟着动态改变，其中一定存在一个影响最大的变动指标，所以，指标系统既要平衡又要打破平衡，组织才能不断地进步。

其实，图6-19和图6-20是经过努力后自平衡的结果，反映了组织发展的当前状况，需要用“发展指数”去表达。指标存在不同的单位、正指标和逆指标，计算发展指数时就采用多指标合成的方法，举例如表 6-8 所示。

表 6-8　综合发展指数

指标	年度数据		发展比率 /%
	2019 年	2020 年	
销售额 / 亿元	21.35	24.52	114.85
生产周期 / 天	20.1	18.6	108.65
产品合格率 /%	99	99.5	100.51
单位制造成本 / 元	922	865	106.59
库存周转率 /(次 / 年)	16	15	93.75
发展指数			104.87

也可以应用表 6-9 中的方法计算某一方面的发展指数，表 6-9 为产品开发发展指数的计算实例。

表 6-9　产品开发发展指数

指标	年度数据		发展比率 /%
	2019 年	2020 年	
产品开发能力（权重 60）			
P11 新产品设计和开发周期 / 天	78	65	120.00
P12 新产品开发成功率 /%	88	92	104.55
P13 年度设计和开发产品数 / 个	15	18	120.00
P14 新增产品标准数 / 个	7	8	114.29
P15 新增设计标准数 / 个	9	12	133.33
发展指数			118.43
创新能力（权重 40）			
S71 开发经费支出占产值比 /%	4.6	6	130.43
S72 高新技术产品占产值比 /%	17	23	135.29
S73 专利数量 / 个	8	10	125.00
S74 核心技术数量 / 个	2	3	150.00
发展指数			135.18
产品开发能力和创新能力的发展指数为：$0.6 \times 118.43 + 0.4 \times 135.18 = 125.13$			

3. 制约指标

在指标系统中，越接近市场、越接近效益的指标越高越好，但可能要被制约，否则会起反作用。通过一个指标去制约另一个指标，这叫“制约指标”。制约指标也是指标平衡的一种方式，如导弹的“射程”要被“精准度”制约，那么“射程”和“精准度”就是一对平衡指标。表 6-10 列举了制约指标的部分例子。

表 6-10 制约指标

指标	制约指标	说明
销售额	• 回款额	• 如果货款收不回来，销售额越高就越危险，业绩是虚的。这是正相关的制约
接单率	• 交付准时率	• 如果交付准时率很低，接单率越高就越造成不良影响。这是正相关的制约
产品合格率	• 质量成本	• 计算产品合格率时必须计算质量成本。这是负相关的制约
交付准时率	• 退货率 • 附加运费	• 如果经常退货，准时交付就不成立，反而失去信任。这是负相关的制约 • 如果很狼狈地准时交付，如汽车改用飞机运输、一次交付变成多次交付等增加了附加运费，都不是真正的准时交付。这是负相关的制约
生产计划完成率	• 生产效率 • 加班工时	• 编制生产计划是基于很低的生产效率情况，那么生产计划完成率是没有意义的。这是正相关的制约 • 采用很多不正常加班去完成生产计划，生产计划完成率也是假象。这是负相关的制约
产品开发成功率	• 产品开发按时完成率 • 新产品销售额	• 产品开发没有按时完成就不算成功。这是正相关的制约 • 如果产品推出市场后卖不出去，产品开发就是失败的。这是正相关的制约
顾客满意度	• 售后服务成本 • 产品成本	• 不计成本去达到高的顾客满意度，组织一定会倒闭。这是负相关的制约
设备完好率	• 设备利用率	• 设备利用率很低，或者根本未使用，那么设备完好率是不成立的。这是负相关的制约

在指标的平衡关系中，制约指标要么是正相关，要么是负相关。组织可以

仿照表 6-10 针对关键指标开发出制约性指标来。此时，指标的权重就要配套确定，通常被制约的指标是主要指标，权重大，制约指标权重小。

4. 派生指标

从一个指标中经换算或转化出来的指标称为“派生指标”，被换算的指标往往就是 KPI，表 6-11 所示的就是派生指标的例子。

表 6-11　派生指标

KPI	派生指标	说明
销售额	销售利润	销售利润是从销售额换算出来的。很多的财务指标都是派生指标，是其他业务指标换算出来的
生产总成本	生产单位成本	有了生产总成本就能换算为单位成本，所以生产单位成本指标是派生出来的
15 个工作日内完成申请入户手续	承诺兑现率	“15 个工作日内完成申请入户手续”是对顾客的承诺，经过多次的手续办理后就可以统计出“承诺兑现率”了，所以，这个指标是派生出来的
产品合格率	过程能力 Cpk 值	过程能力 Cpk 值也是质量指标的表达方式，产品合格率可以转化为它的大小

派生指标实质上就是一个指标的两种讲法，因此，派生指标不考虑权重，也不作为业绩考核的依据。在指标系统中，甚至可以不列派生指标。财务指标大部分都是可以换算出来的，制定了业务指标后等同于包含财务指标，所以不能以财务指标去考核财务部，只能考核整个组织。

在派生指标中，可能会产生制约指标，如当产量增加时，总成本绝对值也随之增加，但相对成本应该是降低的，这时总成本提升是正相关，单位成本降低是负相关，后者就是制约指标。从严格的意义讲，派生指标不属于指标分解的范畴。

5. 指标分解

指标分解是指标系统的组成部分。来自经营路线的一级过程指标为一级指标，来自价值链的二级过程指标为二级指标，因为价值链是经营路线的展开，因此二级指标就是一级指标的展开。如果一级过程没有二级过程支持，则一级指标无须分解二级指标。表 6-12 为指标分解的例子。

表 6-12 指标分解

一级过程	一级指标	二级过程	二级指标
设计开发过程	产品开发成功率达90%	设计评审规定	设计方案评审一次性通过率达 86%
			样品评审一次性通过率达 92%
		试制管理规定	试制产品测试项目合格率不低于 90%
		产品试验大纲规定	产品性能参数优胜于同行不低于 4 项
			产品的可靠性指标达成率达 94%
制造过程	产品合格率达 99%	现场异常处理规定	错误率不高于 1.2%
			产品下线率不高于 2.3%
服务过程	顾客满意度达 99%	服务承诺管理规定	年内售后服务三包承诺没能及时兑现的不超过 5 次
		顾客投诉管理规定	年内同类问题退货次数不多于 2 次
			有效投诉处理率为 95%

为避免指标太多、太复杂，二级指标不再分解，如还可以分解则以“要求”取而代之。适量的指标才能抓住重点。

从一级过程分解出来的二级过程本身会自成结构，可以看出指标分解只有逻辑分解没有算术分解，由此产生的指标平衡则为指标纵向平衡。同一级指标的平衡为横向平衡。

在关联性指标中，某一指标被分解出几个同一属性的指标后，当这些指标没有达成而导致被分解的指标也无法达成时，就称为“前置性指标”。尤其对于统计周期长的指标更需要设定前置性指标，使之能提前预知结果。顾客满意度是组织的常规指标，假若一年做一次调查，就要设定阶段性的指标作为前置性指标，如每季度的产品性能满意度、顾客投诉处理满意度等，这些指标都是同一属性的。如果没有这些前置性指标的定期测量，当年度顾客满意度未达标时，一年就已经过去了。

三、常规指标权重的确定

常规指标是业绩考核的重要依据，因此权重的确定就尤为关键。常规指标通常落实到一级过程和二级过程上，这时常规指标权重的确定方法如下所述。

（1）弱指标权重大，强指标权重小，即便是关键指标也是如此。

（2）一级指标权重为 1，下层指标的权重总和为 1。

（3）前置性指标可以不考虑权重。

（4）被制约的指标权重大于制约的指标权重，或者不考虑制约指标的权重。

（5）派生指标不考虑权重。

（6）其他相关关系的指标，根据经验和逻辑判断决定权重。

当指标用于考核时，权重大的考核周期短，权重小的考核周期长。

四、常规要求

常规过程中的要求就是常规要求，即工作标准，是绩效考核的基础之一，在绩效层面上它仅次于目标和指标。

1. 常规要求来源

常规要求来源于常规过程中的以下三个方面。

（1）从过程指标分解而来。

（2）从下游过程而来。

（3）从过程六要素而来（见图 6-21）。

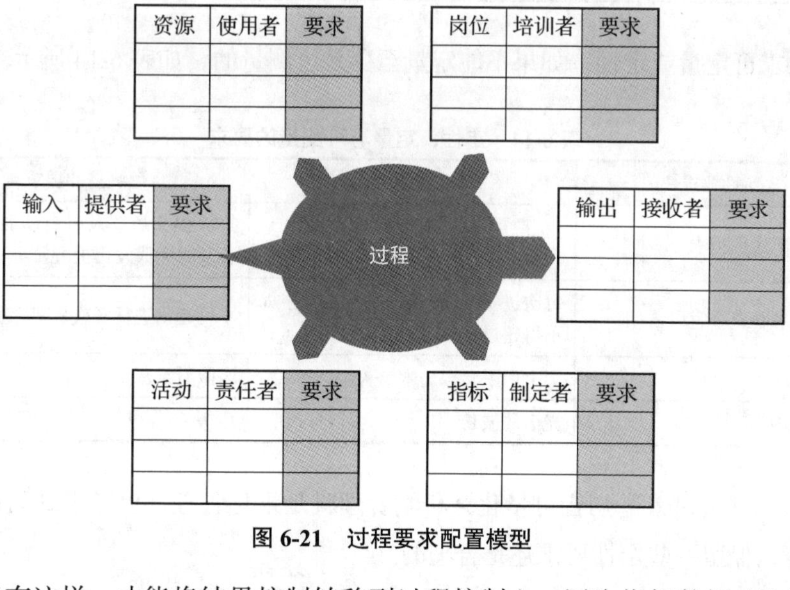

图 6-21　过程要求配置模型

只有这样，才能将结果控制转移到过程控制上，因为指标数据（结果）是滞后的，这叫“过程输出决定业绩”；也只有这样，才真正奠定了业绩和持续改进的基础。表 4-6 的每一个要求都对应到岗位上，就成了岗位工作的考核标准。一个人如果按时、按要求完成任务，我们就说他有能力。常规要求越高，对人员能力的要求就越高。

2. 规定要求的原则和用词要求

写清楚要求其实不容易，写得不好对操作影响很大。规定要求的原则和用词要求，如表 6-13 所示。

表 6-13　规定要求的原则和用词要求

规定要求的原则和用词要求	
原则	1. 针对过程的输出和过程活动（或步骤） 2. 以法规或标准为底线，并将具体的条款内容直接写在作业活动上，而不是整个引用，因为作业者通常都不看法规 3. 能定量的不定性，如果不能定量至少是可测量的 4. 能具体就不泛指 5. 对内严于对外
用词要求	1. 表示很严格，非这样做不可的用词：正面词采用“必须”，反面词采用“严禁” 2. 表示严格，在正常的情况下均应这样做的用词：正面词采用“应”，反面词采用“不应”或“不得” 3. 表示允许稍有选择的用词：正面词采用“宜”或“可”，反面词采用“不宜” 4. 不使用“最好”“一般”“希望”“原则上”“尽可能”等修饰语 5. 在对活动有严格时间要求情况下避免使用“及时”“马上”的用词

要求可定量或定性，如果不能定量至少是可测量的，如表 6-14 所示。

表 6-14　定性、定量与可测量的要求

定性要求	定量要求	可测量的要求
及时完成生产报表	每天 16：00 前送交报表	报表提交后能及时自动显示，没有及时完成发出提醒警示
小批进货，资金宜少占用	每次进货不得超过 80 万元，存货不得超过 2000 万元	不可超出进货区或货架容量
桌面干净	套上白手套擦一米没灰尘	肉眼看没灰尘
颜色适中	光谱的波长	色板

从原理上讲，一切皆可量化，科学管理就是量化管理，但考虑到测量成本和难度，保留一些定性要求还是合理的。

3. 关键要求

关键要求会有很多，要集中在关键控制点上，所以就要找到过程的关键输出和关键活动。在第四章中已经对关键输出和关键活动进行了分类，现再做一些说明，如表 6-15 所示。

表 6-15　过程的关键输出和关键活动

数字符号	关键输出	说明
O1	方案	涉及项目、重要事件时就要进行策划，而方案就是策划的输出，往往代表着组织的走向
O2	计划	所有的计划无一例外都带有目的，涉及资源的投入，往往由一众人去执行，影响的面较广，也是策划的输出
O3	合同、协议	产生业务和生意的重要文件，是高风险发生的地方
A1	关键活动	对实现指标影响较大，出错会导致过程失效和重大影响的活动

过程关键活动要求的例子如表 6-16 所示。

表 6-16　过程关键活动要求

<table>
<tr><th colspan="6">生产过程指标：产品合格率</th></tr>
<tr><th rowspan="2">过程关键活动</th><th colspan="4">职能</th><th rowspan="2">关键要求</th></tr>
<tr><th>工艺</th><th>制造</th><th>物控</th><th>品管</th></tr>
<tr><td>1. 生产过程监视</td><td></td><td>●</td><td></td><td>◎</td><td>1. 开机前参数的核实同步完成
2. 首件确认在开机后 5 分钟内完成</td></tr>
<tr><td>2. 过程确认</td><td>●</td><td>◎</td><td></td><td>◎</td><td>1. 对于新产品，过程参数在 3 天内确定，外观判断样板在 7 天内完成
2. 试生产评估时要包括人员资格的鉴定、使用方法及记录的适宜性
3. 过程条件发生变化后 7 天内完成过程确认</td></tr>
</table>

注：“●”表示过程主要责任者，“◎”表示过程相关责任者。

第四节　数字体系落地

前几节已经描述了从组织战略转换到战略任务、数字体系及具体要求的部署过程，从战略到要求的层级如图 6-22 所示。

建立数字体系，只是组织成功的制度保证，关键就是其落地；体系不能落地，理想等于空想，一切等于零。体系落地不讲如果，只讲结果，这是一个世界难题，困扰着很多组织。本节将介绍这方面的新做法。

体系无非就是“例行事”和“例外事”，战略部署是例外事，管理体系是例行事，这就是落地的全部内容，如图 6-23 所示。

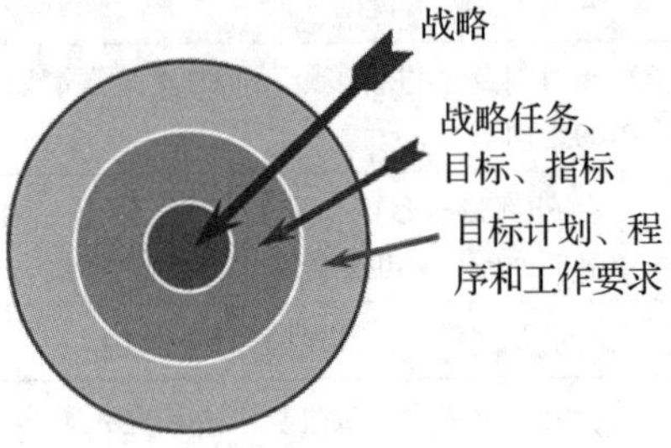

图 6-22 从战略到要求的层级

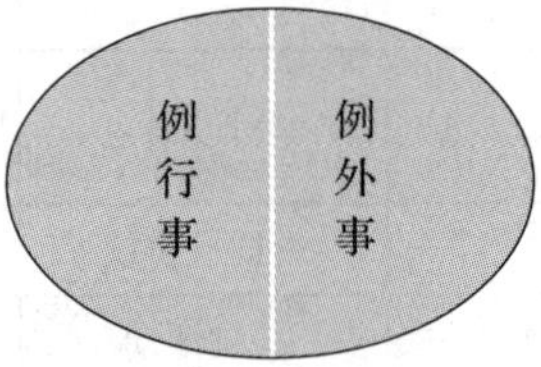

图 6-23 例行事与例外事

当前，体系数字化落地的典型做法是任务平台化，通过专门的软件系统去实现，体系落地循环如图 6-24 所示。

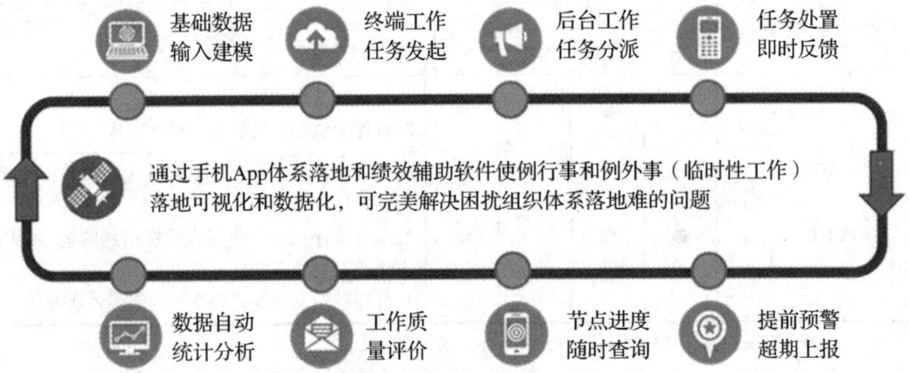

图 6-24 体系落地循环

简单地说，数字体系落地就是一个数字化决策、执行、监管、预警、评价、反馈的闭环系统。

一、例行事落地

体系文件规定的例行事都会有标准的程序，且不会超出执行者的能力范围。但为什么执行这么难呢？主要的原因有以下几点。

» 跨部门的流程导致每个岗位不可能一气呵成地完成自己部分的工作，当自己参与到多个跨部门流程时，实际的作业是分散完成的而不是连贯的。
» 例行事尽管规定了完成的时间，但受到别人工作进度的影响、遇到很多的例外，导致不能确保在规定的时间内做完。
» “忘事”。这是人的先天缺陷，任何人都无法避免。

以下是例行事落地的有效方法。

1. 文件碎片到岗位

要在流程中各司其职最有效的办法就是将流程碎片到岗位，确保落地无死角。在第五章中已经专门介绍了这个办法，就是将厚厚的一堆文件碎片化后通过系统精准地推送到个人的操作端上，形成在线个人工作看板（见图 6-25），看板可以显示每天、每周、每月要做什么，确保没有遗漏，并且有提醒功能，基本上就确保了文件 80% 以上的执行。这是数字体系的优点。

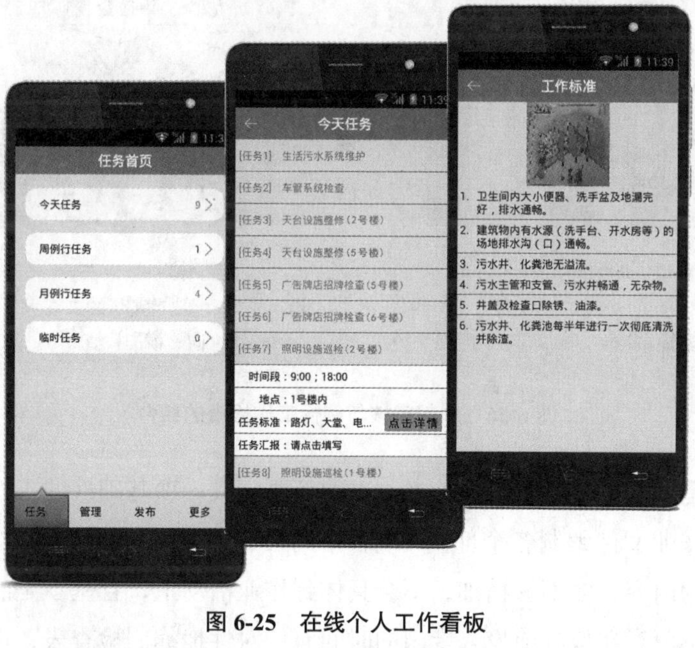

图 6-25　在线个人工作看板

在个人工作看板中，有指标清单、任务清单、问题清单等，有健全的清单动态管理、协同执行、闭环管理的内容。落地数据如影随形，每次操作都是一次数字启动，都在现场直播。

2. 建立检查题库

当前，例行事落地的监控主要是采取两种方式——内部审核和日常工作检查。内部审核有三个明显的缺点：一是审核员要有专业水平，能称职的人不多；二是审核间隔时间长，普遍的做法是一年一到两次；三是受审核时间的限制，审核到的内容只有很少的一部分。事实证明，这种落地方法与期待的结果相去甚远，无法达到预期效果。

比较接地气的做法是对例行工作的常规性检查，如每周或每月的检查。不过，其虽然解决了检查周期长的问题，但很耗人力和时间，还暴露出检查缺乏整体性的缺点。所以，有效的做法就是内部审核与例行工作检查的结合，如图 6-26 所示。

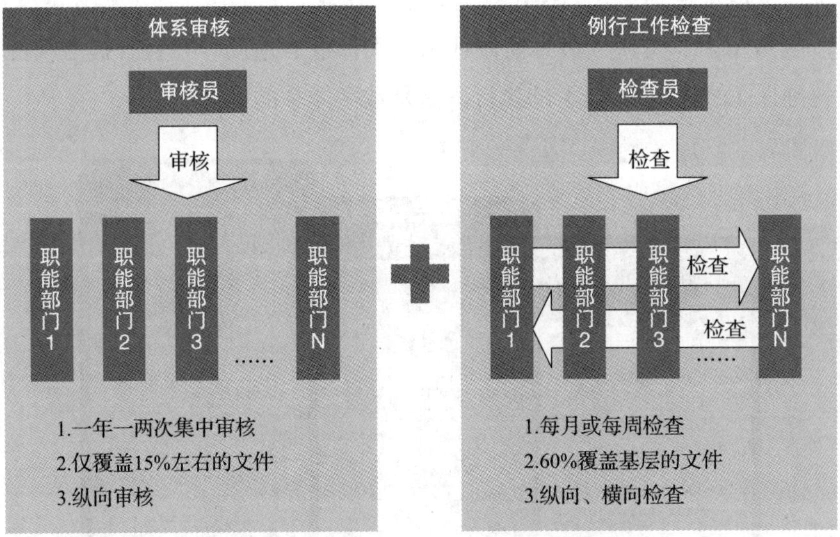

图 6-26 内部审核与例行工作检查的结合

不管是内部审核还是工作检查，事前都要完成一项基础性的工作，就是基于标准和作业文件编制各个部门（或各个岗位、各个管理模块）的检查表。这些检查表的内容大多不够精细，不会具体到作业活动上，且基本是静态的，检查人员都不愿意在检查前投入专门的时间有针对性地编制检查表，这使审核效果大为降低。当前，最为有效的方法是采取“动态检查表”。首先，通过专门的系统将整套作业文件转化为“检查题库”。文件已经数字化了，这个步骤可以轻易完成。工作检查时，检查员可以通过软件的筛选功能自动地、随机地从题库中抽取当次的检查内容，并分“重点检查项”“必查项”和“随机检查项”。被检查方只能靠平时一年如一日地保持常态才能应对这种随机方式，不可能临时去做准备。如果例行的工作检查替代了内部审核的功能和内容，那么就不必再做内部审核了。

采取专业的软件完成体系落地的工作，在以下几个方面会取得比较明显的效果。

（1）使体系文件检查的覆盖率和岗位检查的覆盖率达到 80% 以上，大大提高了检查结果的可信性。

（2）使检查工作变得非常方便和简单，可以实现远程检查、飞行检查、交叉检查、随机突击检查等，发现问题还能自动跟进，自动出报告，大大提升了检查工作的有效性。

（3）检查表是随机自动生成的，无须预先花时间去编制，就大大降低了工作检查的专业门槛，解决了检查人员不足的问题。

对于检查发现的问题，传统的评价就要判定“符合”或“不符合”，是“严重”或是“轻微”；综合的评价结论就要判定“体系有效”还是“体系无效”。这些都是定性的评价。检查数据化和软件化后，评价的结果是定量的。这主要是将德国过程审核（VDA6.3）标准的计分法原理应用到检查上，如质量检查、环境检查、审计风险检查、安全检查、5S 检查、法规检查、认证标准检查、供应商检查等，使审核更具说服力。

二、例外事落地

例外事是指例行事之外的事，如临时事件、顾客投诉、应急或突发事件的处理及开会布置的工作等，这些事很难按部就班，但又是工作业绩考核的部分。

当前，通过专门的系统去跟进例外事的落实已是普遍的做法，如图 6-27 所示。

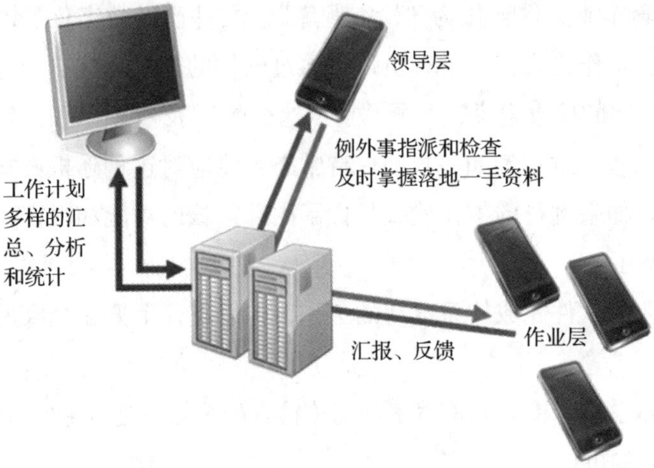

图 6-27 例外事落地工作检查路线图

在系统中，定义紧急事件和一般事件。看板会瞬时显示事件的处理状态，在规定的时间内有提醒、上报、自动计算完成时间等功能，可以做到“日理日清”。

在自动监控系统中，不管是例行事还是例外事，所有人都是露天作业，运行和监视可以同步完成，并且随时出结果，这样就能大量减少中高层人员花在监控上的时间，非人因素的监控甚至可以取代他们的监控职能。

落地数据化主要体现在以下几方面。

（1）目标、指标的达成情况。

（2）每个岗位工作的完成率和及时率。

（3）每个岗位完成工作的耗时，即效率，包括通过大数据知道群体平均工作的耗时和效率。

（4）检查发现的问题和趋势，包括解决问题措施的关闭率和有效率。

（5）显示管理问题、体系问题、执行问题的比例。

这是落地数据化的体现，并且都是在系统中自动生产的，都能为业绩考核提供科学的依据，这时谁都会说“数据就是力量”。

三、知识体系支持

在知识快速增长和迭代的时代，战略落地、体系运行、个人作业很多时候不是靠现成的程序文件和标准，而是靠知识和知识体系的支持。管理大师德鲁克早就将管理者视为知识工作者。20 世纪 80 年代畅销书《大趋势》的作者奈斯比特认为，以工业来比喻，我们现在大量生产知识，而这种知识是我们经济社会的驱动力。经济社会的驱动力被很多科研成果、技术成果、体系成果、知识产权、专利的激增所创造的经济增长所证实，于是，20 世纪 90 年代就出现了“知识经济”的繁荣景象，也导致学习型组织的兴起。过去讲学历、讲资历，今后讲知识、讲创新。“智”的字解就是每天多知道一点。管理者的成熟不在于经历，而在于经验。要将经验转化为生产力就要将经验转化为大家都能掌握的技能，经验向技能转化的循环如图 6-28 所示。

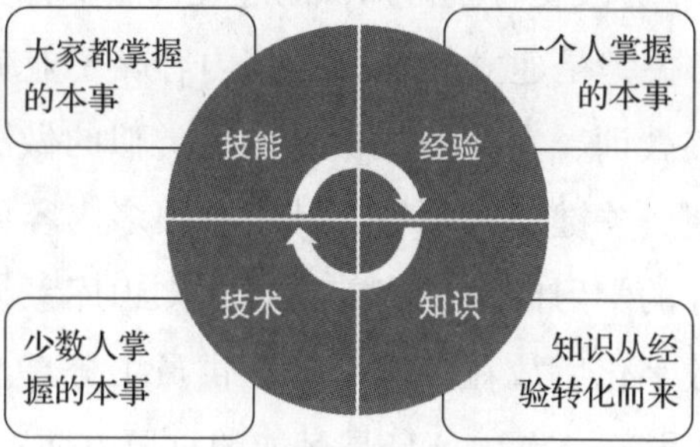

图 6-28　经验向技能转化的循环

而今，掌握数字技术是一种新的技能，有数字思维的人才能成为组织的未来人才，才能成为真正的知识工作者。最热门的数字技能并非指那些独步天下的检索技巧、一份漂亮文案的快速编辑技术，而是数字的策划和创新能力、流程的开发能力和数字管理能力。

而今，批量生产知识管理者并非不可能。在知识爆炸的时代，为了大众快速获得知识，开发商已经开发了很多获取知识的方法，人们可以通过几大搜索引擎很快就搜索到所需的资料，甚至可以将别人的作业场景移植过来，网络提供了深度学习的条件和方法，赋予了人们强大的学习能力。于是我们很快就能学会一样新的东西，很快就能开拓一项新业务，很快就有奇妙的创意。“知识改变命运”越来越容易；“知识就是力量”也越来越让 17 世纪就说出这句话的培根更加伟大。而今是“数据就是力量”。

可是，在知识的海洋中，哪些知识是我们需要的呢？ISO9001 标准的回答是：支持运行的必要知识。支持运行的必要知识就是规范之外能确保有效运行所需的业务和专业知识，因此，知识库首先就要锁定在这一知识范围。ISO9001也因此要求，组织应从内部和外部两个方面识别、挖掘和确定必要的知识。

（1）内部来源，如知识产权，从经验获得的知识，从失败和成功项目汲取的经验和教训，获取和分享未成文的知识和经验，以及过程、产品和服务的改进结果。

（2）外部来源，如标准、学术交流、专业会议，以及从顾客或外部供方收集的知识。

然后，为提高知识应用效率，将经验和知识进行数字化，在大数据下进行智能化应用。面对新环境，仍然是那句话：实践出真知。“实践—认识—再实践—再认识”的循环不会改变，获得知识的过程仍然要将实践放在首位。

在知识体系中，关键是建立知识库，其内容除了业务和专业知识外，还有平时累积的经验、教训、实战的案例、同行类似的做法、动态的教材、生动的故事、情景再现、关键词索引等，其中有很多内容可能正待转化为作业标准。知识库是很好的学习园地。当前，自建知识库系统已经不是难事，将信息、经验和知识数字化后放在一个平台上供员工分享。以数字化为平台的远程图书馆早已实现了这一点。分享是赋能的重要方面；从知识占有到共享，从聚能到赋能，就能从精英到大众。为应对不断变化的需求和发展趋势，组织还应审视现有的知识，确定如何获取或接触更多必要的知识，包括知识的更新。

将支持日常工作的标准程序经过训练植入人脑后形成“脑程序”，又通过知识库、经验库、信息库为员工解决程序之外的不确定性，所有这些便构成了员工能力的整体，这个过程我们称为“赋能”。而今的赋能是数字赋能，数字会教会你使用数字，软件会教会你使用软件；在互联网时代，而今的赋能是协同赋能、同级赋能、高能位向低能位赋能，聚能池就能通过网络、平台源源不断地向作业端输送能力，为大家加料喂料，一个新手很快就能变为高手，也能让三流的人员很快做出一流的事情来；而今的赋能成本很低，不用花费金钱，只要给电、给网就行。赋能还能使员工自学习、自驱动、自提升、自生长。

知识管理平台的最终目的是让知识得到应用，是帮助组织实现目标。我国颁布的知识管理国家标准——《知识管理》（GB/T 23703.1 ～ 23703.8）公布了知识管理概念模型，如图 6-29 所示。

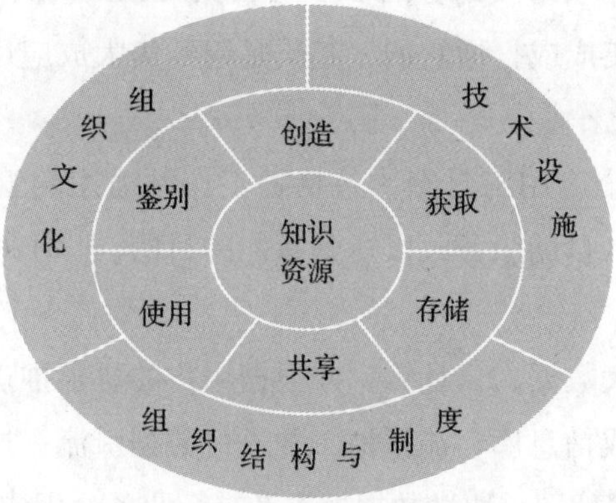

图 6-29　知识管理概念模型

知识管理概念模型明确了知识体系的基本内容：知识管理根据组织的核心业务，鉴别组织的知识资产，开展管理活动，包括鉴别知识、创造知识、获取知识、存储知识、共享知识和使用知识。知识管理的建设与实施应从 3 个维度去考虑：组织文化、技术设施、组织结构和制度。模型也提供了知识管理信息系统的建设框架，组织可参照此框架建立数字化的知识管理平台。

四、数字体系落地支持平台

数字体系落地平台是指数字基建，是云、网、数、智、运一体化的平台，是信息平台、技术平台、AI 平台等的一个综合体，它可以寄生在体系数字化平台（见图 1-25）之中或者合为一体，与体系所含技术相兼容，确保体系无障碍运行，并基于基础设施的功能成为体系的控制中心和指挥中心，是一个开放的服务平台。银行的自助服务、飞机场的自助行李托运让我们都能感受到平台的作用，其整个过程都是数字化操作。为了做到这一点，这些组织已经花了很多时间去完成数字化的基础工作。接着，就产生了终端管理、连接管理、数据管理和应用支持等，这是现代组织不可或缺的。

搭建数字体系落地平台就是提升人员效率，精简人员。其作用如下所述。

（1）建通道，激活整个体系，促进互动性，形成广泛的流量群，达到群体性活跃的目的；同时，增强平台用户黏性，在不同的同温层中建立合作交流圈，去孤岛，去钉子户。

（2）作为数字体系组成部分的OA、PLM、CRM、ERP、MES等的管理系统，平台的作用是集成或打通它们，起码是起到集大成应用的桥梁作用，以促成自动化、半自动化作业。

（3）平台是一个应用工具箱，包括各工作站适用的管理工具的配置，支持使用者自我应用、自助服务，以达到赋能的目的。一小时学会，一天成才不是梦。

（4）平台包含大数据、云计算，并根据用户的要求推送相应的文件，将各种信息进行集合形成信息库、流量池，并进行数据引流、挖掘和开源，自动生成数据云图或是数据地图，协助数据拥有者进行业务分析或提供决策参考。

（5）平台起到信息互联互动、单元互联、过程互联、末端循环、直接访问的作用；同时优化信息通道，减少中间转换，使信息无障碍流通；将各岗位的移动端绑定所需的工作内容和输出，形成人与人（P2P）的直接工作模式，确保每条信息都得到互访，将跨域的操作变为键盘操作，异域同天，直到任务完成彼此之间都可以不用见面。

（6）平台是一个搜索引擎。数字体系所产生的很多基础性资料、概念性资料、碎片化资料都会放置其上，通过连接和搜索去支持现场的作业，并根据使用的频率通过算法达到从大海捞针到智能搜索、从海选到智能选择的目的。

体系平台就是将数字体系的内容及其他必要的内容结构化地叠加在一起的混搭版，使之具有智慧体系的特征，形成了新的操作模式。故此，平台不仅是提供体系服务、数字服务和支援的一个体系，也是以人为核心促使新型合作关系的体系。人直接与平台互动后，除了自己完成工作外，还可以服务别人，可以做能力的交换。

第五节　体系运行大数据

数字体系大数据是指体系数字化后的运行大数据，是体系业绩的一个方面。通过运行大数据去跟踪体系的特征是一种最好的形式，也是体系最好的总结形式，这不仅在于改善体系本身，还在于开发更多的体系特征、寻找体系的规律和新的数字化方向，这与纯业绩运行数据完全不同。在组织中，数据在找人，人也在找数据，要消除数据黑箱，发挥数据的作用，就要让数据从幕后走到前面，并形成良性循环，反哺给体系。

数据随组织的管理活动而产生，是现状最直白的表达，具有客观性、真实性和可靠性，这 3 个特性决定了数据的权威性。就客观性而言，数据本身不知道自己好与坏，但它却能使组织发生变化；数据本身不带方向，却给组织带来方向；数据本身与品德无关，却自含品德，公正无私，不会欺骗任何人，且让人变得诚实、脱离傲慢与无知；数据并不知道自己干了什么，但我们知道它在干什么；数据也不知道自己做了什么贡献，但使用的人知道。人可以倾向性地、选择性地采用数据，却改变不了客观事实。在对人与数据产生怀疑后，我们宁愿相信数据。讲数据的人多半相信数据而不相信运气，信奉数据只是顺应自然。可以讲，没有对数据不感兴趣的组织，也没有超越数据的组织。

20 世纪 20 年代发明统计过程控制工具的著名统计学家沃特·阿曼德·休哈特首先将生产过程的数据应用于质量控制，使产品质量有了质的飞跃，因此被尊称为质量管理的奠基人。他说，只要你给我一堆数据，我就能找出规律，就可以建立数据模型，有了数据模型我就能预知。他将一堆数据称为“数据集”，这就是大数据的旧称。巧合的是，微软的史密斯也说过类似的话：“给我提供些数据，我就能做一些改变。如果给我提供所有数据，我就能拯救世界。”有大数据就会带来大改变。

一、文件运行大数据

文件转化为数字符号后在运行中就能转化为一堆数据，就可以动态地定量跟踪和分析体系状况，主要体现在以下几个方面。

（1）标准化大数据——标准化程度反映了体系的稳定程度和成熟程度，即数字体系的水平。数字化后的标准化包括术语、用词、作业单元、体系标准单元、碎片等。语言学家齐普夫在 20 世纪早期就发现英文中词频的规律——最常用的“ The ”占所有英文文本的 7%，第二常用的单词“ of ”占比为 3.5%，第三位的“ and ”占比为 2.8%……从而发现了英文用词的规律：频数递减规律。

数字化、标准化本身的优化和补充最好的办法就是通过运行大数据去完成。其中，体系词频的大数据及其变化会反映当前组织管理的关注度，甚至发现管理的规律。

（2）动词使用大数据——过程设计已经规定了一个动词一个句子，动词使用即句子的使用。系统识别同一个动词时会带出不同的句子，已经细化到字段级的控制，从动词的使用频率中就能发现体系运行的倾向、行为的记录、看清体系的是与非。使用频率高的动词、句子、段落就会给出体系改善的方向，并促使原来的弱连接变为强连接。这样的观点同样可以应用到部门和岗位上。

（3）文件重复使用大数据——体系运行后系统会及时发现文件出现重复的次数，频率高的就要从中提炼出标准单元；频率低的就要考虑合并、简化甚至取消，同时，调整体系文件的结构。此外，因为文件之间的引用已经细化到了句子级，所以，大数据就能反映出被引用的句子次数和内容，频率高的就成为标准单元。

（4）任务单元大数据——任务单元包括了文件被拆分成很多的任务碎片、例行事，所有这些任务单元都生成了唯一的数字编码，统计和跟踪这些编码就是任务单元大数据，如工作量的跟踪、单元执行的次数、按时完成次数，包括提醒的次数、延误次数等，这些数据能反映出员工的主动性，定量分析和揭示员工的行为。

（5）活动大数据——过程活动的类型已经用数字符号进行了划分，系统会将过程分解后的活动形成“岗位活动库”“部门活动库”。活动大数据就是跟踪活动类型（如 MOT 活动、增值活动）发生的频率，包括发生的时间分布、岗位分布、集中程度等，从而找到各种业务的真实特性、专业程度和效率等，为人力资源的配置提供有力的数据支持，包括为岗位绩效的量化提供依据。

（6）输入大数据——对作业输入分类数字化后，运行过程就能自动获得外部输入和内部输入的大数据。从外部输入的大数据中去分析一段时间以来的市场趋势、顾客要求的变化等，以便调整市场、产品开发等策略；内部输入的大数据主要统计现成作业依据的充分性、后端是否能够支持前端的运作。法律法规要求、顾客要求是作业的“底线”，其输入的充分性尤为关键，它们理应分布在不同的文件上，大数据就应该显示所有这些要求的覆盖率，这是避免风险的大数据方法。

（7）输出大数据——对输出进行分类数字化后，运行过程就能自动获得输出的大数据及个人拥有的数据量。从大数据中可以知道各个输出的速度、效率及频次，为评估员工的能力提供可信的依据。输出大数据也可以反映信息流的现状。信息流的最小单位是表单栏目链，也即栏目级的控制数据。

（8）网络体系大数据——主要是终端数据、三元素数据、数据链数据、移动端数据，从这些数据中去推演网络的变化趋势，并根据变化提前对平台、基础设备提出新需求。

被数字化定义了的单元，完善文件是通过单元使用的频率去决定的。根据大数据，信息系统的连接功能将会推送体系和操作所需的参考内容，从而实现对业务改善的指导。现代技术手段的应用使得这些操作都轻而易举。

二、目标指标运行大数据

在体系运行数据中，管理层特别关注反映在经营业绩报表上的目标指标数据，然后通过月度经营会议去跟踪和检讨。这都是比较常见的做法。但这里的目标指标运行大数据指的并不是业绩报表上收集和汇总的数据。严格地讲，以目标指标为业绩表征的数据属于范围数据，只要一组数据就够了，不需要大数据。一方天地的数据只表明个别领域的表现，并且也不是所有的目标指标数据的简单呈现，真正的大数据是从历次的每项数据的集合中反映数据的规律性、数据在运行中的变化及其对其他指标产生的影响，同时与外部大数据进行比较，又将变量作为输入，不断调整和优化数据结构和逻辑关系，修正式（4-1）的模型，包括业绩的计算方法、统计周期、指标的拆分或合并等，最终获得指标的最佳平衡。这才是目标指标大数据的意图。

三、要求运行大数据

要求是从指标分解出来的，并且主要体现在过程的输出和活动上，即“输出要求”和“活动要求”，对应的数字符号是“C3”和“C4”。其实，在实际运行中，要求的分类更细，如法规要求、顾客要求、产品设计要求、工艺要求、材料要求、设备要求、安全要求等，数字符号就更多了，构成了大数据的基础。在体系运行中信息系统的符号识别功能就能获得大数据，就知道体系哪些地方做得好，哪些地方做得不好，如果体系出了问题，就能很快找到缺陷，及时进行完善。

常识告诉我们，要求越高越严格，就越难做到。大数据如果显示某方面一直做得很好，可能是要求定低了；同样，某方面一直做得很差，可能是要求定高了。所谓的体系运行就是假象，就需要检讨和调整要求，高的调低，低的调高。另外，与竞争对手同类的要求对标时就能找出差距，不断补充、完善和提升，最终超越对手。

要求运行大数据还体现在与指标和要求的逻辑关系和平衡关系上，即前面讲的指标和要求的数据模型［见式（4-1）］，这需要相当一段时间的累积数据才能反映这个模型的合理性。建立体系时，人们都想知道怎样的模型才是合理的，因此就有很多的假设，并且大多体现在要求的假设上。过去，从来没有组织通过大数据去反映指标和要求的逻辑性和合理性，也没有建立过一个真正的模型；而现在由于技术的进步，我们通过对要求的分类和数字化手段，企图借助系统去自动完成这项工作。

四、成本运行大数据

精准获取成本大数据是比较困难的，成本中心或是利润中心的重点工作是将产生成本的单位，如销售、材料、工资、加工等进行成本的细化，即成本数据前的数字化，这是确保获取大数据的前提。体系数字化后，体系运行就能按照组织的意图产生成本大数据，最终就知道精准的单位成本，就能做到精准的成本预算、核算。

非常简单地就能获取运行成本大数据的典型例子莫如软件系统、智能手机的计时功能了。在作业耗时成本中，过去只在车间的计时、计件成本中做到精确计量，而管理流程的耗时组织是很少纳入计量中的。我们知道，现在，不用专门测量，软件系统、智能手机的计时功能都能即时显示耗时，这对节省人力成本、提高工作效率是有很大帮助的。此原理告诉我们，不管是生产还是销售、设计、材料消耗，数字化的关键在于将任何活动都看成动态，只有在动态的环境下，才能产生大数据的跟踪。

经营起于战略，归于数据。组织最高管理者对数据最敏感、最有依赖性，尤其是 KPI 数据。人对数据会有天生的倾向性，当经营状况不好时总觉得数据是残酷的，当数据亮丽时，又觉得自己特别高大。可是，让人尖叫的数据，经营者一生可能只发生几次；常规目标的达成再正常不过了，但成功的目标寥寥无几。这才是真实的现状。数据让我们回到现实世界中，要么取胜，要么被现实打败。

在数字体系中，宏观控制和微观控制都存在大数据控制：宏观控制导致结构调整，微观控制导致局部改善。佛家有“无中生有”一说，体系大数据会生出创新、生出改善、生出智慧、生出灵感……大数据与佛家所讲的大光明、大智慧是同义词。掌握了大数据就掌握了生存和发展之道，就能在困境中成为破局者。只要数据在，就可以改变一切，就能化腐朽为神奇，管理就有冲击力。因此，体系治理走向数据治理是必然的。

第六节　非业务指标业绩

业绩，数据见真章。上一节讲的大数据涉及了用于业绩考核的目标指标数据。毫无疑问，这是业绩的重要方面。但业务指标的数据往往是滞后的，有秋后算账之嫌。在互联网时代，则要从不同的视角去考察业绩，非业务指标的业绩或许更为组织所关注，更能体现人的价值，如图 6-30 所示。

图 6-30　非业务指标的业绩

所谓贡献度、影响力等这些过去很难量化的业绩，在数字体系中都能很好地反映出来。

一、贡献度

在讲求速度的年代，按部就班、完成工作范围内的任务、达成所有的指标只能说是合格的员工，因为没有什么突出贡献。评价员工业绩的一个角度是“贡献度”。贡献度的量化指标可从以下的角度去考虑。

（1）业务创新和亮点的数量，以及由此所带来的经济效益。

（2）管理创新的数量，以及由此所带来的效率提升。

（3）有价值的大数据的贡献数量，不仅使企业找到了未来正确的方向，而且破解了组织的难题。

（4）培养优秀人才的数量，缓解了人才稀缺的问题。

（5）知识贡献的数量，大家分享后获得了能力的提升。

（6）有建设性、启发性的意见的数量，帮助了组织、团队的建设。

（7）特殊任务或超常规任务完成的数量。

（8）解决问题的数量，并提供了解决问题的方法。

以上这些贡献比目标指标的达成更为重要、更容易被认可、更容易体现人的价值。强调人的贡献，精神的满足在很多场合更符合人性的需求，也就是马斯洛的五个层次需求中“尊重的需要”这一层次。所以，以年为单位建立“员工贡献度排行榜”是一个比较好的办法。

二、影响力

“影响力”恐怕是在新媒体操作形式下的一种自然现象，它可以反映出员工在组织中的分量。影响力是表示员工对组织影响程度的一个量化指标，其主要体现在以下几个方面。

（1）数据（或信息）流量。在网络系统中，效率的本质是流量，产生数据量不等于数据流量，数据不仅是给自己看的，还要给别人看，所以，必须使数据处在动态中才算流量，用流量说话，才能表现出业绩来。

（2）曝光率。而今操作的公开性和透明性为个人的曝光创造了条件，曝光率反映了个人的活跃程度，如爆点和亮点信息的吸睛程度、维持置顶时间的长短、活跃度排名等。

（3）个人网站被访问次数。要保持长期的影响力，关键是能稳定地提供资料，不断地吸引关注者，影响力就可以通过被访问次数，或者用关注系数去量化。

（4）点赞数。亮点、意见、观点的影响力从点赞数、转发数、阅读数等反映出来。

（5）参与度。通过响应次数、回应的速度、触发其他活动的数量去量化参与度。

这些看似复杂的数据我们交由数字系统去自动处理。为更好地调动员工的积极性，就要充分利用和定期公布体系运行的数据，制定影响力打分规则，量化员工积极性的标准或确定评价优秀员工的标准。

三、转化率

这里的"转化率"是指数字体系转化的能力。下面是体现转化率的一些方面。

（1）常规输入转化为输出的速度（即耗时）。此速度可以换算为常规过程（包括常规活动）重复的次数（即频率）、平均次数或平均速度。

在精益生产中，输入转化为输出的速度（工序效率）可以精确到秒级。有了大数据后，从原理上讲，管理过程的效率也可以精确到以分钟或小时为单位。在第一章的价值链中就有一条时间轴，有设计周期、生产周期、交付周期等，这些周期分拆到每个工作单元上就能精确到分钟了，它们是数据推算出来的，形成了整体的作业节拍，不允许有断点。这就是数字体系的科学性。

（2）"定性要求"转化为"定量要求"的数量。在整个数字体系中，开始时很多要求仍然是定性的，数字化的程度还处在低级水平，就要不断向定量转化。当前，最先进的组织的定量管理很少超过60%。

（3）管理规范转化为"管理标准单元"的数量。数字体系的成熟度其中一个参数是以管理标准单元的数量（或占比）去衡量的，管理标准单元的数量越多，表示体系基础越好、可柔性化的程度就越高。

（4）针对新的体系内容进行数字转化的项数，或是数字化比例。在数字体系中，凡遇到新的内容首先就要进行数字转化，转化的项数越多说明体系的整体能力越需要提升，学习能力越需要加强，只有数字化深入到细节上，数据才会告知你具体哪些地方的能力需要提升、哪些地方需要学习。同时，也能预知有多少未知的实验和风险。

（5）问题变现的数量。当不能确定问题是必然发生还是偶然发生时，从保守原则上讲，通常都首先视为必然事件。如果事件必然发生，则体系就一定存在问题，要么体系未触及，要么体系有缺陷；体系存在问题才会使偶然事件重复出现，这就要从体系的根上去解决。“问题变现”就是将首次问题通过体系解决后转化为人人都可处理的例行事。变现的数量显然就能反映出将“例外事”变为“例行事”的能力，包括变现速度的能力。如果不想问题重复出现，就要将必然性转化为偶然性。

转化率其实是评价工作效率的一个参数，可以针对岗位、部门或是团队。转化率所涉及的以上几个方面可以通过加权平均法计算。

四、信用度

在以终端操作为主要形式的当下，无意识的个人主义和英雄主义会加插到作业中，影响别人业绩的不确定性因素就会增多，就不能忽视“信用度”这一考核维度。信用度的量化主要通过“时间承诺的兑现率”“输出可用性的数量”“公布信息的真实次数”“回应或回复的准时率”，以及“满足下游需要的程度”的积分去体现。信息系统的在线记录功能会自动完成这些过往被认为复杂的统计。数据将打破人与人之间信任的隔阂，建立新型的信任关系——数字关系。

五、个体利益最大化

互联网技术无意间将组织与员工建立了命运共同体。互联网的分布性决定了工作的分散性，是“分工作业”到“分散作业”的进化。同时过程承包制、体系私有化（个人工作站），突出了数据的个体性，大大地激发了员工的积极性，由此必然导致个人利益计量方式的改变。组织在新的环境下应该鼓励“个体利益最大化”，因为现在已经可以做到实时绩效的计算。例如，我们拿起手机打电话到放下手机结束通话，通话时间就计算出来了；同样，下发一张工单到完成也能自动计算出来完成时间。当我们将体系碎片化后，就可以做到实施与数据同步，每个人的作业端都可以即时显示各个碎片的各种数据。这些数据客观上可以帮助员工朝着利益最大化去优化自己的工作方式。

个体利益最大化的关键是建立“积分制”，积分制的核心是绩效数字化，将各种任务、工作单元、工作碎片、贡献度、影响力、转化率及业绩数据转化为个人积分，即转化为可评价的价值，员工从获得的积分中就知道自己的收入。由于数据的客观性，过去隐秘的工资和奖金等都可以公开了，并瞬时显示在“个人收入曲线”上，刺激大脑细胞。在数字绩效中，车间的计件或计时工资制都可以应用到所有的岗位中，将业绩当作一门生意去做。当你认为自己还有余力时，就可以再去接单、接工作、挣分。为体现业绩即时兑现的激励效果，可以建立个人业绩账户，与工资支付系统连接，按星期甚至按小时付工资。著名的海尔公司原 CEO 张瑞敏提出，“每个人都是自己的 CEO”；稻盛和夫也说，“人人都是经营的主角”——一个双赢的局面将成为现实。

“积分制”与“扣分制”相比，前者以奖励为原则，后者以惩罚为原则，当然起到的激励作用截然不同。积分的计算方法并不复杂，主要由以下几方面组成及由它们的权重算出。

（1）贡献度积分。

（2）影响力积分。

（3）转化率积分。

（4）信用度积分。

（5）目标指标达成的积分。

（6）例行工作积分。

（7）例外工作积分。

在积分制的系统中可以设置“业绩排名”“龙虎榜”，甚至显示“自动升职”和“自然淘汰”的临界线。积分制数字化可以大大地简化复杂的业绩计算方法，比阿米巴的精准计算方法更为科学和优越。在阳光下的业绩才能公平公正，才能达到真正激励的目的。

显然，组织内利益的新型分配关系已然是一个时代命题。互联网技术将会使分配关系和积分制变得简单，加上“我为人人，人人为我”的互联网特点会把个人的追求转化成为别人服务的动力，从而获得个人利益最大化。网络组织本能地将员工视为命运共同体，创建了共同创造财富、利益分享的环境，也必然会催生与之相匹配的利益分配机制。网络组织下的管理形式会是以个人运作为基础的小型自治团队、任务型团队和跨部门小组，在任务充足的前提下，由累积个人积分去体现工作能力。如果不是操作搬到移动端上，如果不是现代技术使操作简化到极致，如果不是非程序性的作业增多，如果不是数据可以即时将成果与利益建立等价关系，就不会引出以追求个人贡献为目的的行为，将私人利益变为公共事务，将为个人服务视为为群体服务，这些都成为激发欲望的动能，因而，把个体性视为集体性贡献的条件、承认个体利益优先于集体利益将是核心价值观的回归，所导致的英雄主义也成为数字化时代的特殊现象。要想员工释放最大的能量，最好的方法就是放弃“对人的控制”——数字化下的一种新态度。那么，人力资源部门的主要职能将是以下几点。

（1）在组织内部引入市场化的机制。

（2）引入由数据贡献决定报酬的机制。

（3）创建组织内部公开、公平竞争的环境。

（4）主导或参与员工价值实现的过程。

（5）辅助员工成功。

第七节　体系智能化

人工智能开辟了智能化的领域，数字体系的目标是智能化。在人工智能的三大门派中，有一门是符号学派，是1976年纽威尔和西蒙提出的，他们认为，物理符号系统是表现智能行为必要和充分的条件。这一原理就成为数字体系建设的出发点，最终完成了一个数字符号的系统——数字体系。在数字体系中，符号即数字，因此，就为体系智能化打下了基础。

智能化还没有统一的定义，大致是指应用现代数字技术、人工智能技术、网络技术、大数据、数据模型、算法等赋予人和物本身不具备的思维和判断能力的过程。智能化是技术领域的范畴，其进化主要是技术的内动力推动的，体系智能化只不过是应用了智能技术使体系具有思维能力、使管理自动化而已。

一、体系智能化的进化

组织只要有信息化，都会有不同程度的智能化水平。让操作者有更多的自主性是智能化的开始，因而不断推出很多自动化的工具协助操作者，到后来，智能化自己逐渐主导自主性，完成了从初级到高级的进化。这里将智能化的进化分为以下五个级别。

1. 零级智能化

零级智能化是从原始的人工资料编辑和依赖纸质文件的管理状态中逐步摆脱出来进化到 IT 化、管理软件化，管理就有了科技的含量。零级智能化就是这个时候的管理信息化，就有了一些还不算智能化的管理自动化，如办公自动化（OA）、常规作业的软件化（如 ERP、PLM 等），主导力量是信息力，信息贯穿于人、机、物和方法中，数字化最大的特点是：将预期的输入自动得出预期的输出。同时，还能自动统计、自动分类、自动分析和自动反馈等。数据主要是解决“量”和“稳定”的问题。

2. 初级智能化

初级智能化是信息化向数字化进化的阶段。在操作方面，软件系统加入了初级的智能功能，如临界条件响应、判错、错误提示、不合格预警等；在自动化方面，有自动预警（或报警）、自动提示、自动上报等功能；在决策方面，有简单的预测和判断功能，如数据推送、风险报警、容错限制；在规划方面，可以进行作业路线的规划、简单的智能调动、自动派工等；在体系落地方面，有标准作业自动化、自动监控、扫描读取资料、岗位及操作技能管理、自动记录、二维码阅读识别、自纠正、文件同步更改等。这一阶段称为“键盘智能阶段”，主要是解决“便捷”和“快捷”的问题。

3. 中级智能化

中级智能化即半智能化。专业软件对业务的覆盖率、标准作业自动化、无纸化作业都超过 50%。软件以碎片为主，系统的智能化功能基本满足运行的需求，以智能功能带动作业步骤，可敏捷自助、智能连接。管理以智能终端设备为主，辅助人的主导作用。主导力量的基础是网络、大数据和平台，凸显数据建模和算法的作用，从不确定的输入中得到预期的输出。大数据上升到智能分析，多数的决策和分析是智能化的。多项目的智能统筹、智能调控、交互评估，针对应用场景可进行简单的模块自组合和标准场景的组合，有一定程度的智能柔性化。此外，还可以进行风险自动识别和预警。此阶段的智能化主要是解决“变化”和“个别”的问题。

4. 高级智能化

高级智能化大部分以数字模型和算法为基础。操作智能细化到每个环节上，体系的主要方向是自生长、智能内生和自迭代，体系标准单元和网络体系自优化和自适应；体系自带决策模型和指标系统函数及各类自动化公式和工具，可以进行风险智能预测和自启动预防措施、错误快速诊断和排除；体系基于大数据自动提供问题解决路径，进行预见性分析、场景仿真、过程智能仿真、智能流程、作业现场自适应调整和自动同步跟进；体系柔性智能化，进行团队的最优搭配和智选、非标作业的智能开发。在智能协调方面，体系形成敏捷协作的自组织生态，以整体协调局部、以集中协调离散；整套文件互联互通、扁平化、同步化、流程自执行、自平衡，是管理自动化的智慧体系。这个阶段主要是解决“不确定性”和“模糊性”的问题。

5. 全智能化

到了体系 4.0 或者 5.0 时代，这才是全智能化体系的时期。这时，智能互联网、量子计算、高端芯片已普及应用，基于 5G 及将面世的 6G 将会出现管理体系智能化设备、超级数字基础设施、功能更加强大的智能操作系统。智力是主导力量，“智”以“建模”为基础、平台为手段、大数据为支持；“智”为主，“能”为次，追求的是以智驭能，是高级阶段的“智力竞争”。全智能化以“算力”为核心，人与 AI 是复合体，智能设施也是经营和管理的主体。这时就将有以下预期的智能化。

» 在赛博空间操作、网络化协调。
» 体系生态智能化，是模块化、区块化、多域和跨域的智能组合。

» 体系状态自感知、自认知和自主化。

» 逻辑赋能。

» 体系能够自学习、自训练和自提升。

» 动作感应和捕捉、高级仿真。

» ……

总之，全智能化是AI、算、云、网、群、端的高度融合。因而，所有的互联网技术、信息技术、数字化技术、大数据、云计算及相关的基础设施等都是为人服务的，最终是去人化。此阶段主要是解决“替代人”的问题。

其实，组织的管理体系或多或少都有智能的成分，只是程度不同而已。当前处在零级智能化或初级智能化的组织居多，还鲜见中级智能化。

二、智能化对传统管理职能的改变

AI起源于智能设备，其原理是人赋予设备“大脑”的功能，工程师预先设定好作业场景，用数字代码、算法输到设备上，设备就能按照规定的数字程序去运行，看似有大脑、有记忆那样。要使体系具有“大脑”的功能，原理也是一样的，就是预先将管理的很多场景标准化后固定在智能载体上，当场景吻合时便自动做出响应——这便是“智能体系”。体系智能化程度越高，管理就越简单，就越不依赖领导的主导作用。传统管理的五大职能“计划、组织、领导、控制和协调”主要是侧重于领导的职能，而今，这些职能已经被弱化了或不显著了，主导力量是“员工”，每个人都可以是决策者、知识工作者、数字工作者和创新者。在智能体系下，过往通过“计划和组织”的职能去处理的“常规性、规律性事务”已经集中到平台上走自动化流程了；过往倚重“控制和协调”的职能去应对“非常规的或是例外性事务”也被现代信息手段直接跳过层级轻易地处理了。而且，在互联网时代，管理的特点是分散性、多样性、不确定性和扁平化，随之而来的管理职能应该是突出自主性、灵活性、敏捷性。这些都在弱化传统管理职能和突出创新的重要性，基于传统职能延伸出来的“定岗、定员和定编”的管理模式也必然被颠覆。

故此，传统的五大职能就要让位于“决策、学习和创新”这三大职能，这可称为现代组织的基本职能，简写为“DSI”（Decision——决策、Study——学习、Innovate——创新）。

智能体系是数字在管理体系方面应用的高级阶段，是管理技术（MT）的现代化。在智能化还没有足够的力量冲击传统职能的时候，一切的想法都被视为“异端”；而在数字化时代，当数字成为管理主体的时候，当组织在更高的逻辑层面上运营的时候，当新的秩序悄然而至，渐渐成为我们新的习惯的时候，正统则反而被认为“背离常理”，沦为“异端”。那么，开创全新局面的职能形态迟早都会出现。

第七章 数字体系成熟度

数字体系与智能制造是『信息场景系统』与『信息物理系统』的结合体，其成熟度可借鉴智能制造能力成熟度的要求作为体系数字化转型的方向。

第一节　数字体系与智能制造

数字体系的目标是管理智能化，而智能制造的目标是制造智能化，它们的着重点不同。前者侧重于组织经营和管理，数字技术的应用在于经营水平的升级；后者侧重于产品制造，智能技术的应用在于提升生产力水平。但两者存在共性，即都是以数字技术为基础的。

一、数字体系与智能制造的关系

数字体系与智能制造的关系如图 7-1 所示。

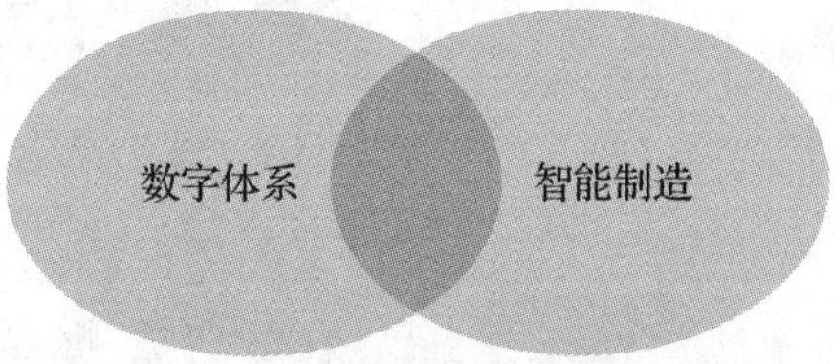

图 7-1　数字体系与智能制造的关系

数字体系是智能制造的一部分，智能制造也是数字体系的一部分，两者相互依赖，互有交集，以数字体系建设促进智能制造，以智能制造带动数字体系的建设。在某些基础性建设方面，它们本质上别无二致，如业务软件、作业流程、流程优化技术、数据链，以及与数字基础设施的融合等。如果要说区别，那么数字体系是信息场景系统（CSS），而智能制造则是信息物理系统（CPS）。

管理智能化是体系数字化的方向，而数字体系是一个技术体系，一定是以技术驱动的，决定其发展大趋势的也一定是技术。先进的数字技术迟早会反映在管理体系的应用上，变成现代化的管理技术，使体系保持着先进性；技术含量越高，管理就越科学越可靠，效率就越高。也就是说，体系数字化的必然结果是“管理技术化”，或者是“管理产品化”和“工具化”。当前，很多技术和基础设施已经成为公共资源，组织的数字体系至少有超过 70% 是由数字基础技术作为支撑的，尤其是数字基础设施方面的支撑，并且不断还有数字新基建做超前部署，这些都是由国家队级别的组织去完成的。也就是说，国家层面的实力已经为组织实现数字化体系转型打下了良好的基础，将大家的起跑线拉平了，组织只是一个借力过程，这也是数字体系建设的基本方式。数字体系一定是一个技术集成的体系，如果说科学技术是第一生产力，那么数字体系也是第一生产力，并且是组织生产力的核心部分。将体系建设押注在引领潮流的数字技术上就能进入时空隧道，开启一个全新的体系局面。

智能制造是数字世界与物理世界的交汇，是生产力水平最先进的构想，其需要配套的数字体系支持，即现代作业场景的支持，如网络场景、流程场景、信息场景等。其实，任何时代的管理形态都与当时的生产力水平密切相关，在手工业时代只能产生与之相匹配的管理方式，以及后来的机械化时代和自动化时代所产生的管理方式，每一次都是颠覆；因场景所导致的管理手段如果落后于生产力发展水平，那么原本很规范的东西都将归于零。在这个过程中劳动工具的改善起着主要的推动作用，在提升生产力水平的同时客观上也在推动社会的进步，包括伴随的管理进化。本来，生产力水平越高，管理就越复杂，可是在智能制造领域却恰恰相反，人们发现机器越复杂越先进，自动化程度越高，管理就越简单，是管理简单化的最好途径，甚至可以简化到无人管理。其实，机器已经参与到管理中去，机器和流水线是人们采取的一种最有效的管理形式——管理机械化（或物化）和可视化，是将可重复的管理转移到具有绝对稳定性的机器和流水线上而已，作业场景随物理系统的变化而变化，包括背后的逻辑体系随之发生的变化。设备的设计实质上是管理的设计，其灵魂就是人的思想，是人在给设备赋能、赋智慧，设备上所有的逻辑动作都不过是再现人的行为而已，是人手功能的延伸。流程化的机器、智能化的设备可以实现100%的执行力，设备不知疲劳地、不出错地重复作业的能力正是人类所希望的。这就是最理想的管理固化和去文件化，没有文件的管理却比有文件更为科学。这时，设备成了管理的载体和工具，它反过来对人赋能。技术终究胜于复杂、胜于数量。从这个意义上讲，智能制造就是一个最优化的管理系统，是技术化了的管理系统，是管理科学向技术科学的革命性转化。智能制造是一种全新的生产方式，说白了就是技术的生产方式、数字的生产方式，代表了最先进的生产力水平。

二、管理体系水平等级

管理体系建设是没有终点的长跑。时至今日，体系对组织的帮助可以分为以下六个等级。

一等——体系成为标杆，成为组织的核心能力，能辅助组织走向辉煌。

二等——体系能帮助组织成功，组织迟早进入一流行列。

三等——体系能帮助组织发展。

四等——体系只能维持组织生存。

五等——体系反应迟钝，没有生命力，不能给组织带来实质帮助。

六等——体系使组织饱受折磨，最后成为摆设。

在现实中，一等、二等屈指可数；三等、四等占据多数；五等、六等相当于温水煮青蛙。概括地讲，这六个等级是管理体系成熟度的简单描述。

可以说，数字经济自1946年计算机问世就开始了（见图7-2），同时，数字科技的进步一直改写并将继续改写着管理的现代化，也一并改写着管理的成熟度。

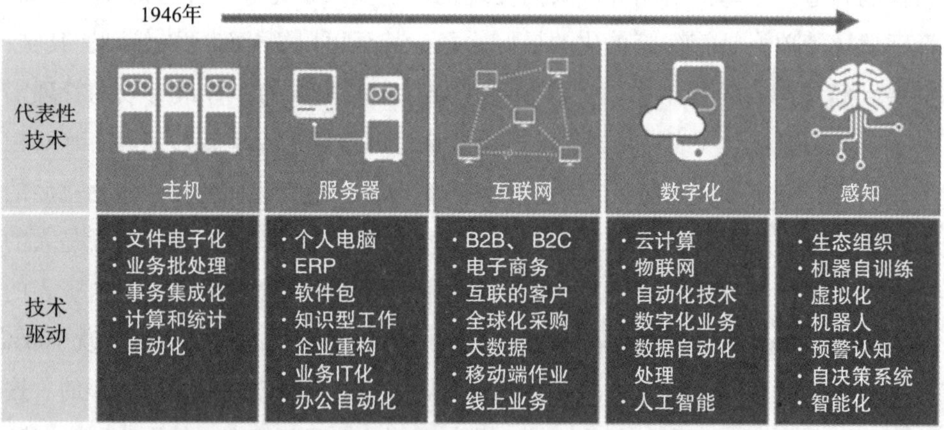

图7-2　技术发展促进管理体系的进化

数字体系是数字经济下的新概念，现今当然没有什么可参考的成熟度，即便迈克尔·哈默在其《端对端流程》一书中所定义的流程四级成熟度也只是一家之言，且不是流程数字化方面的。可喜的是，2020年，我国颁布了《智能制造能力成熟度模型》（GB/T 39116–2020），为数字化领域的成熟度开了先河，由于智能制造与数字体系有相同之处，组织可借鉴参考。既然数字体系时代已经开启，相信正式的评价标准迟早会出台。

三、数字体系与智能制造的匹配

智能制造需要数字体系的支持，原则是：不在落后的作业场景上搞自动化；不在落后的流程上搞信息化；不在落后的体系上搞数字化；不在落后的数据基础上搞智能化。

表 7-1 为数字体系与智能制造的匹配。

表 7-1　数字体系与智能制造的匹配

特征	数字体系的信息场景系统（CSS）	智能制造的信息物理系统（CPS）
物联网	在物联网前，先要将各种与生产有关的物体进行分类，并将其分布虚化为管理的网状结构，定义它们的逻辑关系，每一个物体都被认为是一个网点，并确定它们的输入和输出、控制要求及制约因素，将管理的内涵转移到物体上，将管理过程物化	应用传感器、激光扫描器、智能卡、刷卡机等各种感知装置与技术，对物体实时采集所需的信息，并通过有线或无线网络等平台及相关终端设备与相关物体连接(M2M)，形成数据链，使一连串物体同步和异步地有序互动，达到整体效率的最佳状态
智能生产	数字体系为生产智能化提供的基础是： （1）将价值链中的生产主轴进行展开，以工作站为单位，编制树状图，反映生产过程的整体结构 （2）编制各车间之间的活动链，明确它们之间的依赖和制约关系 （3）展示生产拉动方向，或者混合式生产模式的路线 （4）确定信息流，以及由信息流带动的物流 （5）生产看板电子界面设计和数量计算 （6）设备生产能力计算、配置与平衡 （7）基于以上的原理对智能设备提出制造要求 （8）为柔性化生产提前做好产品标准化、模块化、工艺标准化 将这些基础转移到设备上，包括管理软件的应用，最终实现设备本身参与生产管理的目的	（1）利用众多的工业软件、智能化设备、自动化生产线等现代化技术，使生产具有智能指挥、智能调配、智能控制、智能预测、生产信息自动集成等功能。它还可以替代人手进行生产平衡、自动调整生产节拍、自动模拟、自动补偿、自动统计、异常报警和停机、数据自动植入 MES 系统，机器还能记忆、自学习和相互学习，等等 （2）机器人，与自动生产线匹配的机器，利用智能电器、芯片、传感器、专门软件的植入等技术，使其人性化，赋予语言识别、人机对话、感知（或感应、触觉）、远程遥控、智力判断、仿真、防错、自动运行等能力，以替代人的操作和决策。同时，可以自行计算机器能力指数（Mpk）和工程能力指数（Cpk） （3）智能化的生产可以多程式选项、工装智能配套、快速换模，快速切换和组合生产单元，更现代的小批量、多品种、高频率的大规模定制化、个性化生产，即现代的生产柔性化

续表

特征	数字体系的信息场景系统（CSS）	智能制造的信息物理系统（CPS）
无人化	在生产智能化配套的基础上为自动生产线、机器人及各工作站做好流程配套，设计好数据链，并镶嵌到控制中心中	无人化实质是少人化，自动生产线、机器人代替人工作业，现场控制人员转移到控制中心，只剩下巡视人员，人员大幅骤减
智能物流	仓库智能化的体系基础如下： （1）建立仓位、材料的编码系统 （2）创建物料识别二维码系统 （3）规划物流路线图，包括确定位置或区域的识别码 （4）货架、套料、用量标准化	（1）应用仓位、货位、货架、材料的编码技术，叠层空间的布局，容量标准配置，RFID 技术实现空位自动互补、交叉逻辑替换、动态补仓的自动化管理 （2）应用智能货架、智能料车实现生产线智能物料配送、智能补料 （3）应用智能物流系统实现自动分拣、智能包装、智能物流配送、无线盘点及库存的自动平衡
智能测量	（1）明确全工序（包括工步）的质量控制点、关键控制点、产品特殊特性，将产品功能展开到工序特性，形成质量链，为全过程在线测量打下基础 （2）整理出产品标准、工艺标准作为自动测量的判定依据 （3）测量和检验无纸化设计	生产线或生产设备与自动检测装置、智能监控仪器构成一个整体，在生产的同时同步完成产品测量和设备参数的监视；不合格品在线剔除，自动计算产品合格率和生产数量；异常报警和停机；对环境敏感的产品自动进行环境检测；通过传感器或基站将测量数据无线上传和互联
智能设备维护	预测性维护的管理基础如下： （1）将设备分解成专业模块去维护，如电器部分、机械部分等 （2）将设备分为运动部分和非运动部分，并对运动部分进行编码，建立数据基础 （3）设计无纸化维护 （4）应用手持移动端进行设备维护的系统设计 （5）设备综合效率（OEE）计算	通过对设备状况实施周期性或持续监视，在大数据基础上去评价在役设备状况以预测精确的维护时间。高度自动化的连续性生产需要的是预测性维护而非预防性维护
智能供应链	（1）确定在线联网的体系内容和要求，设计好互联互动的环节，并在程序中体现与顾客、供应商输入和输出的关系 （2）加强供应链数字化，生态链建设	与顾客、供应商体系连接，打通设计、采购、制造各环节，信息同步交换，实现互联、快速响应、远程监控、货物预警等

现在看来，评价一个制造企业是不是现代化，无非就看其数字体系水平和智能制造水平这两个方面。

在数字体系与智能制造两者匹配的水平方面，美的集团树立了榜样。美的之所以成为世界白色家电的翘楚，与其长期注重管理体系建设密不可分。

基于我国“中国制造 2025”发展战略，美的制定了自己的智能制造战略，目标是：建立一个核心、六大关键技术。一个核心是打造智能精益工厂，六大关键技术是智能自动化、智能机器人、智能物流、智能信息化、移动大数据、物联网集成。从2018年到2020年，重点是打造数字精益工厂，从2021年到2022年，则更多是要关注建立智能精益工厂的标杆。过去几年在数字化投入方面，美的累计投入100多亿元，在国内成功打造了几个智能制造标杆工厂，包括全球端到端价值链灯塔工厂。在这个过程中，智能制造与业务流程优化并举，相辅相成，其获得的深刻体会是：数字化建设首先是业务流程先行，用数字固化流程以支持智能制造，智能制造转型反过来又支撑业务流程的不断升级。在实践中，通过美云智数对外进行输出，用数字化对业务流程进行梳理优化、暴露问题，倒逼业务和组织变革，不断升级迭代。经过几年的数字化建设，美的的业务流程应用场景覆盖1324个，覆盖的过程指标642个，建立了预警规则2156条。应用大数据平台，把过程中的经营指标及时更新，业务流程更加可视化，数字化建设在营销、研发、供应链运营等方面取得了可喜的成绩，有力地支撑了业务战略的实现。

2020年11月17日，美的集团在北京发布了M.IoT2.0，这是美的数字化建设的一个里程碑事件，相信对我国智能制造的组织有很好的促进作用。

第二节 智能制造能力五级成熟度

通过定义智能制造能力成熟度去推广智能制造不失为一种有效的办法，在很多领域都有类似的做法，如项目组合、项目群和项目管理成熟度模型（P3M3），软件能力成熟度模型（CMMI），制造成熟度模型（MRL）等，智能制造能力成熟度归根到底是先进技术的成熟度。

一、工业4.0成熟度

德国最初提出的工业4.0强调“智能工厂”和“智能生产”，是信息技术、现代制造技术、自动化技术、数字技术高度融合的现代工业革命，这是德国的高科技战略计划，旨在保持德国工业在全球的竞争力优势。2017年，德国国家科学与工程院发布了《工业 4.0 成熟度指数：管理公司数字化转型》，阐明了工业 4.0 的 6 个阶段发展路径（见表 7-2），并由 4 个关键领域构成工业 4.0 的成熟度模型（见表 7-3），同时从企业的主要生产要素方面分析总结了制造企业向工业 4.0 转型的关键之处。

表 7-2　工业 4.0 基于价值的 6 个阶段

	名称	简介
数字化	第一阶段：计算机化	目标：为数字化提供基础 状态：机器设备实现计算机化，主要用于更有效地执行重复性任务，企业内不同的信息技术相互隔离，许多机器仍然没有数字接口
	第二阶段：连通性	目标：将孤立的信息技术连接在一起 状态：业务应用程序被广泛使用且相互连接，能够反映企业的核心业务流程，同时部分操作技术（OT）系统提供连接性和互操作性，但 IT 和 OT 层还没有完全集成
工业 4.0	第三阶段：可见性	目标：创建企业当前状况的数字影子，能够显示企业在某个时刻发生了什么 状态：整个企业范围内的事件和状态通过传感器被实时记录，为管理决策提供真实数据基础
	第四阶段：透明度	目标：让企业了解为什么会发生某些事情，并通过根本原因分析来产生知识 状态：与业务应用系统（如 ERP 或 MES 系统）并行部署大数据应用程序，进行数据分析，识别和解释企业数字影子中的相互作用，提供支持复杂和快速决策所需的过程知识
	第五阶段：预测能力	目标：预见未来的发展，能够及时做出决策并采取适当措施 状态：用数字影子投射未来，描绘各种情境，然后根据它们发生的可能性进行评估，并采取适当措施，减少意外事件数量，使业务运行更加稳健
	第六阶段：适应性	目标：将某些决策委托给 IT 系统，实现自动化行动和自动化决策，以便能够尽可能快地适应不断变化的业务环境 状态：利用数字影子的数据，在尽可能短的时间内，做出能获得最大效益的决策，并自动执行相应的措施

由表 7-2 可知，6 个阶段中每个阶段的每一步都建立在前一阶段的基础之上，该报告还说明了达到每一阶段所需要的能力和实现的企业效益。

表 7-3　工业 4.0 下制造企业的业务能力

结构领域	原则	能力
资源	资源必须具有以信息化方式工作的必要能力	提供数字化能力 通过传感器和执行器获取数据传感器数据的分散（预）处理
	不同的信息组合在一起就会呈现一个清晰的全貌	高效通信 基于任务的界面设计

续表

结构领域	原则	能力
信息系统	数据应以支持决策的方式进行准备和处理	自动化数据分析 交付情境化信息 特定任务的用户界面 建立弹性的 IT 基础架构，并实施基于情境的数据存储
	为增强数据使用和提高敏捷性进行集成	纵向和横向集成信息系统 标准化数据接口 实施数据治理 提高 IT 安全
组织结构	有机内部组织	柔性社群 决策权管理 激励性目标体系 敏捷管理
	价值网络内的动态协作	注重客户利益 网络内部协作
文化	变革意愿	认识到错误的价值 开放创新 基于数据的学习与决策 持续专业化发展 塑造变化
	社会协作	民主的领导方式 开放式沟通 对过程和信息系统的信息

二、智能制造能力成熟度

为加快我国智能制造的步伐，加快传统产业的转型升级，2015 年，国务院印发了《中国制造 2025》，展示了智能制造的发展蓝图。2016 年，中国电子技术标准化研究院牵头发布了《智能制造能力成熟度模型白皮书（1.0）》；2018 年，工业和信息化部、国家标准化管理委员会共同制定了《国家智能制造标准体系建设指南》（2018 年版）；2020 年，国家市场监督管理总局和国家标准化管理委员会正式颁布了《智能制造能力成熟度模型》（GB/T 39116–2020），该模型由能力要素和成熟度要求（见图 7-3）及成熟度等级（见图 7-4）构成。

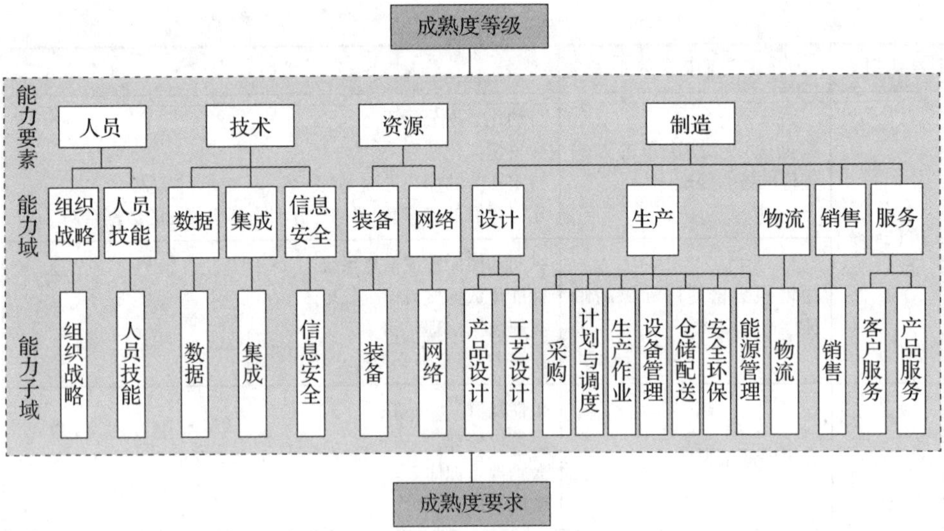

图 7-3 能力成熟度模型构成

由图 7-4 可知，智能制造成熟度等级规定了智能制造在不同的阶段应达到的水平。

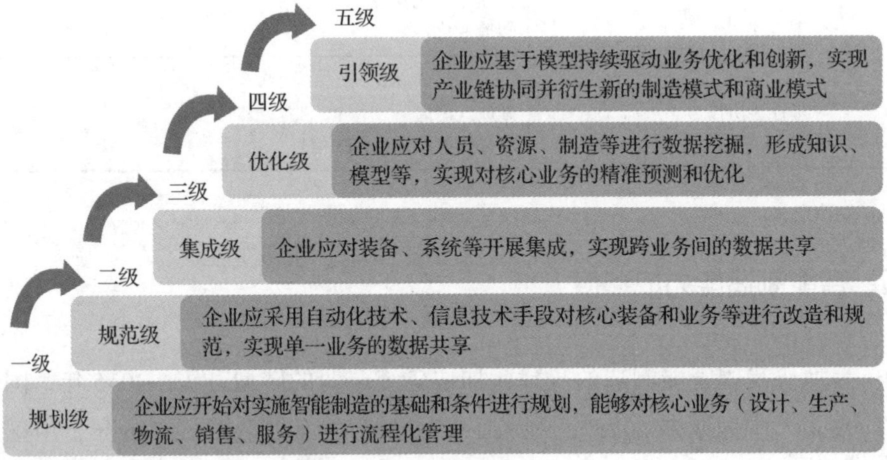

图 7-4 智能制造成熟度等级

五个等级水平说白了就是工业数字化等级水平，是数字经济和实体经济的融合，等于给出了管理体系数字化配套的内容，同时也便于组织找出数字体系的差距。五级成熟度水平的详细内容可以作为组织的“体检表”，表 7-4 列出了智能制造四级和五级能力的成熟度要求，供组织参考。

表 7-4　智能制造四级和五级能力的成熟度要求

能力域	四级	五级
1. 组织战略	（1）应对智能制造战略的执行情况进行监控与评测，并持续优化战略 （2）应建立优化岗位结构的机制，并定期对岗位结构和岗位职责的适宜性进行评估，基于评估结果实施岗位结构优化和岗位调整	
2. 人员技能	（1）应具有创新管理机制，持续开展智能制造相关技术创新和管理创新 （2）应建立知识管理体系，通过信息技术手段管理人员贡献的知识和经验，并结合智能制造需求，开展分析和应用	（1）应建立知识管理平台，实现人员知识、技能、经验的沉淀与传播 （2）应将人员知识、技能和经验进行数字化与软件化
3. 数据	（1）应建立组织级的统一数据中心 （2）应建立常用数据分析模型库，支持业务人员快速进行数据分析 （3）应采用大数据技术，应用各类型算法模型，预测制造环节状态，为制造活动提供优化建议和决策支持	（1）应对数据分析模型实时优化，实现基于模型的精准执行
4. 集成	（1）应通过 ESB 和 ODS 等方式，实现全业务活动的集成	
5. 信息安全	（1）工业网络应部署具有深度包解析功能的安全设备 （2）应自建离线测试环境，对工业现场使用的设备进行安全性测试 （3）在工业组织管理网络中，应采用具备自学习、自优化功能的安全防护措施	
6. 装备	（1）关键工序设备应具有预测性维护功能 （2）关键工序设备应具有远程监测和远程诊断功能，可实现故障预警	（1）关键工序设备三维模型应集成设备实时运行参数，实现设备与模型间的信息实时互联 （2）关键工序设备、单元、生产线等应实现基于工业数据分析的自适应、自优化、自控制等，并与其他系统进行数据分享
7. 网络	（1）应建立分布式工业控制网络，基于 SDN 的敏捷网络，实现网络资源优化配置	
8. 产品设计	（1）应基于产品组件的标准库、产品设计知识库的集成和应用，实现产品参数化、模块化设计 （2）应将产品的设计信息、生产信息、检验信息、运维信息等集成于产品的数字化模型中，实现基于模型的产品数据归档和管理 （3）应构建完整的产品设计仿真分析和试验验证平台，并对产品外观、结构、性能、工艺等进行仿真分析、试验验证与迭代优化 （4）应通过产品设计、生产、物流、销售或服务等系统的集成，实现产品全生命周期跨业务之间的协同	（1）应基于参数化、模块化设计，建立产品个性化定制平台，具备个性化定制的接口与能力 （2）应基于统一的三维模型，实现产品全生命周期动态管理，满足设计、生产、物流、销售、服务等应用需求 （3）应基于产品标准库和设计知识库的集成和应用，实现产品高效设计 （4）应建立产品设计云平台，实现用户、供应商等多方信息交互、协同设计和产品创新

续表

能力域	四级	五级
9. 工艺设计	（1）应实现基于模型的三维工艺设计和优化，并将完整的工艺信息集成于三维工艺模型中，如工装、工具、设备等 （2）应基于工艺知识库的集成应用，实现工艺流程、工序内容、工艺资源等知识的实时调用，为工艺规划与设计提供决策支持 （3）应实现基于三维模型的制造工艺全要素的仿真分析及迭代优化 （4）应基于工艺设计、生产、检验等系统的集成，通过工艺信息下发、执行、反馈、监控的闭环管控，实现工艺设计与制造协同	（1）应基于工艺知识库的集成应用，辅助工艺优化 （2）应基于设计、工艺、生产、检验、运维等数据分析，构建实时优化模型，实现工艺设计动态优化 （3）应建立工艺设计云平台，实现产业链跨区域、跨平台的协同工艺设计
10. 采购	（1）通过与供应商的销售系统集成，实现协同供应链 （2）应基于采购执行、生产消耗和库存等数据，建立采购模型，实时监控采购风险并及时预警，自动提供优化方案 （3）应基于信息系统的数据，优化供应商评价模型	（1）应实现组织与供应商在设计、生产、质量、库存、物流的协同，并实时监控采购变化及风险，自动做出反馈和调整 （2）应实现采购模型和供应商评价模型的自优化
11. 计划与调度	（1）应基于先进排产调度的算法模型，系统自动给出满足多种约束条件的优化排产方案，形成优化的详细生产作业计划 （2）应实时监控各生产要素，系统实现对异常情况的自动决策和优化调度	（1）应通过工业大数据分析，构建生产运行实时模型，提前处理生产过程中的波动和风险，实现动态实时的生产排产和调度 （2）应通过统一平台，基于产能模型、供应商评价模型等，自动生成产业链上下游组织的生产作业计划，并支持组织间生产作业计划异常情况的统一调度
12. 生产作业	（1）应根据生产作业计划，自动将生产程序、运行参数或生产指令下发到数字化设备 （2）应构建模型实现生产作业数据的在线分析，优化生产工艺参数、设备参数、生产资源配置等 （3）应基于在线监测的质量数据，建立质量数据算法模型，预测生产过程异常，并实时预警 （4）应实时采集产品原料、生产过程、客户使用的质量信息，实现产品质量的精准追溯，并通过数据分析和知识库的运用，进行产品的缺陷分析，提出改善方案	（1）宜实现生产资源自组织、自优化，满足柔性化、个性化生产的需求 （2）应基于人工智能、大数据等技术，实现生产过程非预见性异常的自动调整 （3）应基于模型实现质量知识库自优化

续表

能力域	四级	五级
13. 设备管理	（1）应基于设备运行模型和设备故障知识库，自动给出预测性维护解决方案 （2）应基于设备综合效率的分析，自动驱动工艺优化和生产作业计划优化	（1）应采用机器学习、神经网络等，实现设备运行模型的自学习、自优化
14. 仓储配送	（1）应通过数字化仓储设备、配送设备与信息系统集成，依据实际生产状态实时拉动物料配送 （2）应建立仓储模型和配送模型，实现库存和路径的优化 （3）适用时，应根据储罐状态实时数据进行趋势预测，结合知识库自动给出纠正和预防措施	（1）应基于分拣和配送模型，满足个性化、柔性化生产实时配送需求 （2）通过组织与上游供应链的集成优化，实现最优库存或即时供货 （3）适用时，应通过智能仪表、互联网、云计算和大数据技术，实现罐区阀门自动控制，实现无人罐区
15. 安全环保	应基于安全作业、风险管控等数据的分析，实现危险源的动态识别、评审和治理，应实现环保监测数据和生产作业数据的集成应用，建立数据分析模型，开展排放分析及预测预警	（1）应综合应用知识库及大数据分析技术，实现生产安全一体化管理 （2）应实现环保、生产、设备等数据的全面实时监控，应用数据分析模型，预测生产排放并自动提供生产优化方案并执行
16. 能源管理	（1）应建立节能模型，实现能源的精细化和可视化管理 （2）应根据能效评估结果及时对空压机、锅炉、工业窑炉等高耗能设备进行技术改造和更新	（1）应实现能源的动态预测和平衡，并指导生产
17. 物流	（1）应实现生产、仓储配送（管道运输）、运输管理多系统的集成优化 （2）应实现运输配送全过程信息跟踪，对轨迹异常进行报警 （3）应基于模型，实现装载能力优化以及运输配送线路优化	（1）应通过物联网和数据模型分析，实现物、车、路、用户的最佳方案自主匹配
18. 销售	（1）应通过对客户信息的挖掘、分析，优化客户需求预测模型，制订精准的销售计划 （2）应综合运用各种渠道，实现线上线下协同，统一管理所有销售方式 （3）应根据客户需求变化情况，动态调整设计、采购、生产、物流等方案	（1）应采用大数据、云计算和机器学习等技术，通过数据挖掘、建模分析，全方位分析客户特征，实现满足客户需求的精准营销，并挖掘客户新的需求，促进产品创新 （2）宜通过虚拟现实技术，满足销售过程中客户对产品使用场景及使用方式的虚拟体验 （3）应实现产品从接单、答复交期、生产、发货到回款全过程自动管理的销售模式
19. 客户服务	（1）应实现面向客户的精细化管理，提供主动式客户服务 （2）应建立客户服务数据模型，实现满足客户需求的精准服务	（1）应采用服务机器人实现自然语言交互、智能客户管理，并通过多维度的数据挖掘进行自学习、自优化

续表

能力域	四级	五级
20. 产品服务	（1）产品应具有数据传输、故障预警、预测性维护等功能 （2）应建立远程运维服务平台，提供远程监测、故障预警、预测性维护等服务 （3）远程运维平台应对装备 / 产品上传的运行参数、维保、用户使用等数据进行挖掘分析，并与产品全生命周期管理系统、产品研发管理系统集成，实现产品性能优化与创新	（1）产品应具有自感知、自适应、自优化等功能 （2）应通过云平台整合跨区域、跨界服务资源，构建服务生态

智能制造是一个完整的体系，运作起来就好像是一个黑盒子，只见输入和输出、开始和结束，就像手表齿轮整体同步运动那样。只有系统才知道生产线各个位置编码背后的所有信息和数据，而这样的基础正是数字体系，每一级别的智能化都是数字体系的输出。不管是智能制造，还是数字体系，都有一个共同的特点，就是解决无序问题，或者从混乱和复杂中熵减到可接受的状态，这样才能与外界进行有效的能量交换，达到生态的级别。

智能制造已经有成熟度的标准，可见，在数字技术应用方面也相对成熟，打造数字体系新优势就必须与智能制造同步考虑，充分发挥海量数据的优势，创造新的应用场景，催生新的管理模式。

当智能制造五级水平的局面出现的时候，数字体系对应的阶段——体系 4.0 时代便会到来。

三、智能制造能力成熟度评价方法

与《智能制造能力成熟度模型》（GB/T 39116–2020）配套的另一个标准是《智能制造能力成熟度评估方法》（GB/T 39117–2020），用于智能制造能力成熟度等级的判定。

1. 评分方法

评估可以自评，也可以通过第三方评估。评估时将采集的证据与成熟度要求进行对照，按照满足程度对评估域的每一条要求进行打分。成熟度要求满足程度与得分对应表如表 7-5 所示。

表 7-5　成熟度要求满足程度与得分对应表

成熟度要求满足程度	得分
全部满足	1
大部分满足	0.8
部分满足	0.5
不满足	0

2. 评估域权重

根据组织的业务特点，给出了流程型和离散型制造组织的主要评估域及推荐权重。表 7-6 是离散型制造组织的主要评估域及权重。

表 7-6　离散型制造组织的主要评估域及权重

单位：%

能力要素	能力要素权重	能力域	能力域权重	能力子域	能力子域权重
人员	6	组织战略	50	组织战略	100
		人员技能	50	人员技能	100
技术	11	数据	46	数据应用	100
		集成	27	集成	100
		信息安全	27	信息安全	100
资源	6	装备	50	装备	100
		网络	50	网络	100
制造	77	设计	13	产品设计	50
				工艺设计	50
		生产	48	采购	14
				计划与调度	16
				生产作业	16
				设备管理	14
				仓储配送	14
				安全环保	13
				能源管理	13
		物流	13	物流	100
		销售	13	销售	100
		服务	13	客户服务	50
				产品服务	50

3. 计算方法

能力子域得分为该子域每条要求得分的算术平均值，能力子域得分按式（7-1）计算。

$$D=\frac{1}{n}\sum_{1}^{n}X \quad (7\text{-}1)$$

式中：D——能力子域得分；X——能力子域要求得分；n——能力子域的要求个数。

能力域的得分为该域下能力子域得分的加权求和，能力域得分按式（7-2）计算。

$$C=\sum(D\times r) \quad (7\text{-}2)$$

式中：C——能力域得分；D——能力子域得分；r——能力子域权重。

能力要素的得分为该要素下能力域的加权求和，能力要素的得分按式（7-3）计算。

$$B=\sum(C\times \beta) \quad (7\text{-}3)$$

式中：B——能力要素得分；C——能力域得分；β——能力域权重。

成熟度等级的得分为该等级下能力要素的加权求和，成熟度等级的得分按式（7-4）计算。

$$A=\sum(B\times \alpha) \quad (7\text{-}4)$$

式中：A——成熟度等级得分；B——能力要素得分；α——能力要素权重。

4. 成熟度等级的判定

当被评估对象在某一等级下的成熟度得分超过评分区间的最低则视为满足该等级要求，反之，视为不满足。在计算总体分数时，已满足的等级的成熟度得分取值为 1，不满足的等级的成熟度得分取值为该等级的实际得分。智能制造能力成熟度总分，为各等级评分结果的累计求和。分数与成熟度等级的对应关系如表 7-7 所示，结合实际得分 S，可以直接判断出组织当前所处的成熟度等级。

表 7-7 分数与成熟度等级的对应关系

成熟度等级	对应评分区间
五级（引领级）	$4.8 \leqslant S \leqslant 5$
四级（优化级）	$3.8 \leqslant S < 4.8$
三级（集成级）	$2.8 \leqslant S < 3.8$
二级（规范级）	$1.8 \leqslant S < 2.8$
一级（规划级）	$0.8 \leqslant S < 1.8$

当前，评分在三级以下的组织居多，四级的组织极少，五级的组织将来会出现。四级水平的组织全国只有 7 家，其中海尔就占了 4 家。

德国最早发起第四次工业革命，即便西门子这样最具代表性的数字化企业也顶多是智能制造能力成熟度的四级水平。例如，它在巴伐利亚州东部城市安贝格的西门子工厂经过 25 年的数字化发展，自动化程度已经达到 75% 左右，生产 1000 个不同的产品，大部分的员工都不是现场的操作者，而是从事计算机操作和生产流程的监控，但产能却提升了 8 倍。每月生产约 100 万件产品，每天采集数据超 5000 万条，产品合格率达到 99.9988% 的水平，每年服务全球 760000 个客户。这些优良的数据让很多企业望尘莫及。

如果企业达到五级成熟度水平就已经登峰造极了，好像科幻变成了现实，相对应的数字体系也似乎是现实世界变成了虚拟世界，好像是进入了玩游戏机的那种状态，随心所欲。不过，到那时又一定会出现少数成功的企业，因为正态分布不会改变，改变的只是旧的局面。

第三节　体系数字化转型的五个发展阶段

过去 10 多年来，以移动互联网、物联网、工业互联网、云计算、大数据、人工智能等为代表的新一代网络信息技术突飞猛进，与各领域的经济融合明显，出现了以电子商务平台、智慧物流、网络金融、智能制造为代表的一大批数字经济新模式，并加快推动着组织的数字化转型。这是全球经济创新发展的大趋势。

一、数字化转型的五个发展阶段要求

数字体系除了给智能制造配套外，它也有自身的发展要求。参照团体标准《数字化转型参考架构》（T/AIITRE 10001–2020），数字化转型发展分五个阶段，数字化转型发展阶段要求如图 7-5 所示。

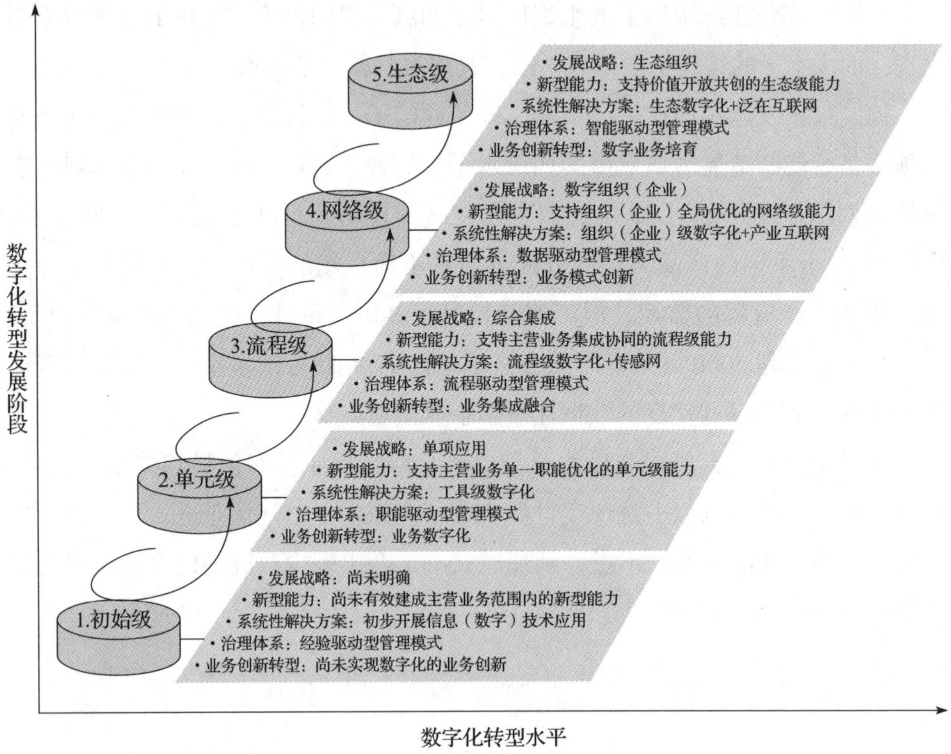

图 7-5 数字化转型发展阶段要求

数字化转型五个阶段的成熟度要求如表 7-8 所示。

表 7-8 数字化转型五个阶段的成熟度要求

总体特征的主要表现	各视角典型状态和特征的主要表现
1. 初始级发展阶段	
（1）在单一职能范围内初步开展了信息（数字）技术应用，但尚未有效发挥信息（数字）技术赋能作用 （2）初步应用信息（数字）技术获取、开发和利用数据，但尚未有效支持和优化主营业务范围内的生产经营管理活动	（1）发展战略视角。发展战略中尚未明确或初步提及信息（数字）技术应用相关内容，尚未制定信息（数字）技术应用相关的专项规划 （2）新型能力视角。打造了新型能力，但尚未有效建成主营业务范围内的新型能力 （3）系统性解决方案视角。初步开展信息（数字）技术应用，或初步开展基于信息（数字）技术的（系统性）解决方案策划与实施 （4）治理体系视角。管理模式为经验驱动型，各项业务活动主要由管理人员根据经验做出决策 （5）业务创新转型视角。尚未实现基于数字化的业务创新

续表

总体特征的主要表现	各视角典型状态和特征的主要表现
2. 单元级发展阶段	
(1) 在主要或若干单一职能范围内开展了(新一代)信息技术应用，提升相关单项业务的运行规范性和效率 (2) 主要应用（新一代）信息技术实现业务单元（部门）数据的获取、开发和利用，发挥数据作为信息沟通媒介的作用，解决单元级信息透明问题，提升业务单元的资源配置效率	(1) 发展战略视角。在发展战略或专项规划中明确提出数字化的内容，目标定位主要是提升业务规范性和运行效率，数字化内容纳入了部门级年度计划和绩效考核 (2) 新型能力视角。能够运用（新一代）信息技术手段支持主营业务单一职能优化的新型能力的建设、运行和优化，所形成的新型能力主要在相关单项业务中使用 (3) 系统性解决方案视角。面向单一职能范围内新型能力建设、运行和优化，开展必要的设备设施改造，应用（新一代）信息技术手段和工具，开展相关单项业务优化和职能职责调整，基于单一职能范围内及相关单项业务数据采集开展单元级数据建模等 (4) 治理体系视角。管理模式是职能驱动型，能够基于单一职能范围内或相关单项业务数据开展辅助管理决策。领导重视并积极推动（新一代）信息技术应用，设置了专门团队开展（新一代）信息技术应用与运维，建立单项应用与运维制度等 (5) 业务创新转型视角。主要或关键单项业务实现数字化，形成（新一代）信息技术手段和工具支持下的业务运行模式
3. 流程级发展阶段	
(1) 在业务范围内，通过流程级数字化和传感网级网络化，以流程为驱动，实现关键业务流程及关键业务与设备设施、软硬件、行为活动等要素间的集成优化 (2) 主要基于业务流程数据的获取、开发和利用，发挥数据作为信息沟通媒介的作用，解决跨部门、跨业务环节的流程级信息透明问题，提升业务流程的集成融合水平和资源配置效率 (3) 有条件的组织开始探索发挥数据作为信用媒介的作用，开展基于数据的价值在线交换，提高资源的综合利用水平	(1) 发展战略视角。以实现业务综合集成为核心，制定数字化转型专项战略规划，已在战略层面认识到数据的重要价值，并将数字化转型年度计划和绩效考核纳入组织整体考核体系 (2) 新型能力视角。完成支持主营业务集成协同的流程级能力的建设，且新型能力的各能力模块可被该流程上相关业务环节有效应用 (3) 系统性解决方案视角。面向流程级能力建设、运行和优化，构建传感网级网络，集成应用 IT 软硬件资源，开展跨部门、跨业务环节、跨层级的业务流程优化设计和职能职责调整，基于主要设备和各业务系统数据采集和集成共享，构建并应用系统级数字化模型 (4) 治理体系视角。管理模式为流程驱动型，能够开展跨部门、跨业务流程的数字化集成管理，由组织决策层和专职一级部门统筹推进数字化转型工作，形成了流程驱动的数字化系统建设、集成、运维和持续改进的标准规范和治理机制 (5) 业务创新转型视角。在组织关键业务均实现数字化的基础上，沿着纵向管控、价值链和产品生命周期等维度，主要或关键业务实现了业务集成融合

续表

总体特征的主要表现	各视角典型状态和特征的主要表现
4. 网络级发展阶段	
(1)在整个组织范围内，通过组织（企业）级数字化和产业互联网级网络化，推动组织内全要素、全过程互联互通和动态优化，实现以数据为驱动的业务模式创新 (2)主要基于整个组织范围内数据的获取、开发和利用，发挥数据作为信息沟通媒介和信用媒介的作用，解决整个组织信息透明问题，并基于数据实现价值网络化在线交换，提升组织价值网络化创造能力和整个组织资源综合利用水平 (3)有条件的组织开始探索用数据科学重新定义并封装生产机理，构建基于数据模型的网络化知识共享和技能赋能，提高组织创新能力和资源开发潜能	(1)发展战略视角。制定了以数字组织为核心内容的组织发展战略，在组织发展战略中明确将数据作为关键战略资源和驱动要素，加速推进业务创新转型和数字业务培育。构建数字组织成为组织年度计划的核心内容，并建立覆盖全员的绩效考核体系 (2)新型能力视角。完成支持组织全局优化的网络级能力的建设，实现新型能力的模块化、数字化和网络化，能够在整个组织范围内进行按需共享和应用 (3)系统性解决方案视角。建设数字组织的系统集成架构，业务基础资源和能力实现平台化部署，支持按需调用，OT 网络与 IT 网络实现协议互通和网络互联，基于组织内全要素、全过程数据在线自动采集、交换和动态集成共享，建设和应用组织级数字孪生模型 (4)治理体系视角。管理方式为数据驱动型，实现覆盖组织全过程的自组织管理。建立组织级数字化治理领导机制和协调机制，形成数据驱动的数字组织治理体系，实现数据、技术、流程和组织四要素的智能协同、动态优化和互动创新 (5)业务创新转型视角。基于主要或关键业务在线化运行和核心能力模块化封装和共享应用等，实现网络化协同、服务化延伸、个性化定制等业务模式创新
5. 生态级发展阶段	
(1)在生态组织范围内，通过生态级数字化和泛在物联网级网络化，推动与生态合作伙伴间资源、业务、能力等要素的开放共享和协同合作，共同培育智能驱动型的数字新业务 (2)主要基于生态圈数据的智能获取、开发和利用，发挥数据作为信息沟通媒介和信用媒介的作用，解决生态圈信息透明问题，并基于数据实现价值智能化在线交换，提升生态圈价值智能化创造能力和资源综合利用水平 (3)生态级组织还将用数据科学重新定义并封装生产机理，实现基于数据模型的生态圈知识共享和技能赋能，提升生态圈开放合作与协同创新能力，提高生态圈资源的综合开发潜能	(1)发展战略视角。制定以构建共生共赢生态系统、发展壮大数字业务为目标的组织发展战略及生态圈发展战略，在发展战略中明确将数据作为驱动创新的核心要素，开展智能驱动的生态化运营体系建设，制定覆盖整个生态圈主要合作伙伴的战略全过程柔性管控机制 (2)新型能力视角。完成支持价值开放共创的生态级能力的建设，能够与生态合作伙伴共建开放的能力合作平台和开放价值生态，实现生态级能力认知协同、按需共享和自优化 (3)系统性解决方案视角。建立组件化、可配置、开放灵活的智能云平台，组织内 OT 网络、IT 网络及组织外互联网实现互联互通，组织已成为社会化能力共享平台的核心或重要贡献者，与合作伙伴共同实现生态基础资源和能力的平台部署、开放协作和按需利用 (4)治理体系视角。管理模式为智能驱动型，员工成为组织的合伙人，形成以生态伙伴命运共同体为核心的组织价值观 (5)业务创新转型视角。形成以数字业务为核心的新型业态，数字业务成为组织主营业务的重要组成部分，发挥生态圈创新潜能，开辟实现绿色可持续发展的广阔空间

生态级发展阶段等于定义了卓越组织的卓越体系水平。数字化转型五个阶段可以作为数字体系建设方向的参考，也可以针对各阶段的总体特征及各视角典型状态和特征的主要表现另外开发与之相匹配的数字体系内容。

二、数字体系生态

数字化转型五个阶段的标志性管理模式为：经验驱动型、职能驱动型、流程驱动型、数据驱动型和智能驱动型。当前，即便是流程驱动型的组织也不多，数据驱动型的组织就更少了。海尔从1995年信息化起步到现今已完成数据驱动阶段，其中2012年到2019年经历了由流程驱动转向信息驱动的过程。

尽管数字化转型五个阶段的要求都是针对组织数字化转型的，但其整体特征和视角分类对体系数字化转型同样有很好的参考价值，可以转化为数字体系五级成熟度的路线图或模型。到了第五级，组织的经营就很难独善其身了，就要与业态的其他业务单元形成“生态圈”，打造产业价值链，必然地还要与利益相关方建立“体系联盟”，面向上下游整合流程，打造供应链的整体竞争力，用数字打通一切，将数字带入到一种生态之中——数字体系生态。其实，每个组织都处在供应链的某个环节上，都有自己的供给关系，生态都是从这条链开始延伸的，从这个意义上讲，每个组织都有自己的生态规模，只是小生态还是大生态的区别而已。数字化转型的生态级阶段一定产生于规模经济，“量”决定了生态的牢固性和黏性。能主导一种生态的组织不多，多半是行业的领头羊，其有超大规模的产业，有能量调动上下游的资源为己所用，左右供给关系，一定是一个大体系。

同时，将会出现行业平台化，将数字化延伸到整个行业中，形成行业大数据和独有的数字生态。当数字平台捕捉到当前最佳实践后便推广到行业内其他的组织中；还可以针对个别组织的疑难问题提供解决方案，根据组织当前的需要对信息自动过滤、排列和组合，然后提供参考数据；根据组织的经营特点和现状推送所需要的参考内容，实现对业务的指导；业内组织可以通过平台相互学习和互访。这个平台就好像为业内各组织聘请了一个比自己更懂自己、更懂行业的专家顾问那样，能够加速行业管理水平的整体进化。

第四节 数字体系的三方面能力

国际标准化组织于 2015 年 ISO9001 升版时首次提出体系建设的“三方面能力”的概念，三方面能力的关系如图 7-6 所示。

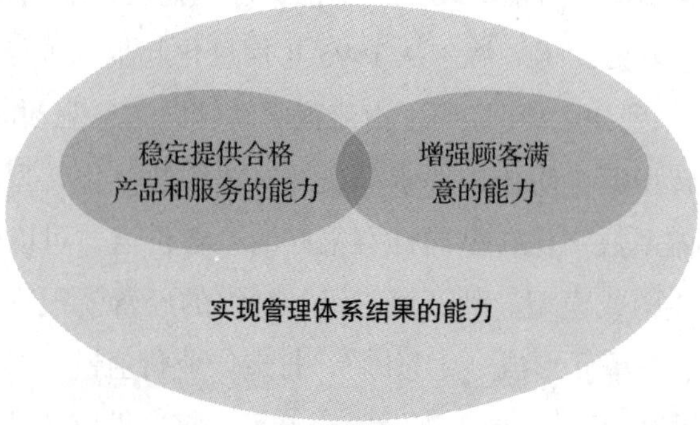

图 7-6 三方面能力的关系

从图 7-6 可以看出，“实现管理体系结果的能力”是三方面能力中最重要的，三者的综合就是组织的核心能力。大多组织都喜欢醉心于核心能力的打造，并聚焦到核心产品或者核心技术上，而不是聚焦到体系的塑造上，根本不会意识到体系所形成的竞争力才是真正的核心能力。组织输出的是产品，收获的是经营业绩，这是毋庸讳言的；而体系输出的却是组织的能力！体系建设就是长期的能力建设，是经营业绩的基本保证。

一、三方面的能力系统

《汽车质量管理体系标准》（IATF16949–2016）在管理评审的内容中隐含着这三方面能力的构成，共分解出 18 个子能力。评价这 18 个子能力的指标就成为评价组织综合能力的指标系统。

三方面能力对应组织最终的结果就是以下几点。

（1）管理体系结果的实现。

（2）顾客满意得到了增强。

（3）能稳定提供合格的产品和服务。

简单地说，这就是组织的聚焦之处。

1. 实现管理体系结果的能力

实现管理体系结果的能力是组织的综合能力，如表 7-9 所示。

表 7-9　实现管理体系结果的能力

能力构成	输出
1. 体系的策划能力 2. 实现战略和预期目标的能力 3. 体系的执行能力 4. 风险控制能力 5. 环境、安全治理能力 6. 资源保障能力 7. 创新能力	1. 良好的经营业绩 2. 优异的过程有效性和效率 3. 良好的内部检查（包括审核、审计）结果 4. 有效应对风险的措施 5. 低成本的体系运行

2. 增强顾客满意的能力

顾客满意大致的含义就是将顾客看成是“上帝”，是以顾客的要求为前提的。做到顾客满意的三部曲如图 7-7 所示。

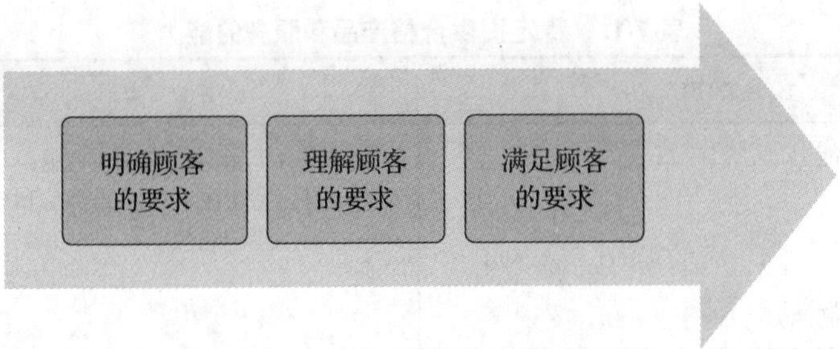

图 7-7　顾客满意的三部曲

可是，增强顾客满意的含义就不同，是满足顾客的潜在需求，顾客没有提到的要求，组织可能都要照顾到，是超出顾客要求范畴的。数字体系认为，“顾客满意”与“增强顾客满意”不在一个等级水平上，前者是按照顾客的要求去做，是开卷考试；后者是识别顾客的潜在需求创造出顾客需要的产品，是闭卷考试，难度自然是比前者大得多。前者是求生存，后者是求发展。

增强顾客满意的能力如表 7-10 所示。

表 7-10 增强顾客满意的能力

能力构成	输出
1. 对顾客需求的预见能力 2. 对顾客需求的响应能力 3. 产品的质量能力 4. 产品的交付能力 5. 解决顾客问题的能力 6. 服务能力	1. 高的顾客满意度 2. 持续的订单 3. 最低的产品失效风险 4. 良好的商业信誉

由此可见，这就是市场能力。

3. 稳定提供合格产品和服务的能力

“提供合格产品”和“稳定提供合格产品”是两个不同层次的能力。前者集中资源做一两次合格的产品，很多组织都能做到；后者不但做到每次合格，而且能做到一千次、一万次都合格，靠的是一个系统去保证。“产品设计”和“产品开发”是两个不同层次的能力，产品设计比较容易，而产品开发的难度要比其大得多，基本是从无到有的过程。“合格”的背后是产品标准，包含了与顾客互动和参与的过程，包括了对市场需求的充分了解。

稳定提供合格产品和服务的能力如表 7-11 所示。

表 7-11 稳定提供合格产品和服务的能力

能力构成	输出
1. 设计和开发能力 2. 制造能力 3. 产品测量和试验能力 4. 供应链能力 5. 不合格品控制能力	1. 稳定符合市场所需的产品和服务 2. 稳定符合特定顾客要求的产品和服务 3. 良好的供应链绩效

这反映的是专业能力、核心技术的应用，自然就包括了与同行竞争中的产品优势。

二、组织综合能力计算

《汽车质量管理体系标准》解析出的三方面能力的 18 个子能力构成组织综合能力，而评价组织综合能力需要定义一些指标，如表 7-12 所示。

表 7-12　评价组织综合能力的指标

能力组成	符号	指标体系（68 项）
一、实现管理体系结果的能力（40%）		
1. 体系的策划能力	S1	S11 体系的适宜性、充分性和有效性评价结果 S12 组织变革、体系变化导致体系更新的速度 S13 体系成熟度
2. 实现战略和预期目标的能力	S2	S21 目标指标达成率 S22 项目达成率 S23 任务完成率
3. 体系的执行能力	S3	S31 平均工作效率 S32 满足绩效的比率 S33 内部检查（包括内审）的不合格数量 S34 外部审核的不合格数量 S35 体系检查投入的成本与产值比
4. 风险控制能力	S4	S41 风险识别覆盖率 S42 风险预防措施覆盖率 S43 应急事件处理时间
5. 环境、安全治理能力	S5	S51 环境污染、安全治理费用占产值比重 S52 三废处理率 S53 安全事件数 S54 单位产值能耗
一、实现管理体系结果的能力（40%）		
6. 资源保障能力	S6	S61 人力资源配置及时率 S62 人才产出率 S63 设施、设备资产总值 S64 信息化应用普及率（包括软件）
7. 创新能力	S7	S71 设计和开发经费支出占产值比重 S72 高新技术产品占产值比重 S73 专利数量 S74 核心技术数量
二、增强顾客满意的能力（30%）		
8. 对顾客需求的预见能力	C1	C11 顾客需求的转化率 C12 订单增长率 C13 顾客满意度提升率 C14 顾客忠诚度
9. 对顾客需求的响应能力	C2	C21 将顾客需求转化为产品的速度（产品上市速度） C22 产品变更（工程更改）及时率
10. 产品的质量能力	C3	C31 产品合格率，或 PPM（即每一百万的产品中的不合格数）值 C32 产品直通率（包括一次合格率） C33 关键工序 C_{pk} 值（工程能力指数） C34 产品质量特征值（QKZ） C35 质检人员与生产人员占例

续表

能力组成	符号	指标体系（68 项）
11. 产品的交付能力	C4	C41 产能（最大产出量） C42 产品交付周期 C43 交付准时率 C44 库存周转率
12. 解决顾客问题的能力	C5	C51 解决顾客问题的响应时间 C52 解决问题的满意度
13. 服务能力	C6	C61 服务承诺兑现率 C62 投诉处理时间 C63 顾客意见回复及时率 C64 服务附加值占产值比重
三、稳定提供合格产品和服务的能力（30%）		
14. 设计和开发能力	P1	P11 新产品设计和开发周期 P12 新产品开发成功率 P13 年度设计和开发产品数 P14 新增产品标准数 P15 新增设计标准数
三、稳定提供合格产品和服务的能力（30%）		
15. 制造能力	P2	P21 工艺开发周期 P22 生产周期 P23 制造成本占总产值比重 P24 平均劳动生产率（包括人均产量） P25 工装自配率 P26 设备综合效率（OEE） P27 制造过程审核的质量能力等级 P28 自动化工序占比 P29 智能化工序占比
16. 产品测量和试验能力	P3	P31 测量项目覆盖率 P32 量具测量能力指数（Cgk） P33 实验和试验能力指数
17. 供应链能力	P4	P41 供应链体系总体能力评分值 P42 供应商质量、成本、交付和服务（Q、C、D、S）综合能力指数
18. 不合格品控制能力	P5	P51 不良成本占产值比重 P52 纠正措施有效率

这三方面能力的指标系统就是组织能力的基本面，可作为数字体系竞争力评估的参考，如果基本面很差就无法参与竞争。数字化能力将是组织的核心能力。表 7-12 中的 68 项指标就成为靶向数据。如果组织所确定的指标系统在竞争环境中已经反映了市场博弈的综合能力，即便通过指标的调整对市场做出迅

速的响应也不可能有任何高出当前正常收益的机会，那么，我们就可以讲，这个指标系统是当前最合理的。

能力建设是组织的长期任务。组织综合能力及成熟度可以通过综合的指标体系去评估，指标的运行数据都是基础性数据。这个体系需要组织自己去开发，不同的行业有不同的特点，表 7-12 只是一个参考。有了这个基础，当与标杆组织对标或进行优势和弱势分析时，体系力量的对比便可成为指导未来战略制定的重要参考。

由于表 7-12 的各项指标的单位不统一，在与世界级组织对标时，每项能力都以 1 作为比较参照值，比较时就只能有两种结果：大于 1 或小于 1。

此时，由一组指标构成的综合能力的计算公式为

$$\mathrm{Ca} = \mathrm{P_1 P_2 \cdots P_n} \tag{7-5}$$

式中：Ca 表示综合能力，P_n 表示对标后大于 1 或小于的值。

则平均综合能力的计算公式为

$$\overline{\mathrm{Ca}} = \sqrt[n]{\mathrm{P_1 P_2 \cdots P_n}} \tag{7-6}$$

式中：$\overline{\mathrm{Ca}}$ 表示平均综合能力。

不过，指数平均综合能力掩盖了表现最好的和最差的情况，所以，在残酷的竞争环境下，采用式（7-5）会真实些。例如，表 7-12 中的设备综合效率（OEE）的计算公式为：OEE = 时间开动率 × 性能开动率 × 合格品率。假设这三个指标都做到了 0.95，那么，相乘后约等于 0.86。这已经是制造业的世界级水平了。假设表 7-12 中三方面的 18 个子能力都做到了 0.95，似乎已经很优秀了，根据式（7-5），0.95^{18} 约等于 0.4，也就是说，没有某些方面大于 1 的突出能力，总体还是很一般；如果每个能力都比别人强一点，如 1.05，那么 1.05^{18} 约等于 2.41，就可远超别人。当然，每个组织都不可能样样都很优秀。式（7-5）说明，只要有几项特别强或者有绝对的优势，如行业数一数二、某个领域的市场占有率靠前，即便某些方面存在弱项，总体能力都可以比别人强。故与世界级组织对标时，某些能力的基数一定要大于 1，这叫“聚焦原理”。

很多情况下，当短板不是核心领域时，强项就可以弥补弱项，这时，组织的整体能力就不是由短板决定的，木桶原理就不适合。不过，组织的短板也不应低于 0.5。

三、数字化转型的新型能力体系

在体系能力建设方面，团体标准《数字化转型新型能力体系建设指南》（T/AIITRE20001-2020）提出了新型能力体系建设的观点，该体系被定义为按照价值体系优化、创新和重构要求建立的，由一组相互关联或相互作用的新型能力构成的能力组合，并提出了新型能力体系的 6 个主要视角共 14 个能力的模型，如图 7-8 所示。

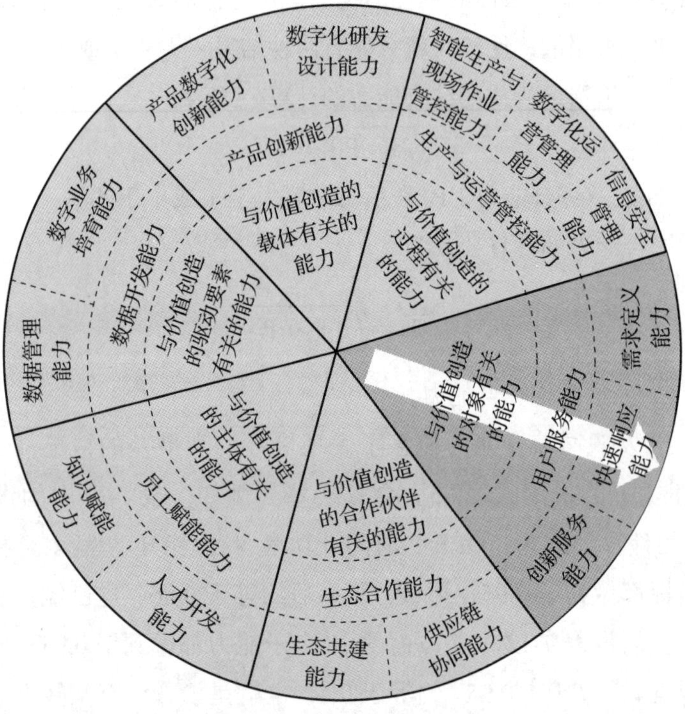

图 7-8 新型能力的 6 个主要视角

不管是 IATF16949–2016 还是 T/AIITRE20001–2020 都提供了组织能力数字化建设的方向，并作为核心路径贯穿体系转型的始终，以支持业务快速响应市场变化的需要，从而帮助组织取得可持续发展的优势。

四、数字体系的性能

在前几章中，作为体系数字化策划的成果，一些计算公式就是深入解剖体系结构后的最简洁又易于理解的体系特征的表达方式，是表现体系性能的参数或指标，为运行大数据打下了基础。体系公式化后，就会引导数据的获取，也就是确定了体系运行大数据的范围。通常，我们都是等大数据告诉我们真相，可否反过来，先将真相规定为大数据，然后通过实际大数据去发现和开发更多的体系大数据和性能特征，更精准地揭示体系的规律。

一般来说，体系特征会用公式去表示，其指标都是体系的性能指标。体系好不好就分布在这些既独立又关联的指标上。更多的体系性能指标和数据化还需要进一步的挖掘和深入的探索。时至今日，组织不会再惧怕太多的公式和算法，恰恰相反，公式和算法越多就越能代表体系的先进性，在计算机面前所有的计算都已经实现自动化，再复杂的分析都变得简单，这反而是优势。

自有管理体系以来，体系都是向合理的复杂演变的，而非混乱的熵增，以表示自身的成熟，而数据化则是跟踪演变的最好手段，如果没有数据实力就无法科学地表明演变的结果，如体系成熟度、体系优势、组织优势、核心竞争力等。体系数据化的探索就是打造组织的数据实力。

体系迟早有一天会遇到上限，此时原来的结构就会被打破，数字化的基础就可能发生重大的变化甚至要重新再来，因此，就有了评价体系的不同参数。

评价体系的成熟度可以参照以下几点。

（1）所有的过程、管理标准单元、作业单元、碎片、链、活动都已经数字化，成为大数据的基础。

（2）体系、过程设计时的很多假设已经变为现实。

（3）目标已经变为要求。

（4）技术已经变为技能。

（5）所有过程的输出和活动都有了对应的要求，并且是可测量的。

（6）体系、过程都以标准单元为主体。

（7）能创造价值。

（8）有先进的表现形式。

（9）只用对体系打补丁进行升级。

第五节　体系数字化转型

数字经济来了，数字体系也必然跟着来了。很多习惯陶醉在体系先天优势的组织在当今数字经济大势下似乎还是桃花源中人，安于现状，尽管这种现状对于很多还在生存边缘挣扎的组织而言是不可企及的起点，但无论组织的体系是先进还是落后都面临着数字化转型之痛，都要重新定义组织的生存。

一、体系数字化转型步骤

在跨过了经验驱动型管理模式后，在图 7-5 的基础上，将体系数字化转型发展的五个阶段简化为一个进化图，如图 7-9 所示。

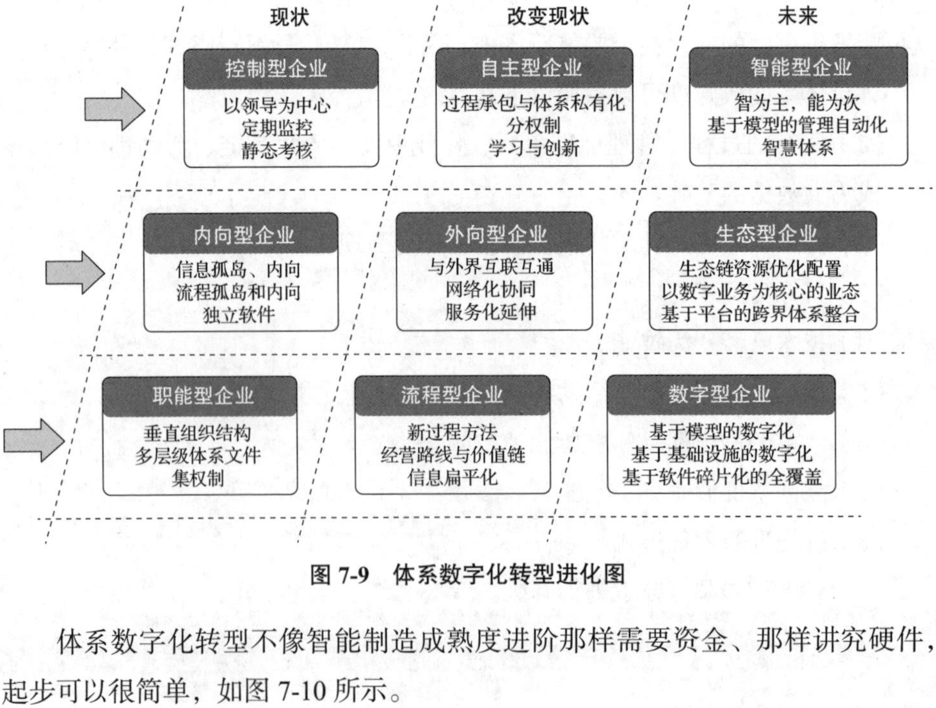

图 7-9　体系数字化转型进化图

体系数字化转型不像智能制造成熟度进阶那样需要资金、那样讲究硬件，起步可以很简单，如图 7-10 所示。

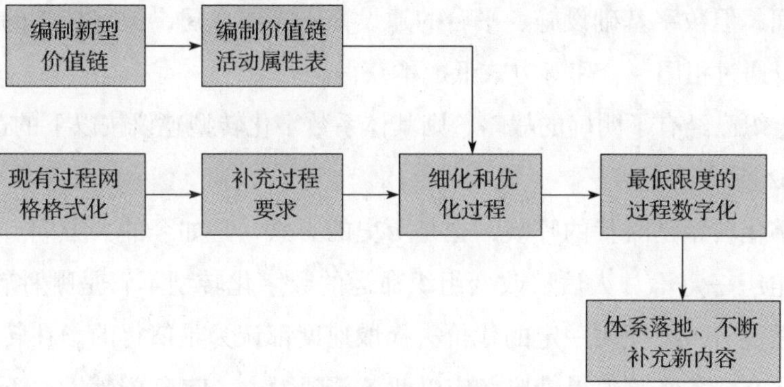

图 7-10　体系数字化转型起步逻辑图

这个做法最适合于体系基础不是很好的组织，以上步骤在有方法的指导下4～5个月就能完成，比较占时间的是价值链和活动属性表的编制。起步阶段初见成效后需要组织不断地补充体系内容，不断地将数字化深入下去。

如果起步就想数字基础做得好一些，则可以按以下的逻辑去做，如图 7-11 所示。

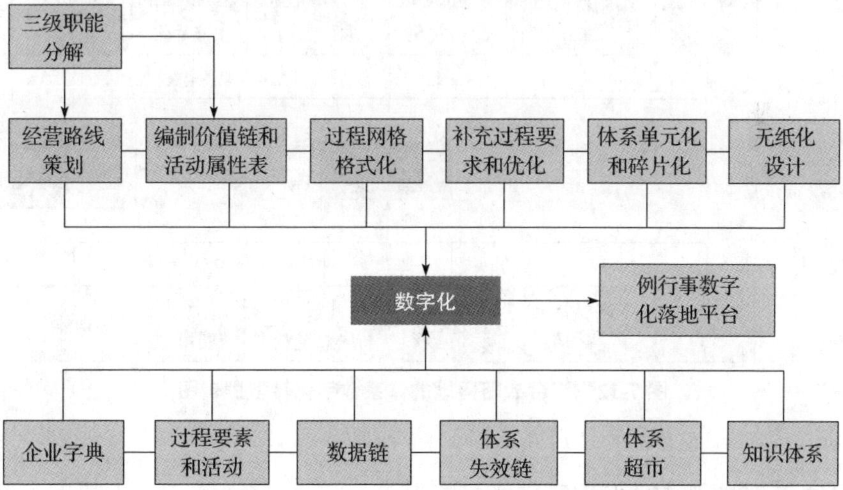

图 7-11　体系数字化转型逻辑图

一个中等规模的企业，借助一些专业的工具要完成这个过程也起码需要8个月时间。这个逻辑涉及体系数字化自动落地，见效会比较明显。同时也完成了信息扁平化、组织结构扁平化、体系网络化、体系柔性化的数字化工作。不过，这不包括软件开发、私有云的定制、数字基础设施的投入、复杂平台建设的时间，但数字基础设施、平台的建设都不需要自建，数字技术的商业化组织都可以通过租用、合作等方式低成本获得。

若组织已经有了明确的战略，则其体系数字化转型建议按以下的逻辑去做，如图 7-12 所示。

数字化转型是时代的呼唤，也是历史的必然，是如今的大方向。信奉丛林法则的组织一定不甘人后，改变组织命运的数字化转型不管是哪种转型方式，只要占据优势，即便用一定的代价去换取速度都认为是值得的。在转型的组织形式上，有一条经验值得借鉴：应以业务部门为主，IT 部门辅助，千万不能颠倒过来。

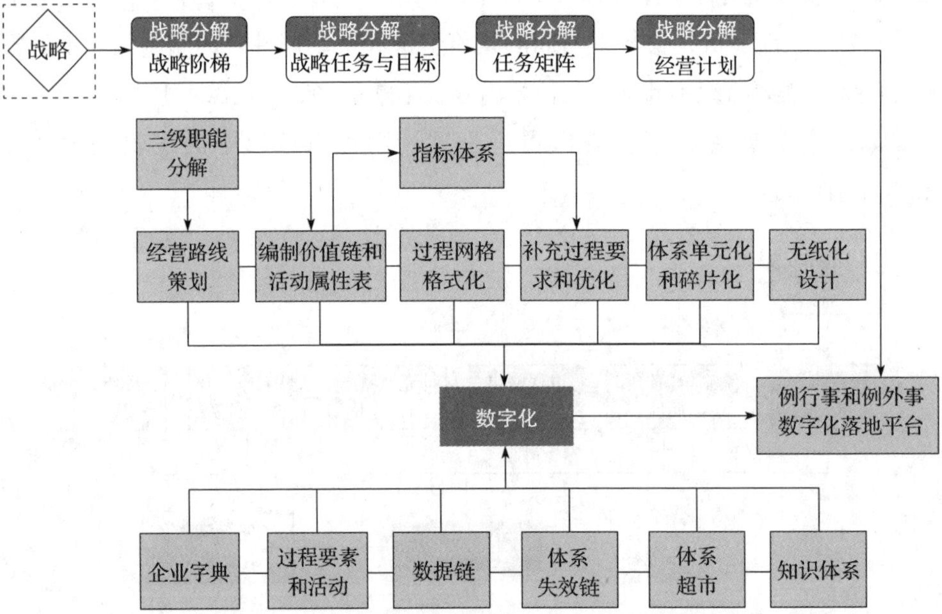

图 7-12　结合战略落地的体系数字化转型逻辑图

二、体系数字化转型意识

组织度过了生存阶段后，如果要问最高管理者，组织的头等大事是什么，他可能会毫不犹豫地回答你，定战略，或找市场，很少会想到体系建设上，尤其是面临生存压力或抢占市场时这种态度更加坚定。他们认为，体系建设只是一些文案的工作，根本不重要，将体系建设者、守护者当成文员去使用的比比皆是。卓越的管理者的想法却与之相反，他们认为，领导者首要的任务不是定战略，更不是市场开发，而是体系的有效性建设，因为这是组织的千年基业。正确的战略和市场占有率都是靠体系保证的，否则就会进一步退两步，同时公司的公信力也是通过制度去保证的。

我们看到一些组织成功的时候总是被那些耀眼的数据冲击着，总认为是老板的纵横捭阖、是技术的奇妙创新、是市场的一枝独秀、是人才辈出等因素所起的作用。大家注意的都是表面风光的一面。可是，在体系面前，这些因素全都要退到后面，取而代之的是组织发展所需的那些寂寞的制度文件、那些冷冰冰的表格和掌握经营脉络的数据、那些变革过程有待总结的经验——一句话，就是几十年如一日的体系基础性建设。在组织的兴衰历史中，在市场的长期博弈中，尤其与竞争对手处在胜负分水岭的关口，我们发现，获胜的一方都占据着体系和组织的优势。华为、海尔、龙湖地产、德国西门子、日本丰田就是鲜活的例子，这些优秀的组织认为：体系的基础性地位是不可动摇的，组织是否能产生出优秀人才、取得核心技术、占领市场，是否能取得持续的信任、持续发展，则取决于体系的能力。这就是成功的组织与体系的关系。

当前，绝大部分组织的体系仍然是传统型的，其特点就是臃肿和繁杂，一流人才只能做出二流的事；某些组织或许在体系内容上还保持着某些优势，但缺乏灵活性和有效性；很多的组织还在低端上游走。一方面是因为传统的体系建设方式根深蒂固，组织无法跳出来，很难从这上面去反思并找到一种彻底改变现状的途径，更不用说颠覆了，这是路径依赖和制度性障碍造成的；另一方面是因为组织不是专门研究体系建设的，依赖个别有热忱的人去做尝试很难有突破。植根于互联网和现代信息技术之中的数字体系，已经找不到我们过去熟悉的套路了，即便有互联网下的管理意识，即便进入了数字时代，也不能认为头过身就过，用昨天的方法做今天的事，还期待明天会更好，这是不可能的，找到最优解，更加不可能。

三一重工是我国工程机械制造方面引以为傲的一面旗帜，自收购了世界混凝土机械著名品牌德国的“大象”普茨迈斯特之后，更成了世界级企业。在数字化转型方面，三一重工自然会走在潮流的前面，计划将在 5 年内实现从 1000 亿元到 3000 亿元的销售收入的跨越；将现有近 3 万人规模的产业工人团队缩减至 3000 人；将不到 5000 人的研发、工程师团队扩增到 3 万人。这简称为转型“三个三”，彻底将三一重工从一个劳动密集型企业转型为一个知识密集型企业。集团的董事长说：面对工程机械和制造业数字化，要么“翻船”要么“翻身”——不能实现数字化升级肯定就“翻船”，转型升级成功就会“翻身”变得更加强大。

三一重工怎么做的呢？

首先，抓思想。董事长亲自筛选与数字化有关的价值高、有内涵的文章、书籍、知识经验给大家，集团的各个体系都要积极开展自主学习，成为学习型组织。在每周、每月的例会上，还要求高管脱稿发言，并且随时被问到一些数字化转型的问题。

其次，定预算。董事长亲自牵头为每一个事业部、子公司设定数字化预算，不仅要求他们全部花完，还要求花到刀刃上，所有的投入必须在最长 5 年内收回成本。

再次，建组织。大幅增加数字化人才数量，提升业务流程与 IT 部（BP&IT）地位，要求各个职能总部、各个事业部都要成立智能本部，都要有一个负责数字化转型的研究中心。

最后，抓落地。数字化落地到每一个细节，比如，客户可以直接在 App 上反馈自己的意见，营销部会将这些数据传递给研发人员，通过连接近 50 万台客户设备掌握整体运行工况、故障特征、设备的健康情况、驾驶行为等详情，并以数据形式给研发提供真实的场景数据。

很明显，数字化转型的“三一模式”覆盖了管理的各个方面，突出了业务流程与 IT 及互联网相结合的特点，突出了体系赋能的特点，明显带有体系数字化转型的特色，如今取得了显著的成效。

有些组织可能认为，自己的体系水平离数字体系还很遥远，反倒担心起来；但同时也心有不甘，明明很想打造一流的组织，却未触及最好的体系。这应该代表了很多组织类似的声音。其实，数字体系离我们很近，它采用的是全新的建设方法，门槛不高，容易上手。数字体系就像高速公路，只要你进入就能高速前进。在这个巨变的时代，相信没有一个组织会自甘落后，最怕的是身在时代中，却与时代渐行渐远，最终被吞没，连惋惜的机会都没有。组织在进化过程中如达尔文所说：适者生存，优胜劣汰。时光更改，理应胜似以前。

如今，数字为王，组织要面对数字化转型，要成为数字组织，管理者首先要转变观念，要意识到数字化无处不在、数字与自己有关；要将日常的工作方式转化为数字工作方式，让数字帮助自己工作，替代自己工作；要用数字去打破常规，去创新、去研究和解读组织的一切经济现象；要将数字业务化、专业化——唯数字可突破三界，让组织脱胎换骨。完成了体系数字化转型的组织可能会发出这样的感慨：在数字体系面前，传统体系框架下的领导力、流程优化、效率、执行力都不值一提。今时今日，没有数字体系，组织期待的一切都将是空话。因此，在数字化时代，组织应有自己的数字化战略。

树高千尺离不开根。我们将看得见的大树比喻成组织的产品，把根部比喻成管理体系，在市场中表面上是产品的竞争，实质上是管理体系之争，是机制之争——隐秘的竞争。这个体系我们管它叫“软实力”，只有这隐而不露的软实力才能打持久战，拼定力，比气长，才能保证组织行稳致远。只要树根扎深了，大风反而磨炼得根部更加强壮。软实力的概念是美国哈佛大学教授约瑟夫·奈于1990年在其发表的《软实力》一文中首先提出来的。产品有瑕疵，树有虫子，这再正常不过了，只要不伤及根部，抓虫子就是了。很多人能扮演啄木鸟的角色，却很难扮演护树人的角色。树枝断了，可以再长；树根烂了，整棵树就毁了。护树人的主要责任便是养护出能生长成参天大树的肥沃土壤来，并能将其种子延续到其他的地方。

参考文献

[1] 艾利 · 高德拉特，杰夫 · 科克斯. 目标 [M]. 3 版. 齐若兰，译. 北京：电子工业出版社，2019.

[2] 艾利 · 高德拉特. 关键链（典藏版）[M]. 罗嘉颖，译. 北京：电子工业出版社，2019.

[3] 敖景. ISO/TS16949 质量策划的有效手段——跨部门小组 [J]. 电子质量，2006（7）.

[4] 敖景. 过程方法 [M]. 北京：中国标准出版社，2016.

[5] 白思俊. 现代项目管理 [M]. 北京：机械工业出版社，2012.

[6] 彼得 · 德鲁克. 卓有成效的管理者 [M]. 许是祥，译. 北京：机械工业出版社，2016.

[7] 戴维 · 尤里奇，史蒂夫 · 克尔，等. 通用电气模式 [M]. 戴至中，译. 北京：机械工业出版社，2011.

[8] 道格拉斯 · 诺思，罗伯斯 · 托马斯. 西方世界的兴起 [M]. 历以平，蔡磊，译. 北京：华夏出版社，2014.

[9] 稻盛和夫. 阿米巴经营 [M]. 曹岫云，译. 北京：中国大百科全书出版社，2016.

[10] 德国国家科学与工程院. 工业 4.0 成熟度指数：管理公司数字化转型 [R]. 慕尼黑：德国国家科学与工程院，2017.

[11] 工业和信息化部，国家标准化管理委员会. 国家智能制造标准体系建设指南（2018 年版）[Z]. 2018-8-14.

[12] 关大进，杨琪. 服务质量 FMEA 差距模型及应用 [M]. 北京：中国标准出版社，2009.

[13] 国务院发展研究中心创新发展研究部. 数字化转型：发展与政策 [M]. 北京：中国发展出版社，2019.

[14] 华为公司数据管理部. 华为数据之道 [M]. 北京：机械工业出版社，2020.

[15] 姜奇平. 海尔管理学：原则与框架 [M]. 北京：中国财富出版社，2019.

[16] 姜奇平. 信息化与网络经济 [M]. 北京：中国财富出版社，2015.

[17] 克莱顿 · 克里斯坦森. 创新者的窘境 [M]. 胡建桥，译. 北京：中信出版社，2020.

[18] 李平，娄峰，樊明太，等. 2021 中国经济趋势报告 [N]. 经济日报，2021-1-11（9）.

[19] 梁学荣. 矩阵制组织 鱼与熊掌兼得的多重心协同系统 [M]. 北京：企业管理出版社，2021.

［20］娄峰．大数据与经济学：特征、原理、影响及未来［J］．中国集体经济，2016（7）．
［21］罗伯特·卡普兰，大卫·诺顿．平衡计分卡 化战略为行动［M］．刘俊勇，孙薇，译．广州：广东经济出版社，2004．
［22］马骏，等．数字化转型与制度变革［M］．北京：中国发展出版社，2020．
［23］迈克尔·波特．竞争优势［M］．陈丽芳，译．北京：中信出版社，2014．
［24］迈克尔·哈默，丽莎·赫什曼．端到端流程［M］．方也可，译．北京：机械工业出版社，2019．
［25］迈克尔·哈默，詹姆斯·钱皮．企业再造：企业革命的宣言书［M］．王珊珊，胡毓源，徐荻洲，等译．上海：上海译文出版社，2007．
［26］孟先国．基于流程和战略的组织设计［M］．北京：中国标准出版社，2003．
［27］米卡埃尔·洛奈．万物皆数［M］．孙佳雯，译．北京：北京联合出版公司，2018．
［28］王铭玉．语言符号学［M］．北京：高等教育出版社，2004．
［29］维克托·迈尔·舍恩伯格，肯尼思·库克耶．大数据时代［M］．盛杨燕，周涛，译．杭州：浙江人民出版社，2013．
［30］吴明曦．智能化战争 AI 军事畅想［M］．北京：国防工业出版社，2020．
［31］杨伊静．打造包容性数字经济模式 推动中国经济高质量发展——中国信通院发布《中国数字经济发展白皮书（2020 年）》［J］．中国科技产业，2020（8）．
［32］约翰·奈斯比特．大趋势 改变我们生活的十个新趋向［M］．孙道章，等译．北京：新华出版社，1984．
［33］詹·卡尔森．关键时刻 MOT（珍藏版）［M］．韩卉，译．北京：中国人民大学出版社，2013．
［34］张雨翔，敖景．企业商业机密保护的最佳实践［M］．北京：中国标准出版社，2012．
［35］赵卫东．智能化的流程管理［M］．上海：复旦大学出版社，2014．
［36］中国电子技术标准化研究院．智能制造能力成熟度模型白皮书（1.0）［R］．北京：中国电子技术标准化研究院，2016．
［37］中国互联网协会．中国互联网发展报告（2021）［R］．北京：中国互联网协会，2021．
［38］中国信息通信研究院．全球数字经济白皮书（2022 年）［R］．北京：中国信息通信研究院，2022．
［39］周三多，陈传明，等．管理学原理与方法［M］．7 版．上海：复旦大学出版社，2018．
［40］American Automotive Industry Action Group（AIAG），German Automotive Industry Association（VDA）and American Society of Automotive Engineers（SAE）. Potential Failure Mode and Effects Analysis（FMEA）Reference Manual［R］. Southfield：American Automotive Industry Action Group，2019.

[41] American Productivity & Quality Center. Process Clas-sification Framework [R]. Houston: American Productivity & Quality Center, 1997.

[42] Automotive Industries Action Group. Advanced Product Quality Planning (APQP) Reference Manual [R]. Michigan: Chrysler Corporation, Ford Motor Company, and General Motors Corporation, 2008.

[43] Chrysler Corporation, Ford Motor Company, General Motors Corporation. Statistical Process Control (SPC) Reference Manual [R]. Michigan: Chrysler Corporation, Ford Motor Company, and General Motors Corporation, 2005.

[44] GB/T 19000-2016，质量管理体系基础和术语 [S].

[45] GB/T 19001-2015，质量管理体系要求 [S].

[46] GB/T 39116-2020，智能制造能力成熟度模型 [S].

[47] GB/T 39117-2020，智能制造能力成熟度评估方法 [S].

[48] GB/T 19580-2012，卓越绩效评价准则 [S].

[49] GB/T 23703.1-2009，知识管理 第 1 部分：框架 [S].

[50] IATF16949-2016，汽车生产件及相关服务件组织的质量管理体系要求 [S].

[51] ISO/IEC 27001-2013，信息技术 安全技术 信息安全管理体系要求 [S].

[52] ISO 21500-2012，项目管理指南 [S].

[53] ISO 22301-2019，业务连续性管理体系 [S].

[54] ISO 31000-2018，风险管理指南 [S].

[55] ISO 9004-2000，质量管理体系 业绩改进指南 [S].

[56] T/AIITRE 10001-2020，数字化转型参考架构 [S].

[57] T/AIITRE 10002-2020，数字化转型价值效益参考模型 [S].

[58] T/AIITRE 20001-2020，数字化转型新型能力体系建设指南 [S].

[59] Verband der Automobilindustrie. Quality Management in the Automotive Industry Process Audit [R]. Berlin: Verband der Automobilindustrie Quality Management Center, 2016.